子どものいじめ問題ハンドブック

発見・対応から予防まで

日本弁護士連合会
子どもの権利委員会
［編］

明石書店

発刊にあたって

日本でいじめが最初に社会問題になったのは、いわゆる「葬式ごっこ」事件（中野富士見中事件）前後の１９８０年代半ばです。その後、悲惨ないじめ事件が起きるたびに、いじめは社会の注目を集めてきました。当会も代理人活動から得た知見を共有し、専門家からお話をうかがうなど勉強・研修を重ね、１９９５年に、『いじめ問題ハンドブック』（こうち書房）を出版しましたが、そこに書かれたいじめの分析の多くは、現在にもあてはまります。２０１３年6月に至ってようやく「いじめ防止対策推進法」が制定されましたが、残念なことにその後も岩手県や福島県などでいじめ自殺事件が発生しています。私たちの社会は、いつまで同じことを繰り返さなければいけないのでしょうか。

本書は、徹底的に実務的な視点に立ち、いじめをどう予防し、発見し、対処すべきか、いじめの当事者となった子どもの保護者や学校は、何をすればよいのか、弁護士は、何ができるのか、に焦点をあてて、わかりやすく解説したものです。また、「いじめ防止対策推進法」と同法の実務上の利用場面についても解説を加え、さらに、実践的な取り組みについても紹介しています。

教育現場に携わる方々や、保護者、弁護士の多くが、本書を手にとり、いじめ問題への対応についての理解を深め、ひいては、ひとりでも多くの子どもたちがいじめの苦しみから救われることを、願ってやみません。

2015年11月

日本弁護士連合会
子どもの権利委員会
委員長　羽倉　佐知子

子どものいじめ問題ハンドブック

――発見・対応から予防まで

◆

目次

第Ⅱ章　いじめへの対応　……　48

資料

※資料は、巻末から始まります。

第Ⅰ章

いじめとは何か

1　いじめということ

（1）繰り返されてきたいじめの事件といじめ防止対策推進法

２０１１年、滋賀県の大津市で、いじめを原因とした中学生の自殺事件が起こりました。亡くなった中学校2年生のＡ君（仮名）は、「仲のよい友達であったＢ、Ｃから、一方的に暴行を受け続けるという重篤ないじめ行為を受け、精神的苦痛を受けていたことが明らかになった」「Ａは、もともと仲良しグループだったこともあり、いじめの被害を誰にも相談できず、また、当該クラスの生徒や担任に相談しても、いじめが止むことはないという絶望感、無力感に陥った。その結果Ａは、自死への思いを抱くようになり、いじめの現場となる当該クラスに行くことに苦痛を感じ、連休明けに学校へ登校する直前、自死を決行したと考えられる」と、この事件の調査のために市が設置した「第三者調査委員会」は、報告書の中で述べています。

こうした悲しい事件が大きく報道されたのは、この事件が初めてではありません。おそらく最初の事件は、１９８６年の東

いじめ把握 18.5万件

13年度小中高 前年比1.2万件減

全国の学校が2013年度に把握したいじめの件数は18万5860件で、前年度から約1・2万件減った。文部科学省が16日に発表した問題行動調査でわかった。昨年9月末にいじめ防止対策推進法が施行され、「防止の取り組みの効果が出た」との見方がある一方、いじめを早期発見する努力が薄れているとの指摘もある。

国公私立の小中高校、特別支援学校が対象で、今回からは通信制高校も加わった。小学校は11万8805件で前年度比約1・2%増えたが、中学校は5万5248件で同13・2%の減。高校も、1万1039件で約32・2%の減だった。いじめの内容では、「パソコンや携帯電話で中傷や嫌がらせ」（8787件）が約千件増加。調査を始めた06年の倍近くに上った。

都道府県別では、最多だった京都府の2万8118件（千人当たり99・8件）

いじめ件数の推移

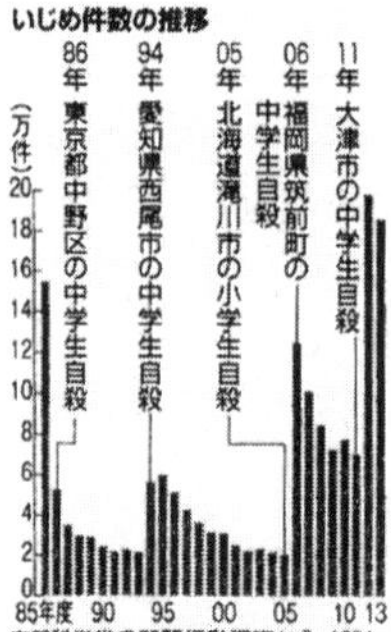

文部科学省の問題行動調査から。1994、2006、13年度に調査方法や対象を変更

防止策が効

全体の件数が減った理由について文科省は、都道府県教委から防止対策を評価する声があがっているとしつつ、「積極的にいじめを把握しようという意識が低下していないか注視が必

『朝日新聞』2014年10月17日

京都中野区立中学校の2年生の男子生徒の自殺の事件にさかのぼります。その事件では、「突然姿を消して申し訳ありません（中略）俺だってまだ死にたくない。だけどこのままじゃ『生きジゴク』になっちゃうよ（以下略）」と書かれた遺書が残されていました。執拗な使いっぱしり、プロレスごっこの投げられ役、人前で恥ずかしいことをさせられ、喧嘩をムリにやらされ、暴力もふるわれていました。これがいつしか当たり前のこととなり、こうした行為をみてはやし立てるクラスメイトもいたとのことです。教室の彼の机に花とよせ書きが置かれるという葬式ごっこがなされていたことも報じられています（朝日新聞社会部『葬式ごっこ』東京出版、1986年／豊田充『「葬式ごっこ」八年後の証言』風雅書房、1994年）。

さらにその8年後の1994年、愛知県西尾市立中学校2年生の男子生徒が、自宅で自殺するという事件が起こります。小学校6年生頃に始まったいじめは中学校に入っても続き、物を隠され、壊され、人への悪口や人前での恥ずかしい行為の強要、さらに暴力も受けていました。お金の要求もエスカレートしていき、亡くなった生徒は、親のお金に手をつけることもあったとのことです。そうした中で、遺書を残して自ら命を絶ってしまったのです。その11年後の2005年には、北海道滝川市立小学校の女子児童が教室で自殺を図り、翌年、死亡するという事件も起きてしまいました。「キモイ」と言われ続け、仲間はずれにされて、苦悩の末の自殺です。

そして、6年後の2011年、最初にあげた大津市の事件が起こりました。このように、いじめを原因とする痛ましい自殺事件は、ときに大きく報じられ、その都度、緊急調査が行われ、事件のあった年をピークとして、いったん、いじめは減りますが、また繰り返されるということが続いてきました。もう二度と、こうした悲劇を繰り返してはならない。そうした決意から、2013年に、いじめ防止対策推進法が制定されました。

(2) いじめの定義

第2条　この法律において「いじめ」とは、児童等に対して、当該児童等が在籍する学校に在籍している等当該児童等と一定の人的関係にある他の児童等が行う心理的又は物理的な影響を与える行為(インターネットを通じて行われるものを含む。)であって、当該行為の対象となった児童等が心身の苦痛を感じているものをいう。

いじめ防止対策推進法は、いじめについて、このように規定しています。この法律は、子どもたちにいじめを禁止するとともに、学校などの関係者に、これを予防し、早期に発見し、起こったいじめへの対応をすることを具体的に求める法律です。「いじめ」とは何かを定めるこの規定は、何がいけないことなのかを示し、どのようなことを、関係者が予防し、発見し、対応しなければいけないかについて示したものです。そして、「いじめ」にあたるかどうかは、子どもに影響のある行為について、その受け手の子どもがどのように感じたかという子どもの立場に立って判断をする点に特徴があります。

実は、こうしたいじめの定義は、いじめが問題になり始めていた1985年に、当時の文部省によって、「①自分よりも弱いものに対して一方的に、②身体的・心理的な攻撃を継続的に加え、③相手方が深刻な苦痛を感じているもの。④学校としてその事実を把握しているもの」という内容で示されていました。しかし、前でみたとおり、この定義のもとで、いじめに気づけず、自殺を防げなかったことから、文部省は、愛知県西尾市での事件の後、1995年に定義を変更し、「学校としてその事実を把握」していたかどうかを削除するとともに、「個々の行為がいじめに当たるか否かの判断を表面的・形式的に行うことなく、いじめられている児童生徒の立場に立って行う」ということを付け加えました。

しかし、それでも、悲惨な事件を防げなかったことは前にみたとおりです。そこで、文部科学省は、北海道滝川市の事件を教訓に、2007年に、さらに定義を変更し、「自分より弱いものに対して一方的に」を、「一定の人間関係のある者から」とし、行為が「継続的」であるかどうかも基準からはずし、「深刻な苦痛」も、単に「苦痛」としました。そして、大津市の事件を受けたいじめ防止対策推進法では、さらにこれを進め、行為について、それが「攻撃」かどうかではなく、「影響」を与える行為かどうかにより判断することに変更し、冒頭の定義が規定されました。その結果、「いじめ」は、ほぼ純粋に、受けた子どもがどのように感じたかを基準に判断されることとなり、受けた子どもの立場に立った定義になったのです。[*1]

(3) いじめの定義の意義と課題

ア　いじめの定義と「いじめ」

こうした定義の変遷をみると、何をこれまで見過ごし、あるいは見逃されてきたかを垣間見ることができます。

＊1　文部科学省1985年定義：①自分よりも弱いものに対して一方的に、②身体的・心理的な攻撃を継続的に加え、③相手方が深刻な苦痛を感じているもの。④学校としてその事実を把握しているもの。なお、起こった場所は学校の内外を問わないこととする。
文部科学省1995年定義：①自分よりも弱いものに対して一方的に、②身体的・心理的な攻撃を継続的に加え、③相手方が深刻な苦痛を感じているもの。④個々の行為がいじめに当たるか否かの判断を表面的・形式的に行うことなく、いじめられている児童生徒の立場に立って行う。なお、起こった場所は学校の内外を問わないこととする。
文部科学省2007年定義：①当該児童生徒が、一定の人間関係のある者から、心理的、物理的な攻撃を受けたことにより、精神的な苦痛を感じているもの。②個々の行為が「いじめ」に当たるか否かの判断は、表面的・形式的に行うことなく、いじめられた児童生徒の立場に立って行うものとする。

- 「弱い者いじめじゃないから、いじめではないよね」
- 「相手がやり返しているんだから、いじめではなく喧嘩だよね」
- 「相手が悪いんだから、いじめではないよね」
- 「ずっと続いていたわけではないので、いじめではないよね」
- 「傷つけるつもりじゃないから、いじめではないよね」
- 「悪ふざけにすぎないから、いじめではないよね」
- 「これくらいなら、いじめじゃないよね」

いじめの定義は、（1）でみたとても痛ましい事件が、こうした一つひとつのことを、「いじめではないよね」として見過ごし、見逃してきた結果であることの反省の上につくられたものなのです。

ここで、「いじめではないよね」とするときの「いいわけ」の特徴に気がついたでしょうか。一つは、「相手にも悪いところがあるので一方的でない、お互い様」という考えがあります。もう一つは、「悪意はない、そんなにひどいことじゃない」という、行った側の意図や行為の内容です。考えてみると、私たちが、普段、「いじめ」という言葉を使うとき、「一方的に相手に行うひどい行為」という意味で使うことが多いと思います。「いじめだろ」と指摘されたときに、「そんなことない」と否定するときの子どもの思いにはそういうニュアンスがあります。

しかし、こうした行為者の意図や行為の内容に配慮をしていくと、傷ついている子どもは置いてきぼりになってしまい、その結果、その子どもが深く傷つき、取り返しのつかないことになってしまう。そのことに私たちは気づきました。だから、いいわけは抜きにして、傷ついている子どもの立場に立って、気づき、対応をすることが求められるようになったのだと思います。その意味で、いじめ防止対策推進法のいじめの定義は、やってはいけないこと、対応しなければいけないことに気づくための「気づきの定義」といってもいいかもしれません。

イ　いじめの定義と課題

いじめを考えるときに、それを受けた子どもの立場に立って判断することがとても大切なことだとして、次のような問題もあります。例えば、ある子どもが、ある子どもに思いを寄せているような場合で、その思いを告白され、受け止められずよそよそしくなった場合であるとか、すでに、おつきあいをしているような関係であったところ、つきあいを解消しようとしてよそよそしくした場合など、相手を傷つけてしまうことがあります（わかりやすくするために、異性の問題にしましたが、男の子同士、女の子同士の場合もあります）。これによって、相手が傷ついたということはできると思いますが、いじめというには躊躇されることでしょう。いじめを、それを受けた子どもの立場に立って考えるとした場合でも、いじめとの境界を考えなければいけない事例があるということも意識しておく必要がありそうです。

2　いじめの特徴

《ある事例①》

太郎君の小学校では、毎年運動会の最後の競技として、学年ごとのクラス対抗のリレー競争を行ってきました。太郎君のいる5年生は全部で165人、クラスは5クラス、それぞれ33人ずつです。リレーは10人で走り、応援団8人、残りの子どもたちで応援旗、応援グッズを工夫してつくることになっていました。

担任のP先生は、全体の勝ち負けは、リレーだけで決まるわけではなく、リレーも、リレーの順位だけではなく、応援の様子や応援旗も含めて採点されることから、リレーの選手には足の速いいつものメンバーということでなく、立候補で決めることにしました。

太郎君は、引っ込み思案で、いつもまわりから、もっと積極的になりなさいと言われていたこともあり、走るのはそんなに速くはありませんでしたが、思い切って、リレーの選手に手を上げました。ふとみると、手を上げたのは、足の速いいつものメンバーばかりで、しかも11人でした。誰が選手になるかは、くじで決めることになりました。太郎君は、ちょっとびびりましたが、後には引けず、あみだくじの右から二番目を選びました。結果は、クラスで走るのが一番速い亮太君が落選し、太郎君は選手になりました。

亮太君は、リレーを楽しみにしてただけに悔しくて、太郎君に、「何で、お前立候補したんだよ」と不満をぶつけました。太郎君は、「ぼく……」と言ったきり、何も言えずうつむいてしまいました。その日から、亮太君は、太郎君に冷たくなりました。太郎君が話しかけても、返事もせずどこかに行ってしまいます。

練習が始まりました。太郎君は、一生懸命に走る練習をしましたが、そんなに急には速く走れません。また、リレーのバトンをうまく受け取れず、落としてしまうこともありました。みんなもきつくあたります。ほかの子がミスをしてもあまり言わないのに、太郎君がバトンの受け渡しなどでミスをすると、「また、太郎かよ」とあからさまに文句を言います。運動会の前日、亮太君と仲のよい慎二君、貴之君、そして、智宏君に囲まれ、「リレーで負けたらお前のせいだからな」と言われました。

太郎君は運動会に出るのが怖くなり、眠れませんでした。運動会の朝、おなかが痛く、朝ごはんものどを通りませんでしたが、お母さんに心配かけてはいけないと思い、なるべく顔をみせないよう、また普通に装い、お母さんがつくってくれたお弁当を持って頑張って学校に行きました。運動会が始まり、いよいよリレーになりました。結果は、バトンのミスこそしませんでしたが、太郎君は、3人に抜かれ、最下位。クラスのみんなは悔しくて泣いていました。そして、みんな太郎君をみると口々に、「負けたのはお前のせいだ」「何で立候補なんかしたんだよ」などと不満をぶつけます。太郎君は、その言葉に涙があふれてきました。太郎君は、次の日から学校に行けなくなりました。

(1)「いじめ」にはどのようなものがあるか

文部科学省は、毎年、いじめの発生件数の調査を行っています。いじめ防止対策推進法より前のいじめの定義は、実は、この調査において、発生したいじめを把握するための定義として示されたものです。この調査結果は公表され、その中で、把握されたいじめについて、どのようなものがあるのかを、次のように整理しています（これらは、２０１３年につくられた国の「いじめの防止等のための基本的な方針」においても踏襲されています）。

①冷やかしやからかい、悪口や脅し文句、嫌なことを言われる。
②仲間はずれ、集団による無視をされる。
③軽くぶつかられたり、遊ぶふりをして叩かれたり、蹴られたりする。
④ひどくぶつかられたり、叩かれたり、蹴られたりする。
⑤金品をたかられる。
⑥金品を隠されたり、盗まれたり、壊されたり、捨てられたりする。
⑦嫌なことや恥ずかしいこと、危険なことをされたり、させられたりする。
⑧パソコンや携帯電話等で、誹謗中傷や嫌なことをされる。

これらは、①②のような「心理的ないじめ」、③④のような「身体的いじめ」、⑤⑥のような「物理的ないじめ」、⑦のような「身体的要素を含む心理的ないじめ」、⑧のようなメディアを使って行われるソーシャルネットワークやインターネット上での「新しいタイプの心理的ないじめ」といったふうに特徴を捉えて分類をすることができます。また、身体的なものも物理的なものだと理解すれば、

「心理的いじめ」「物理的いじめ」いずれかに分類ができるのだと思います（推進法では、このように理解しています）。さらに、その内容と程度によっては、暴行や傷害、盗み、脅し、名誉の毀損といった犯罪行為をその中に見つけることができます。

〈コラム〉ネットいじめについて

フェイスブック、ツイッター、LINEなどのソーシャルネットワークやインターネットなどの新しいツールを使ったいわゆるネットいじめについては、簡単に攻撃したり無視したりしやすい、ネットでコミュニケーションが続くので家に帰っても24時間いじめが続くことになる、写真や動画などが簡単に送信できるので、例えば性的な写真などが広く出まわってしまい取り返しのつかない状況が生まれやすいと言われています。

LINEは無料で通話でき、登録した複数の友達とメール・チャット（グループチャット）ができるなど便利なコミュニケーションツールです。ところが、読んだら既読とでるため、すぐに返事をしないと「既読スルー」と非難されるなどの理由でメールを受けたらすぐに返信しようとそれが子どもの生活の中心になってしまうようなことがあることが問題とされています。LINEでの発言でキャラ付けされたり、グループ内の位置が決まってしまうこともあって、一人が発信した悪口や攻撃的なメッセージ、無視の提案にほかの子どもが応じるなど、いじめが起こりやすく、またエスカレートしやすいと言われています。

例えば可愛いよねという意味で「○○が可愛くない」という言葉を書いても、文字だけでは本音がみえにくいので、本当に可愛くないと言われて傷ついてしまうということが起こります。面と向かって直接話をすれば、表情などで真意が伝わるので、ネット上でもし友達を傷つけてしまったら、実際に会って話し合い、勇気をもって謝罪することは問題解決のために大事なことです。

LINEだから外にはもれないと思っていると、LINEのグループ内の人がグループ外の人に送信して、それがグループ外で伝わって秘密と思っていた画像や文章などが外に拡がってしまったということもあります。いったん画像やデータが拡がってしまうと全てを削除することはできなくなり、誰かがそれを持ってしまうということを防ぐことはできなくなります。年々スマホデビューが早まっているようですが、インターネットは世界につながっていること、インターネットの世界は現実の世界に簡単につながること、インターネットで匿名で発信しても、携帯やパソコンに付けられているIPアドレスを追って発信元をたどることができるので最終的にどこから発信されたかがわかってしまうことなどをよく理解して、スマホデビューする前に親子でスマホ利用のルールを決めることが必要です。

(2) これって、いじめ？

さて、いじめとしての行為がどのようなものとして整理されているのかをみたところで、実際の例に目を向けてみましょう。先の例で、太郎君はいじめを受けているといえるのでしょうか。

「何で立候補したんだ」「(ミスに対して) また太郎か」「負けたらお前のせいだからな」「負けたのはお前のせいだ」――太郎君は、このように言われ、友達は冷たくなり、太郎君に口もきいてくれなくなってしまいました。こうした太郎君に向けられた行為を、先の分類に照らしてみて、いじめだと考える人もいるでしょう。他方で、亮太君の行為や態度に好ましくないところはあるとはいえ、いじめというには躊躇するという人もいることだと思います。子どもが悔しさを表すとき、常に正しく表されるわけはありません。それはおとなにも難しいことです。亮太君の悔しい気持ちもわからなくはありません。リレーで一生懸命になっていたクラスメートの気持ちも同じです。現に、この場合、亮太君に対して、「太郎をいじめてはダメだ」と言っても、「いじめなんかしていない」と、いじめを否定することでしょう。

それでは、このように問いかけたらどうでしょうか。「太郎君、傷ついてないかな？」こう問いかけると、ほとんどの人が、「太郎君は傷ついている」と思うに違いありません。「いじめ」は、先の定義に照らせば、これを受けている子どもの立場に立って判断すべきものであり、それは、「当該行為の対象となった児童等が心身の苦痛を感じているもの」ということになります。その意味で、いじめの有無は、太郎君が傷ついていることと、裏腹の関係に立つはずです。ところが、いじめかと問われれば否定するが、その子が傷ついてるかと問えば肯定できる。つまり、単純に裏腹の関係にはならないというところに、いじめの問題の難しさがあります。

私たちは、こうした問題が起きると、ついつい、「それはいじめか」と考えますが、むしろ大切なことは、いじめかどうかという行為を問うのではなく、傷ついているかどうかという、受けている子どもの気持ちに目を向けることです。そして、これこそが、文科省の定義でも触れられていた、「これを受けている子どもの立場に立って判断する」ことなのではないでしょうか。そして、子どもたち自身が、相手に向けられた行為いかんにかかわらず、相手の気持ちを考えるようになれれば、この問題は解決に一歩近づくことになります。

(3) いじめとはどのようなものか——その特徴を考える

ア いじめのいいわけからみえる「いじめ」

さて、ここで、いじめとはどのようなものか、その特徴を考えることにしましょう。テレビや新聞で報じられるいじめの中には、その行為が「犯罪行為」にあたるといってよいものもあります。犯罪行為とは、暴行罪、傷害罪、強制わいせつ罪、強姦罪、窃盗罪、脅迫罪、強要罪、恐喝罪、侮辱罪、名誉毀損罪など、刑法に罪として定められている行為です。こうした行為の場合、その行為のひどさと、受けた子どもの心身に及ぶ傷は、裏腹の関係として理解できます。つまり、その行為はひどいし、受けた傷も大きい。それは、犯罪行為であるが、同時に、いじめでもあるということです。ところが、日常起こっているいじめの例では、裏腹の関係にない場合がたくさんみられます。

たいしたことではないからいじめではない――いじめを指摘された側からよく聞かれる言葉です。ここには、ひどい行為は、相手を傷つけるけど、たいしたことのない行為は、相手を傷つけるようなことはないという程度（＝行為の程度）についての理解が背景にあります。しかし、ちょっとした皮肉や冷やかし、からかいなど、やった方がたいしたことではないと思っていても、また、実際にその行為そのものはたいしたことがなかったとしても、相手が深く傷つくことがあることはよく知られています。

いじめではなくて、ふざけていただけだ――これもよく聞かれます。過去においては、プロレスごっこの投げられ役などがあります。「○○ごっこ」、つまり、遊びとしてやっていただけだ、ふざけてやっていただけだというのがこれにあたります。「相手も進んでやっていた」などというわけも聞かれることがあります。持ち物を隠して、忘れ物をしたのではないかと慌てて探す様子をみて楽しむなどというのも、ふざけてやっているという点では、これにあたるといっていいでしょう。また、最初の方で紹介した１９８６年の中野区立中学校での事件では、ドッキリだとまわりに説明しながら、「葬式ごっこ」という形で、その生徒の机に花を飾ったり、寄せ書きを書いたりしたことが知られています。「ふざけていた」というのは、それをどういうつもりでやったかという意図（＝行為の意図）として、悪気はなかったのだといっているのだと思いますが、たいしたつもりでなく行ったことが、相手を深く傷つけることがあることは言うまでもありません。

ところで、「ふざけていた」といういいわけには注意が必要です。この場合、ときに、それをみている子どもたちに「ウケる」、あるいは、まわりの子どもたちがそれをみてはやし立てるなどということがあります。そのおもしろいと思う気持ちが、相手の気持ちをおもんぱかったり、善悪を判断したりする態度を鈍らせてしまうことがあるからです（いじめの問題に早くから取り組まれてきた森田洋司さんは、これを、「『悪い』という規範的判断と『おもしろい』という情緒的判断が結びついたとき、両者の間に葛藤が生まれるというより、『おもしろい』という情緒的反応に沿った枠組みに状況を組み替え、規範的判断を無力化する」という言い方で説明しています（『ジュリスト』836号29〜35ページ）。

相手が悪いのだから、いじめではない――これもまた、よく聞かれます。特に、自分は正しいと思っている場合、対応が難しくなります。仲間には入れないような雰囲気をつくりながら、「入ろうとしないお前が悪い」であるとか、「約束を破ったお前が悪い」などと非難したり、「とろい」などと、要領の悪さを取り立てて指摘したり、また、そのためにみんなが迷惑をしているなどと指摘するものです。先の例も、「足が遅いくせに、立候補したお前が悪い」という非難はこれにあたります。この場合、言われている方は、とても辛い気持ちになることがあります。逆に、言う方は、自分は正しいんだということを印象づけて、相手を非難するので、ときに、いじめる側に「正義」があるかのようにみえることがあります（森田洋司『いじめとは何か――教室の問題、社会の問題』中公新書、2010年、100ページ）。自分の正しさや、相手の悪さが強調されるので、受けている方の辛さがみえにくく、やっている方は悪いと認めない傾向があります。

イ　いじめの特徴①――「する側」と「される側」の意識のズレ

さて、これらに共通するものは何でしょうか。そこには、する方の意識と、受けている方の意識に、大きなズレがある、これが、日頃、起きるいじめの特徴の一つです。

〈する側〉		〈される側〉
・たいしたことがない	⇕	傷ついている
・ふざけているだけ	⇕	傷ついている
・相手が悪い（自分は正しい）	⇕	傷ついている

「えっ？　そんなことでいじめになっちゃうの」、そんな思いがこれを行った側に起こります。しかも、普段私たちが使う「いじめ」という言葉には、「一方的に相手に行うひどい行為」とのニュアンスがあるので、いじめだと指摘されると、指摘された側には、受け入れがたい抵抗感・拒絶感が生まれます。もちろん、「たいしたことがないことでも」「軽い気持ちでやったことでも」「正しいと思ってやっていることでも」、いじめになることがあるんだ、ということを、子どもたち自身が思えるようになることが大切で、先生を含むおとながそうした働きかけをすることはとても大切なことです。しかし、現に、そうした状況に出会ったときに、「いじめだからやめなさい」と言っても、子どもたちの心には届かず、これを否定し、かえってことをこじらせてしまうことがあるのです。そんなとき、する側とされる側のズレを理解し、「傷ついてるよね」という問いかけが大切だと思います。そして、これが、「受けている子どもの気持ちに立って」考えることでもあるのです。

ウ　いじめの特徴②――いじめはエスカレートする・死へと追い詰めるいじめ

以上のように、いじめは、「する側」と「される側」にギャップがあります。特に、「ふざけていただけだ＝楽しい」といういじめ、「相手が悪く、自分は悪くない」といういじめの場合、そこに、いじめを抑制する力が働きません。すでにみたように、前者は、おもしろいと思う気持ちが、相手の気持ちをおもんぱかったり、善悪を判断したりする態度を鈍らせてしまいます。後者は、自分は正しいんだということを印象づけて、相手を非難するので、あたかも、いじめる側に正義があるかのように思われてしまうことがあります。また、「たいしたことがない」と考えるいじめの場合も、それが繰り返される中で、その程度への意識が麻痺してしまうことがあります。そうした中で、いじめは、ときとして、気づかれないまま、エスカレートしていくことになります。

その一方で、次の3でみるように、いじめを受けた子どもは、いじめられていること、また、その苦しさをなかなか人に話してくれません。話したことによる報復を恐れているからかもしれません。かっこ悪い（恥ずかしい）と思っているかもしれません。もっとも心配してくれる親には心配かけたくない、心配されたくないと思っているかもしれません。もっとも親しい友達も、そのいじめに加わっていることもあります。そうした中で、誰もいじめに思い至らないまま、一人いじめに苦しんでいることすらあるのです。そして、それは、どんどんエスカレートしていき、一人で抱え込み、追い詰められていきます。

冒頭に、東京都中野区立中学校の事件を紹介しましたが、「生きジゴク」になっちゃうような苦しみを覚えている中、「プロレスごっこ」「葬式ごっこ」などが行われていました。葬式ごっこがいかに悪質なもので、その対象にされた子どもがどれほど傷つくかは、少し考えればわかることです。しかし、「ごっこ」として行われ、おもしろいと思ったその感情は、善悪の判断を鈍らせ、エスカレートしたまま、止める者もなく行われ続けました。その中で、その子どもは追い詰められ、絶望的孤立感の中で、自ら命を絶つことになりました。これは、暴力を伴わない心理的ないじめの場合も同様です。悪口やからかいも、それを言われた子どもは深く傷つき、死を選んでしまうこともあるのです。たいしたことがないようにみえるいじめであってもまた、どのような形のいじめであったとしても、いじめを受けている子どもを死へと追い詰める、これもいじめの特徴の一つです。

3　いじめを受けている子どもといじめへの対応

《ある事例②》

ある小学校4年生一郎君の話です。一郎君は普段は食欲が旺盛な子どもですが、夕食のとき、急に食べるのをやめ、ぼろぼろと泣き出してしまいました。お母さんが心配して、どうしたのと聞くと、絶対に誰にも言わないでと言った上で、いじめられていることを告げました。

お母さんは、しばらく誰にも言わず黙っていましたが、心配で心配でたまりません。そして、お父さんに言いました。ある日、一郎君は学校に行きたくないと言い出しました。するとお父さんは、「やり返すくらい強い子どもにならなきゃだめだ、もしかなわなかったら、お父さんが守ってやる」と言って、一郎君を学校に行かせました。

次の日から、一郎君は体がだるい、とか、おなかが痛い、などといってなかなか起きなくなりました。お母さんが心配になり、「まだ、いじめられているの」と聞くと、「別に何もない、放っておいて」といって、逃げるように学校に出かけていきます。

心配でしょうがないお母さんは、学校に相談することにしました。一郎は誰にも言うなと言うのですが、と前置きをした上で、担任の先生に言いました。これを聞いた担任の先生は、「任せておいてください。いくつもいじめを解決していますから」と言ってくれました。お母さんは、ちょっと不安には思いましたが、先生が頼もしく思い少し安心しました。

担任の先生は、一郎君と、いじめをしているという健太君を呼び出し、健太君に対して、「いじめをしていると、一郎が言っているが、そうなのか」と聞きました。すると、健太君は、ややうつむき加減で、上目づかいの感じでしたが、「ぼく、いじめなんかしていません」と言いました。担任の先生は、いじめを認めると思っていただけにとまどいましたが、「仲よくするように」といってその場を終えました。その日から、クラスのみんながよそよそしくなったように、一郎君は感じています。

健太君の話を聞いた健太君のお母さんは、「うちの子を犯人扱いするのか！」といって、担任の先生のところにどなりこんできました。あいかわらず、元気のない一郎君をみて、一郎君のお母さんは、再び担任の先生に相談しました。すると先生は、「あれは解決しましたから」と言うだけです。様子のおかしい一郎君をみて、お母さんはその後も、先生に言いました。先生は、解決したというだけでなく、もともといじめなんかなかったんだと思います、と言いました。

それをお母さんから聞いた一郎君のお父さんは、烈火のごとく怒り、家族3人で、学校に行くことになりました。担任の先生に会うと、お父さんは、担任の先生に、健太君と健太君の家族を呼び出せとたいへんなけんまくです。困った担任の先生は、校長先生と相談した上で、健太君と健太君の家族を呼び出すことにしました。

みんながそろうと、おとなたちは、もうたいへんなけんまくです。問いつめられる健太君は、やっていないと首を横に振るばかりです。逆に、問いつめられた一郎君は、哲也君がみていたと言いました。一郎君のお父さんは、それでは証人がいるのだから、哲也君を呼び出すように先生に求め、先生もしぶしぶ哲也君を呼ぶことにしました。

しばらくすると哲也君がやってきました。異様な雰囲気に哲也君は逃げ出したくなりました。「哲也、みたのか?」との問いに、哲也君は、「わからない」と答えるのがやっとでした。

(1) いじめを受けているときの子どもの反応

子どもがいじめを受けると、お父さんやお母さんは、心配で仕方がありません。でも、そんな心配をしてくれるお父さんやお母さんに、子どもは、あまり話をしてくれない、そんなことがよくあります。

一つには、いじめを受けている子どもは、いじめであることに思いも至らず、むしろ、その友達にいじわるをされたり、嫌われたりしないようにするのに一生懸命で、ときに、自分が悪いという思いも強くしながら、振り回されて、苦しくなっていたりします。そして、その苦しさに、自分はダメなんだと気持ちが小さくなって、人に打ち明ける自信もなくなってしまうことがあります。

　また、お父さんやお母さんに心配かけたくないと心のどこかで思っています。その気持ちから、表情が暗くなっている自分を隠しきれなくなったとき、心配そうな顔をされたり、いろいろ聞かれたりするのがイヤで、なるべく顔を合わせないようにします。また、心配してくれるお父さんやお母さんは、親身になってくれますが、一生懸命にもなります。打ち明ければ、何とかしようとして、学校の先生に話をしたり、相手方の友達の親に言いにいったりして、おおごとになってしまうことがあります。子どもは、今の状況から逃れたいと思う一方で、現状が動くことをすごく恐れていたりします。先生に告げ口をしたことに対する報復を恐れる場合もあります。おとなから見れば、踏み出してもらいたい一歩も、子どもにとっては、勇気とエネルギーが必要で、その一歩を踏み出せず、今の気持ちを気づかれないようにすることがあります。

　一郎君にも、そうした様子がみられます。「絶対誰にも言わないで」というのは、打ち明けずにはいられなかった一郎君の必死のお願いだったのでしょう。お母さんから打ち明けられたお父さんは、励ますつもりだったと思いますが、そんなお父さんの励ましも、一郎君にとっては重荷にしかならず、その後、一郎君は、口を閉ざしてしまう様子がうかがえます。子どもがいじめを打ち明けるときは、かなり思い悩んでいるときと考えた上で、その苦しさを受け止めてあげることがまずは大切です。一歩も二歩も先に進めるような励ましは、かえって、子どもの気持ちを苦しくするので、まずは、子どものいるところにとどまって、耳を傾けることが大事なのだと思います。

（2）おとなのいじめへの関わり——いじめを問いただすこと、謝らせること

いじめを受けているという訴えに対する対応の一つとして、相手方の子どもにこれを問いただし、認めたところで謝罪させることがよく行われています。実際に、学校などでは、これによって、子どもはいじめを認め、謝罪とともにこれが収まることもあるようです。しかし、それは、たまたまうまくいったにすぎないと、考えておく必要があります。

いじめは、すでにみたとおり、する方の意識と、受けている方の意識に、大きなズレがあるものです。つまり、いじめを受けている方は深く傷ついているのに、これを行っている方は、たいしたことではない、ふざけているだけ（遊んでいるだけ）にすぎない、あるいは、相手が悪いなどと思っていることがあります。こうしたズレをそのままに、「いじめをしたのか」「それはいじめだ」と、それを行った子どもを問いただしても、その子どもは納得できず、これを否定したり、仮に、先生の前でこれを認め、謝ったとしても、納得できずにいたりします。いじめに関わるおとなは、こうしたいじめの特徴をよく理解した上で、「傷ついていないか」という問いを出発点として、「傷ついている」という共通の認識を、いじめをした子どもも持つような働きかけに努めるべきです。

さて、この事例で、健太君は、「いじめなんかしていません」と否定をしています。いじめを認めるだろうと思った先生は、とまどい、なすすべがなく、そして、「仲よくするように」と言って、解決をしたものとしています。そして、「やった」という証拠もないことから、先生は、ないと言っている健太君を信じるほかなく、「犯人扱いするのか」とする健太君の親からの文句にも押されて、そ

もそもなかったことにしてしまっています。健太君が嘘をついていることも考えられますが、健太君が、一郎君に対して行ったことを、たいしたことではない、ふざけていただけだ、あるいは、相手が悪いと考えていた場合、健太君は、本当に、いじめなんかしてないと思っていることでしょう。ズレをそのままにして、解決を図ろうとすると、こういうことがよく起こります。しかし、健太君がいじめなんか本当にやっていないと思っていても、一郎君が、苦しんでいることを否定することにはなりません。たいしたことがないことでも、ふざけてやっていることでも、自分は悪くないと思っている場合でも、受けている子どもが苦しんでいることがあるからです。ここに目を向ける必要があります。

「謝らせる」という対応にも注意が必要です。こうしたズレをそのままにして、謝った場合、謝った方には、しばしば、屈辱感が残ります。「(たいしたことがなく、あるいは遊んでいただけで)自分はそんなに悪くないのに」「(相手が悪く)自分は悪くないのに」などという気持ちです。特に、謝罪に立ち会う親などのおとなが、相手を懲らしめてやりたいなどと考えた場合には、屈辱感を覚える傾向は強くなります。また、そうして行われた謝罪では、何に、何で謝っているのかわからず、その屈辱的な気持ちが表れてしまうことがあり、謝罪の態度が問題にされたりすることがあります。こうした何に謝っているかわからない謝罪は、かえって問題を大きくする場合があります。もちろん、相手に、「ごめんなさい」と言える気持ちはとても大切です。でも、謝る場合には、自分の何が、相手を傷つけたのかを、子ども自身が言えるようにしてあげなければいけません。いじめには、「する方」の意識と、「受けている方」の意識に、大きなズレがあることを踏まえた上で、いじめを受けて傷ついている子どもの立場からこれを埋める働きかけがとても大切になります。何に対して謝っているのかを子ども自身が相手に言えて、何に対して謝られているのか、その子どもが受け入れることができたとき、初めて意味のある謝罪になります。

(3) いじめの解決イメージ――子どもの権利といじめへの対応

ところで、この事例で、最初にいじめを打ち明けられたお母さんも、お母さんから相談を受けたお父さんも、そして、お母さんから相談を受けた担任の先生も、みんな、「一郎君のために」と思って、いろいろと手を尽くしていることがわかります。もちろん、いじめを受けているというサインを見逃してしまった事件も多く報じられていますが、このように、いじめの相談を受け止めてくれた人は、それがお父さんやお母さんであっても、先生であっても、ここには出てきませんが、友達であっても、みんな「その子のために」一生懸命になってくれます。

しかし、ここで、あることに気がつきます。つまり、お母さんは、まずはお父さんに、次に先生に相談をすることで解決の糸口を見つけようとしています。お父さんは、一郎君を激励して、守ってあげることでいじめを解決しようとしています。お母さんから相談を受けた先生は、相手方の健太君にいじめを認めさせて、謝らせて解決しようとしています。つまり、みんな、「一郎君ために」とは思っているのですが、それぞれ違う「解決イメージ(=どのようなものとして、どのように解決するかというイメージ)」を持ってこれを解決しようとしています。そして、そのどれもがうまくいきませんでした(ただし、この例では、お父さんもお母さんも、どのようにという方法はイメージしていたかもしれませんが、どのような形でという解決の形はイメージしていなかったかもしれません。「解決イメージ」については、兵庫県川西市の子どもオンブズパーソン制度づくりに関わった吉永省三さんが、『子どものエンパワメントと子どもオンブズパーソン』〈明石書店、２００３年、２１６ページ以下〉という本の中で触れています）。

ここで、一つ大切なことが忘れられていることに気がついたでしょうか。そうです。一郎君の解決イメージです。いじめの事例でしばしば起こることの一つです。みんな、いじめを受けている子どものために、何とかしようとして一生懸命になるのですが、いつの間にか、そうした人たちの解決イメージが先行して、子ども本人の解決イメージがどこかに行ってしまい、その結果、その子ども（ここでは、一郎君）が置いてきぼりになっていることがあるのです。お母さんやお父さんの考える解決の仕方が、一郎君の解決イメージを超えるものとして、一郎君の気持ちの重荷になり、学校先生の考える解決の仕方が、一郎君にとっては思いもよらぬものとして、かえって一郎君を苦しめることになってしまっています。

それでは、誰の解決イメージに添えばいいのでしょうか。言うまでもありません。一郎君の解決イメージが一番大切なものです。打ち明けたときには、一郎君は解決イメージなんて持ってないかもしれません。しかし、これならできるかもしれないということが必ずあるはずです。それが一郎君の解決イメージの出発点です。そして、一郎君の解決イメージは、ひょっとしたら、おとなからみて、頼りのない、そんなことでいいのかというものかもしれません。それでも、一郎君が解決の主人公であるためには、一郎君の解決イメージを出発点として、ちょっとだけ一郎君の背中を押してあげる必要もあるかもしれませんが、少なくとも、一郎君自身が、「これならできる」というものを手がかりとして解決を図っていくことが大切です。

4　いじめの構造と深層

(1) いじめの四層構造

さて、いじめの特徴とこれを踏まえた上でのいじめへの対応のあり方について、事例を交えながらみてきましたが、いじめの問題を考える際に、とても大切な視点があります。いじめを、いじめた子、いじめられた子という当事者同士の問題だけでみるのではなく、集団の中で捉えるという視点です。こうした考え方を最初に示した森田洋司さんは、いじめの問題が起こると、〈いじめた子（加害者）――いじめられた子（被害者）〉という関係にばかり目が行ってしまうけれども、まわりの反応によって、いじめに歯止めがかかったり、これが左右されたりするとして、いじめを四層の集団構造として捉える必要があるとしています（最近の手に入りやすい本としては、森田洋司『いじめとは何か』中公新書、2010年の131～135ページに記述があります）。

森田さんによると、いじめには、直接の当事者のほかに、観衆と傍観者がいるとしています。観衆も傍観者も、直接当事者のように、いじめられている子どもに直接手を下してはいません。しかし、観衆は、はやし立てるなどすることによって、いじめを積極的に是認します。はやし立てるというと、「やれ！　やれ！」と、やっている方に加勢して応援することを考えますが、例えば、いじめて

いじめの四層構造

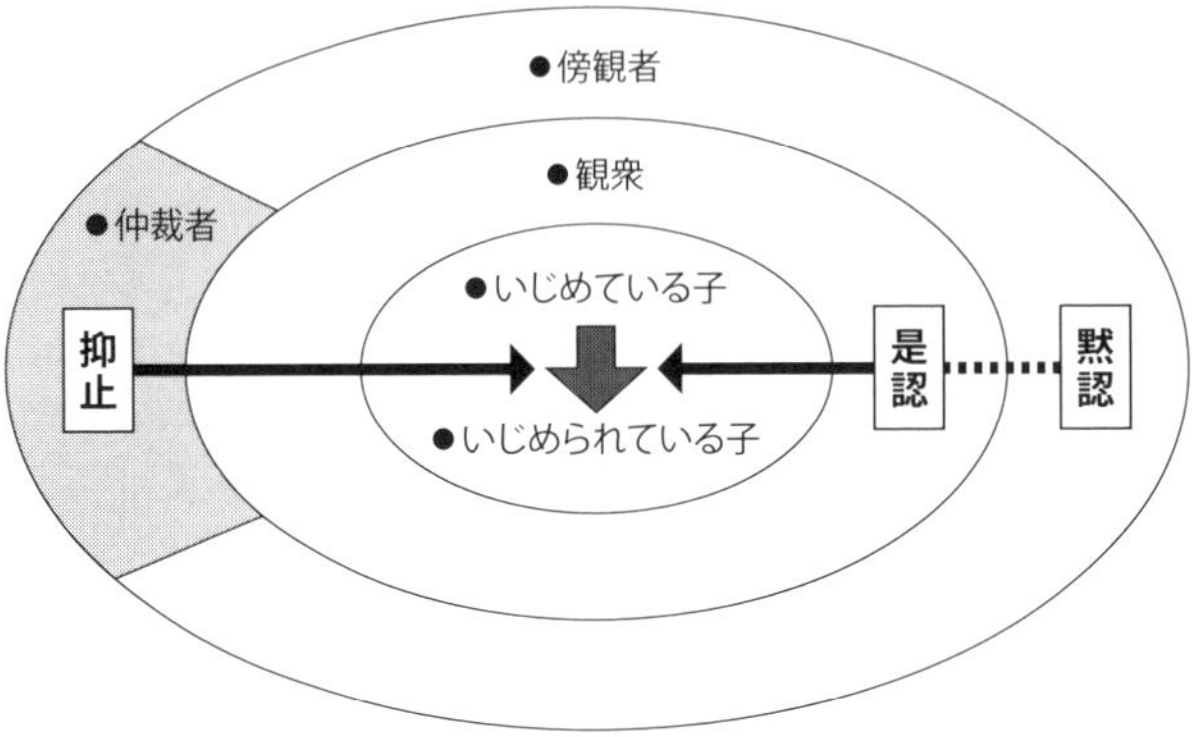

（森田洋司『いじめとは何か』132ページ図を改変）

いる子どもが遊びでやっているとするプロレスや格闘技などの場合は、双方を応援するような形でこれを盛り上げる場合もあります。また、ふざけてやっているとする「ツッコミ」などの場合は、それをみて「ウケル」などと言うのもこうした役割を果たすことになります。いずれにせよ、ふざけているとする感覚が強くなれば、それだけ観衆には、いじめに荷担しているという意識は希薄になり、いじめを受けている子どもとの意識のズレは大きくなります。なお、こうした観衆には、「いじめのきっかけを作っておいて、いざいじめが始まると自分は手を下さず、周りでみながら、ほくそ笑んでいる『仕掛け人タイプ』も含まれる」（森田、１３２ページ）とされています。

これに対して、傍観者は、いじめに対して、知らぬ振りをしている子どもです。いじめに対して冷ややかな態度をとれば、これを抑制する存在になるのに、他人に対して無関心であったり、自分がいじめを受けるのではないかと恐れていたり、いじめている子どもたちと関わったり、逆らったりしたくないと思っていたりするところから、みてみぬ振りをする子どもたちです。こうした子どもたちの傍観者としての態度は、いじめを結果的に支持する役割を果たすことになってしまいます（森田、132〜133ページ）。「傍観者でもいじめの加害者である」とされますが、観衆以上に、いじめに荷担した意識はなく、いじめを受けた子どもとの意識のズレは大きく、このズレを理解しないまま、いじめに荷担していたと指摘したときの拒絶感は大きなものとなります。

こうした子どもたちの学校の教室などでの構造が、加害者、被害者、観衆、傍観者の四層となっていることから、「四層構造」という言い方をしますが、それぞれの役割は、固定的ではなく、常に被害者にまわる可能性があるともされています。その意味で、子どもたちは、それぞれの役割の中で、自分がいじめられないような行動をとる傾向はあるともいえますが、逆に、傍観者の中から、いじめの関係を仲裁する役割を果たす子どもが出る場合には、いじめが抑制されることがあるとされ、こうした仲裁者を育てていくことの大切さは意識されていいかと思います（以上は、森田洋司『いじめとは何か』132〜133ページ）。

（2）いじめと集団の力関係

ところで、日常、学校の教室では、観衆や傍観者といったグループがあるわけではなく、なんとなく気の合ったもの同士がグループをつくっているものです。誰と誰が仲がよかったり、そうでなかったりという関係で、グループ同士なんとなくそりが合わない場合もあれば、グループには分かれているけれどもお互いに仲が悪いわけではないといった場合もあります。

グループができる理由はさまざまで、共通のアイドルやアニメ、キャラクターで盛り上がれるグループであったり、着るものなどおしゃれで共通に盛り上がれるグループであったり、あるいは、お笑いなど、おもしろいことをネタに盛り上がれるグループである場合もあれば、スポーツの話題で話の合うグループであるとか、わりと質素でまじめなグループであったりすることもあります。その意味で、友達関係ということもでき、それ自体としては、ごく自然なもので、子どもにとってはそうした関係ができ、その中にいることがとても心地のよいもので、LINEなどのSNS（ソーシャルネットワーク）上で、グループをつくったりすると、その関係はぐっと強まります。

グループの中には、人気者であったり、なんとなくかっこよかったり、おもしろかったり、共通の話題をよく知っていたり、いつも話題の中心にいてグループの雰囲気をつくる子どもがいます。また、こうしたグループには、教室の雰囲気をつくるグループがあり、子ども同士の、あるいはグループ同士の優劣が、なんとなくできあがっていたりするものです。こうしたグループ内での、あるいはグループ間の力関係について、森口朗さんは、自己主張力、共感力、同調力の高い・低いということによる関係（マトリックス）でできあがっていくとしています（森口朗『いじめの構造』新潮新書、2007年、44ページ）。

そして、こうしてできあがった優劣のある関係（森口さんは、これを「スクールカースト」と名づけています）が、実際の教室の中では、いじめの構造になっていたり、そのいじめを促進したり、これを是認する役割を果たしていくことがある点には注意を向ける必要があります。グループの中で、いじられることで笑いをとり、それを楽しんでいるという関係があった場合、それがどこかでいじめの関係に転化をしたり、いじめの関係になっていたとしても、それを行っている方はいじめだとは思っていなかったりすることがあり、いじめがとてもみえにくくなっていることがあります（さらに、それが、SNS上で行われている場合はもっとみえにくくなります）。また、雰囲気をつくっているグループに入れない子どもが集まって、結果としてグループになっているような場合、雰囲気をつくっているグループの力は強く、ときに、そのグループからは、仲間に入ってこないまじめな感じが、「空気が読めない」「うざい」などと悪口の対象になったりすることもあります。そして、こうした力を持ったグループへの求心力が高ければ、教室全体としては仲のよいようにみえていたとしても、いじめが行われていることがあり、また、前にみたような「仲裁者」が出にくい雰囲気をつくることにもなります（参考、鈴木翔『教室内（スクール）カースト』光文社新書、２０１２年）。

（3）いじめへの対応と当事者としての学校

さて、こうした教室でのいじめの関係の中で、学校の先生が、いじめに一定の役割を果たすことがあります。もちろん、先生の適切な対応によって、いじめが収まるのが一番よいのですが、逆に、先生自身がいじめの構造をつくってしまうことがあります。

授業などで、授業の雰囲気をつくるために、特定の子どもをネタとして笑いをとるような場合に、子どもたちがそれに乗っかって笑いのネタにすることは、よくあることですが、それ以外に問題となるのは、先の二つ目のエピソードでみたように、先生がいじめの対応に失敗したときに起こります。その例では、先生は、一郎君のお母さんから打ち明けられたことで、一郎君のためにいじめを解決しようとしてますが、いじめをしていたとされる健太君がこれを否定し、健太君の親が「うちの子を犯人扱いするのか」と苦情を言ってきた後、「もう解決しましたから」としています。

実際の例では、「学校は警察ではないので、相手が否定している以上、これ以上調べることはできない」とする例、あるいはそれに近い例に出会うことがあります。この例では、先生は、「もともといじめなんかなかったんだと思います」としていますが、いずれにせよ、これでは、一郎君も、健太君もこのままということになってしまいます。そして、そのままということは、一郎君はずっと苦しんだままということになりますし、健太君はその言い分が認められたということになってしまいます。つまり、先生の対応が、健太君を是認することになり、一郎君を追い詰めていくということになります。そして、一郎君の方からみると、先生も当事者ということになってしまうのです（こうした場合、いじめを受けた方が転校をすることになるという例はよくみられます）。

こうした場合、学校は、いじめを、当時者間の問題（例でいうと、一郎君と健太君の問題）であることを強調し、場合によっては、「当時者間で話し合ってください」などと、学校は当事者でないとの対応をすることがみられますが、もうすでに、学校が当事者となってしまっていることははっきりと意識すべきです。そして、こうした場面が、いじめの対応の中で、もっとも気をつけなければいけない場面ということになります。

（4）いじめをしている子どもが抱える問題——いじめの深層

日本の学校制度によって学業面で例外的なほど優秀な成果が達成されてきたことを認めるが、学校および大学への入学を求めて競争する子どもの人数が減少しているにも関わらず過度の競争に関する苦情の声があがり続けていることに、懸念とともに留意する。……また、このような高度に競争的な学校環境が就学年齢層の子どものいじめ、精神障がい、不登校、中途退学および自殺を助長している可能性があることも、懸念する。

（子どもの権利条約NGOレポート連絡会議仮訳）

これは、子どもの権利条約に基づいて、各国の子どもの権利の状況を審査する国連・子どもの権利委員会が、2010年6月に、日本に対する審査の結果において示した「懸念」です（「第3回総括所見」パラグラフ70。各国審査の結果は、「総括所見」という形で示され、公表されています）。また、この審査結果の別の箇所で、「親子関係の悪化」についても触れており、その原因として、貧困、学校における競争、仕事と家庭が両立できないような状況があることなどがあげられています（同パラグラフ50）。国連・子どもの権利委員会の条約締約国の審査は、それぞれの国から提出されたその国の子どもの権利状況に関する政府報告書に基づき、その国のNGOから提出された報告書を踏まえながら定期的に審査がなされるもので、そこで示された内容は、審査を受けた国の子どもの権利状況をよく表しています（日本は、これまで3回の審査を受けており、第1回から第3回の総括所見が示されています。次は、2016年5月21日までに政府報告書の提出が求められています）。こうした記述からみえてくるのは、わが国の子どもの心には、日頃、学校でも家庭でも、ものすごく大きな負荷がかかっていて、それがいじめの背景にもなっているという点です。

ここで指摘されている「高度に競争的な学校環境」によるストレスは、1998年の第1回の審査結果では、「競争が激しい教育制度」として指摘され、それが、子どもの身体的精神的健康に影響を及ぼし、子どもの大きなストレスとなって、不登校の原因にもなっていることが示唆されています（「第1回総括所見」パラグラフ22、43）。続く２００４年の第2回の審査結果でも、そのフォローがされていないとの懸念が示されており（「第2回総括所見」パラグラフ6、49ａ）、改善されないまま現在に至っています。いじめについては、第1回及び第2回の審査結果では、こうしたストレスとは別に指摘を受けていましたが（「第1回総括所見」パラグラフ24、45、「第2回総括所見」パラグラフ6、50ｂ）、第3回の審査結果では、こうしたストレスがいじめの背景にあるとして、ストレスと関連づけられて指摘されるようになりました。

また、子どもの自殺が多いことが、第1回目の審査から、ずっと指摘されていることにも留意が必要です。第1回の審査結果では、「子どもの自殺が多数生じている」としているのに続き（「第1回総括所見」パラグラフ21、42）、第2回の審査結果では、「若者の自殺率がますます高くなっている」と指摘し（「第2回総括所見」パラグラフ47、48）、第3の審査結果では、日本国政府の問題への対応の努力を認めつつ、なお引き続き、自殺の問題への取り組みが必要であるとの指摘がなされています（「第3回総括所見」パラグラフ8、41、42）。子どもの自殺の原因の全てがいじめにあるわけではありませんが、いじめを原因として自殺する子どもがいることを踏まえると、さらに、その背景にある子どものストレスに思い至らざるをえません。私たち社会が真剣に取り組まなければいけない課題です。

このようにみてくると、いじめは、いじめをしている子ども、いじめを受けている子ども、そして観衆となっている子ども、傍観者となっている子ども、さらに、そうしたいじめが起こるグループの関係などに関心を向けると同時に、いじめには、こうした子どもにかかるストレスが背景があることを意識する必要があります。いじめの問題に出会うと、いじめをしている子どもの背景に、貧困、養育放棄、心理的なものを含む虐待経験など、子どもが抱え込んでいる課題に気がつきます。それと同時に、家庭環境としては問題があるようにはみえず、普段、まわりからはとってもいい子、優等生とみられている子どもにも出会うことがあります。親の前でも、先生の前でも、いい子として一生懸命にふるまい、良い成績がとれなければならないという競争的雰囲気の中で優等生として頑張る姿があり、そのムリが歪みとなって、友達関係において、特に自分を慕ってこない友達に対して、「意地悪」な気持ちが芽生える、そんな子どもです。いじめへの対応にあたっては、こうしたいじめを行った子どもへのフォローも不可欠です。いじめは、いじめられている子どもに、寄り添い、その立場に立って解決する必要がありますが、いじめた子どもの、こうした心の歪みを理解し、フォローすることも大切です。そうした取り組みがいじめた子どもに届いたときに、「相手は傷ついている」ということを素直に受け入れられるようになり、解決に一歩近づくことができます。

第Ⅱ章

いじめへの対応

1　いじめられたことを話す、いじめに気づく、いじめに耳を傾ける

(1)　いじめられたことを話す

一般にいじめられている子はいじめられていることを他人に話さない場合が多いといえます。

それにはいろいろな理由があると思いますが、第一は、誰でもいじめられているような人間だと思われたくないという思いがあるからです。親に話すと大騒ぎになってしまうからいやだと思って打ち明けるのを躊躇するときもあります。おとなに話すと、いじめっ子から、チクったなと逆にいじめられることが多いのでこれを恐れて話せない場合もあります。

さらに、心理的に追い詰められ心が萎縮して、人に相談できるような精神状態ではなくなってしまう場合もあります。いじめは、いじめられる子どもの個人としての人格を攻撃し否定する行為ともいえるので、自負心、自尊心が粉々に粉砕されてしまい、自信を失い、やがて生きる気力すら失わせるだけの力を

持ってしまうからです。いじめによる自殺はその結果であり、それがいじめの恐ろしさです。

　仮にクラスでみんなに無視され続け、まるでそこにいないかのように扱われたら……、やりたくないと思っていることや恥ずかしいからやりたくないと思っていることをみんなの前で無理にやらせられたら……、何を言ってもデブ、ブタ、バカなどと言われてばかにされたり非難されたら……、投げ飛ばされたり殴られたりし続けたら……、自分の椅子の上に画鋲をたくさん置かれているのをみたら……、ノートに「死ね」と書かれているのをみたら……、そんなときにどう思うでしょうか。

　いじめは、心的外傷的出来事ともいえる場合があり、いじめを受けた子のストレスの原因となる場合もあります。その後遺症により、いじめは、いじめられた子の心を深く傷つけ、生涯にわたってその影響が及ぶ場合もあります。

〈コラム〉トラウマ（心的外傷）の後遺症

心的外傷後ストレス障害（いわゆるPTSD）や急性ストレス障害、適応障害といわれるものは、なんらかの心的外傷的出来事やストレス因（ストレスの原因）に曝露《ばくろ》（さらされること）されて起こる後遺症ともいえます。PTSDは、実際にまたは危うく死ぬ、重傷を負う、性的暴力を受けるなどの心的外傷的出来事を直接体験したり、他人に起こったそのような出来事を直に目撃する、近親者、友人などの心的外傷的出来事を直に目撃する、またはそのような出来事に繰り返し曝露される体験の後に、次に述べるような特徴的な症状が1か月以上続くときです。その特徴的な症状とは、①その外傷的出来事の記憶を何度も再体験したり、②その外傷的出来事と関連した刺激を回避しようとしたり、③過度の警戒心や過剰な驚愕反応などの症状です。急性ストレス障害は、前記のような心的外傷的出来事への曝露後3日から1か月までの期間このような症状が続くものです。適応障害は、はっきりと確認できるストレスの原因に反応して、情動面または行動面の症状が出ることがその本質的な特徴です。いずれにしてもこれらは、DSM-5[*2]において、心的外傷およびストレス因関連障害群として分類されています。

このように、いじめられている子どもが自分からいじめられていることを他人に相談することはなかなか難しく、いじめられた子がいじめを打ち明けたときは、心に深く傷を負うほど深刻な状態になってしまっている場合もあります。いじめがこういうものであることを理解した上で、親や、教師、友達など、まわりの人は、できるだけ早くいじめに気づいて、いじめからその子どもを守り、いじめを止める努力をしていく必要があります。

(2) いじめに気づく

それでは、どのような状況があったら、いじめられているのではないかと気がつくべきなのでしょうか。いじめにはいろいろなシグナルがあります。

- それまで明るく笑っていたのに、いつのまにか笑顔がみられなくなり、いつも視線が下向きになっている。
- 授業時間も休み時間も、クラスでいつも一人でいる。
- いつも一緒に通学していた友達と一緒に通学するのを突然にやめてしまった。
- 帰宅時間が早くなったり、遅くなったり、目にみえて変わってしまった。

＊2 『ＤＳＭ－５精神疾患の診断・統計マニュアル』（日本精神神経学会監修、医学書院、２０１４年）

・食欲がなくなってきた。
・学校に行くのをいやがる。
・家の中に置いていたお金が頻繁になくなっている。
・一緒にお風呂に入るのをいやがる、夏なのに長袖を着ようとする。
・腕や身体、ときには顔に傷をつけて帰ってくる。

など、日常生活でそれまでとは違う変化があるときです。

このような場合は、少し気をつけて子どもの様子をみていかなければなりません。学校で定期的に行われているアンケート調査などで、いつもと違う気がかりな表現があるときも注意してその子どもの様子をみていく必要があります。

いじめられているとき、いじめられている子は、親や友達に、心配をかけまいとして、笑いながら、何でもないよということが多いです。それでも、時々、苦しい思いをなんらかの形で表現することがあります。何でもないよという言い方に惑わされないようにしなければなりません。笑いながら、普通に生活しながら、連絡ノートに本当の気持ちを書く、提出する作文にひそかに本当の思いを書くなどのことがあり、その本音に気づくためには書いている子どもの心を思いやる気持ちが大切です。

学校の教員でも家族でも、周囲のおとなができるだけ早くこのような異変に気づかなければなりません。子どものSOSをできるだけ早くキャッチして、苦しい思いでいる子どもの心に寄り添って丁寧に対応することが大切です。

　いじめは人と人との関係の中から生まれるので、人間関係を調整することで早期に解決ができる場合がありますが、いじめがエスカレートし、被害が深刻になっていじめられた子の心が深く傷ついてしまった後では、同じ環境にいるままではいじめから回復することが困難となり、いじめられた子の心的外傷からの回復のためには環境を変えるしかないということになりがちです。

　いじめが心的外傷となり、急性ストレス障害や心的外傷後ストレス障害や適応障害などの症状を発症した場合、そのストレスの原因となるのは、いじめる子やいじめをとりまく人間関係です。いじめる子だけでなく観衆や傍観者をも含めた学校生活そのものが、いじめられた子を追い詰め、傷つけるので、そのような環境にいじめられた子を置くことは、その子をストレスの原因にさらし（曝露）続けるという状況に置くことになってしまいます。このようなときには、いじめられた子を守るためには転校という最後の手段をとるしかなくなり、環境を変えないままで人間関係を調整していじめを解決することができなくなってしまいます。

　そうした転校という選択を余儀なくされる前に、できるだけ早く、軽いうちにいじめに気づくことが重要であり、そうすれば環境を変えないで、学校などでの人間関係の調整で解決することが可能となります。

（3）いじめに耳を傾ける

　いじめられているのではないかと思ったときどうすればいいでしょうか。いじめは、いじめられている子の人格を否定しプライドを傷つける行為ですから、もともといじめられていることを話しにくいので、いじめについて相談を受けるときは、いじめられている子どもが、話しやすい環境をつくることが必要です。安心できる環境を確保して、できれば一対一で、もしくは少人数で、落ち着いて話を聴いた方がいいでしょう。

責めたり、非難したり、同情したりしては、話しにくくなってしまいます。すぐにアドバイスをすることも、できないことを求めることになりかねず、その結果子どもは心を閉ざしてしまうことになり、逆効果となることもあります。

秘密を守ることを約束して、安心して話ができるようにした上で、いじめられている子の話をたんたんと受容的に聴くことが大事です。

受容的に聴くということはどのように聴けばいいのでしょうか。相手の話を打ちきらずにじっくりと聴く、途中で論評したり、非難したりしない、そして、いじめられている子どもの側についた発言を心がけて聴くということだと思います。話を聴いている、「お父さん、お母さん」「先生」は、自分の味方なんだと思うことができれば、いじめられた子も、安心して話すことができるでしょう。同情することは逆にいじめられている子のプライドを傷つけてしまいがちなので、逆効果です。たんたんと事実を聴くことが大事です。

秘密を守るよと言ってあげるのも話しやすくなる一つの方法です。ただ、最初はそのような約束をしても、いじめ防止対策推進法では、いじめに気がついた人には通報義務がありますから、いじめがあるとき、保護者が学校の先生に、担任が校長に、話さなければならないともいえます。このような場合は、子どもと話し合いを続けてできるだけその了解を得るようにする努力が必要です。あくまでもいじめの問題の解決はその子どもを中心にして行う必要があるからです。

（4）安心安全の確保

そして子どもからいじめを受けているとの話を聴いたら、学校での安全の確保にまず心がける必要があります。クラスの中で孤立することがないように、ともだち、サポーターがいるかどうかを確認します。そして、いじめを解決するために必要となるキーパーソンを探すのです。第Ⅰ章４（１）で、いじめの四層構造を紹介しましたが、キーパーソンはいじめの仲裁者になる可能性があります。

いじめを解決するためのキーパーソンになるのは誰でしょうか。友達や、先生など、いじめられている子が信頼できる人を探します。学校で子どものサポーターになってくれる友達がいるか、信頼できる先生は誰かということについては子ども自身に聞くのが一番よいでしょう。

友達のお母さんを味方にして、子どもと一緒にどうしたらいいかを考えるということもありえます。子ども自身と相談しながら解決策を考えていけば、子どもは次第に自信がついて元気になります。この段階で必要なのは心が弱ってしまっている子どものエンパワーメントです。

2　いじめを相談する

（1）学校への相談

保護者が、子どもがいじめられていることを知ったときは、どうしたらいいでしょうか。

子ども自身の気持ちに寄り添いながら、子どもとよく話し合った上で、学校の先生に相談することが望ましいでしょう。学校で生活しているのは親ではなく子どもなのですから子ども自身の気持ちに反して行うわけにはいかないのですが、生命身体などの危険が感じられる場合は、危険からの回避が最優先となりますので、子どもの意思に反しても、おとなとして何が子どもの最善の利益かを考えながら対応しなければならないこともあるでしょう。

（2）学校の相談体制

先生がいじめられている子の話を聞いたら、自分だけで抱え込まず、校長、副校長やほかの教員に相談することが大事です。いじめが発覚したときは、学校の職員全員が、情報を共有し、いじめがそれ以上行われないように、みんなで見守る必要があるからです。いじめは、クラス内や授業時間だけにとどまらず、休み時間や、体育の時間、理科などの教室への移動時間、放課後の部活の時間などでも起こるので、担任だけでいじめの事実を抱え込んでしまうといじめられた子の安心安全の確保は難しくなります。担任が気がついたことを伝え、学校全体でいじめの事実を共有することが必要です。

学校全体の教職員が見守ればいじめのサインやシグナルにも気がつきやすくなり、早急な対応が可能となります。

いじめをやめさせるということは簡単なようで難しいのは事実です。人間関係がこじれて起きることですからクラス全体、学年全体または学校全体の雰囲気を変えることによって解決することがありますが、それには時間がかかります。教員は皆、いじめはエスカレートしやすいこと、いじめられた子を自殺という結果に追い込む力があることをよく理解して、いじめは絶対に許されない行為であるという姿勢を子どもたちにきちんとみせ続ける必要があります。みんながいじめに対して批判的な空気になれば、いじめを続けることができなくなりいじめは解消してしまうでしょう。

(3) 関係機関の活用

どうしてもいじめが続くときは、ほかの関係機関に相談することを考えなければならないかもしれません。

教育委員会の教育相談窓口に相談するとか、弁護士会の子どもの人権相談窓口から弁護士に相談することも考えられます。各地の弁護士会では、一般的な法律相談窓口があるのはもちろんのこと、子どもに関する相談について特別な窓口を用意しています。これらの相談窓口については巻末の添付資料をご参照ください。また、弁護士に相談するときにどのような相談ができるか、どういう資料を持っていく必要があるかなどについては第Ⅲ章に詳しく書いてあるのでこれをご参照ください。児童ポルノに関わるようなネットいじめや少年事件になるような場合は警察に相談することも考えられます。

また、地方自治体にはオンブズパーソンの制度や子どもの権利擁護委員会などの子どもの権利救済のための機関が設置されている場合があるので、このような子どもの権利についてのオンブズパーソンに相談することも考えられます。

１９９８年6月24日、国連子どもの権利委員会は、条約44条に基づいて提出された日本政府の報告を審査し、その総括所見において、子どもの権利の実施を監視する権限を有する独立の機関を設けるよう勧告しています。日本でも子どもの権利条約を批准してから各地の地方自治体で子どもの権利についてのこうした機関を設置する動きが続いています。今は、全国で20以上の自治体にオンブズパーソンが設置されています。

例えば、兵庫県川西市の子どもの人権オンブズパーソンや、神奈川県川崎市の子どもの人権オンブズパーソン、埼玉県子どもの権利擁護委員会、東京都の子どもの権利擁護専門員などの公的第三者機関があります。詳しくは巻末の添付資料をご覧ください。これらの機関は子どもの権利侵害の救済を目的に設置されている行政の附属機関などであり、設置する条例などの規定内容により異なりますが、通常は相談すれば調査をして救済活動を行うことになっています。これらの機関は行政の附属機関ですが、子どもの権利に基盤を置いて行政から独立して公平中立な第三者としての活動を行うことを求められているので、安心して相談してください。調査をして子どもに寄り添いながら権利侵害の解決のための活動をしてもらえます。

3　いじめを調べる

（1）いじめられた子から話を聴く

いじめを調べるとき、最初にいじめられた子の話を聴かなければなりません。いじめられた子から話を聴くときの心構えはすでに述べたとおりです。事実をたんたんと聴くことが必要ですが、どんな事実を聴き取る必要があるでしょうか。

ア　六何の原則

いじめられた子に起こった出来事を、５Ｗ１Ｈ（When いつ、Where どこで、Who 誰が、What 何を、Why なぜ、How どのように、したか）についての事実を確認しながら聴くことが必要です。５Ｗ１Ｈは六何（ろっか）の原則とも言われています。新聞記事を書くときも、ビジネスの場においても、刑事事件や民事事件の法廷でも、起こった出来事を客観的に伝えるためには、この六何の原則に基づいて調べることを忘れてはいけません。まず客観的な事実をきちんと把握することは冷静にいじめに対処するための基本です。ただ全てがわかるわけでもなく、説明できない場合もありますので、可能な限りそのように聴いていくということです。

イ　心を聴く

いじめの場合、それだけでなくいじめられた子の気持ちをきちんと聴くことが必要となります。その気持ちを受容的に聴き、安心安全の確保、エンパワーメントを心がけるということはすでに述べたとおりです。いじめられた子は、いじめを受けて、不安になり、おびえていることがあります。弁護士のいじめ予防授業でよく話される、心の中のコップに水が溜まりあふれんばかりになっているときもあります（第Ⅴ章の４（５）心のコップの水の話をご覧ください）。心の中のコップの水の話は、心の中のコップにストレスが溜まっていくことを説明するときによく使われる話です。心の中のコップにストレスは少しずつ溜まっていき、外からはみえないけれども一杯になると水があふれるように病気になったり、最悪の場合は自殺に追い込まれたりするのです。

心を聴きすぎても、ストレスに繰り返し曝《さら》すことになるのでよくない場合があります。心がひどく傷ついているときは、聴きすぎないことも大事です。むしろほかのことに気持ちを変えるように努め、エンパワーメントを心がけなければならないときもあります。

（２）いじめた子からの聴き取り

いじめたと思われる子から話を聞くとき、人として尊重して事実を聴取する態度が重要です。最初から「やっただろう」「……をいじめたか」と聞くことはあまり上手な聞き方とはいえません。いじめている子は自分がいじめをしていると思っていないことも多く、「いじめてません」と答えることもよくあります。それでも無理矢理いじめましたと言わせようと「……はこう言っているぞ」とか

「うそをつくんじゃない」と脅したりすることは、刑事事件の取り調べの際にやってはいけない尋問方法と言われている切り替え尋問や脅迫的な尋問にあたる聞き方になってしまいます。5W1Hについて、特に「なぜ」について冷静に確認することが必要です。

子どもは誘導されやすいので、子どもから話を聞くときに大事なことは子どもの自由報告を得ることです。子ども自身が自ら進んで話した自由な報告についてさらに詳しく聴いていけば（フォローアップ質問と言います）必要な情報を得ることができます。自由報告を得るためには、子どもであっても一人前に扱わなければなりません。このことは司法面接[*3]で子どもから事実を聴き取るときの心構えとして言われていることでもあります。

（3）クラス全員からの聴き取り

クラス全員からの聴き取りの方法としては、アンケートによる方法は有用です。調査する事柄は、いつ、どこで、誰が誰に何をどうしたかについて、それまでの経緯やいじめられた子、いじめた子のほか、いじめをみてはやし立てている周囲の子は誰、いじめを止めたいけど止められない子は誰かというような観衆と傍観者らを確認し、クラスでの各人の立ち位置とそれぞれの人間関係を確認していく必要があります。詳細については次の項で説明します。

＊3　虐待を受けた子どもから裁判で証拠となりうるだけの事実を聴き取るために用いられる面接手法と制度。

4　学校に求められるいじめ対応について

(1)　いじめ防止対策推進法が学校に求めるもの

いじめ防止対策推進法は、学校に対し、いじめ防止と早期発見、いじめを発見した際の措置として、次の対応を求めています。

①学校いじめ防止基本方針の策定
②学校いじめ防止等対策組織（いじめ対策委員会等）の設置
③早期発見と早期の組織（チーム）対応
④いじめに対する措置（事実調査、支援・指導、保護者等への説明）

以下では、いじめ防止対策推進法を受けて、学校に求められるいじめ対応のポイントについて述べたいと思います。

(2)　いじめ防止基本方針の策定とその課題

全ての学校に基本方針の策定が義務づけられており、実際に、ほとんどの学校において策定を終了しているものと思われます。

内容的には、前記の法の求めに従い、学校としての取組方針、予防と早期発見、いじめ対策委員会の設置とそのメンバー、シグナル発見時の基本的な措置・対応方法など、基本的にはよく似た内容となっていますが、独自性のある予防教育やアンケート調査の実施方法やそれらのスケジュールが具体的に明示されているなど、個性的な取組方針を示している学校も少なからず存在します。

しかし、せっかく各学校において基本方針が策定されているにもかかわらず、その存在と内容が、学校の教職員に周知・徹底されておらず、すでに形骸化しているのではないかの指摘も行われています。近時、子どもの重大事件・死亡事件などが相次ぐ中で、学校に求められる危機管理の視点からも、学校事故防止や体罰防止、重大なリスク要因が認められる不登校への対応などについての研修などと並んで、各学校において、毎年定期的に、いじめ防止基本等方針などに基づく取り組みを確認・徹底するための研修を実施することが必要であると思われます。

（3）いじめ防止等のための組織の設置と早期のチーム対応の不可欠さ

法22条は、「学校は、当該学校におけるいじめの防止等に関する措置を実効的に行うため、複数の教職員・心理や福祉等の専門的知識を有する者その他の関係者により構成されるいじめ防止等の対策のための組織を置く」と定めています。

名称に決まりはありませんが、一般的には「いじめ対策委員会」などの名称が用いられており、実際に、ほぼ全ての学校において設置が終了していると思われます。

メンバーには、管理職、生徒指導・生活指導担当教員、各学年主任、支援担当教員、養護教諭などの複数の教職員とともに、（利用可能な状況にある場合には）心理・福祉などの専門職としてスクールカウンセラー（SC）やスクールソーシャルワーカー（SSW）が入ることが予定されています。

学校いじめ防止等対策組織の役割としては、予防教育や早期発見のためのプランの立案・実施、シグナル発見時のいじめ対策措置の実行などがありますが、もっとも重要な役割は、いじめのシグナル発見時に担任教師などの抱え込みを防ぎ、直ちにチーム対応をスタートさせる役割です。深刻ないじめ事件やいじめ自殺事件などの多くが、一部の教職員の抱え込みの中で発生していることが明らかになってきたからです。

この点については、後述（5）の「シグナル発見時の対応とその後に必要な措置」のところで、もう少し詳しく述べたいと思います。

（4）早期発見のポイント

いじめの早期発見のためには、教職員が「どの学校、どのクラスにも、いじめ、いじめ的な人間関係が存在する」との認識を持つことを前提に、本章1で紹介している、いじめの一般的なシグナルや子どもの症状についての知識と理解を通じて、気づきの感度を高める必要があります。

そして、この気づきの感度を高めるためには、スクールソーシャルワークの視点（SSW視点）からの早期のアセスメント（見立て）を行うことによって、個々の子どもの性格や友人関係の持ち方の傾向や課題、そこに特徴的な傾向や課題が認められる場合には、その背景にある環境的原因について、可能な範囲で、理解・把握しておくことが有用です。

ＳＳＷ視点とは、さまざまな説明がありますが、要約して述べますと、①非行、いじめや問題行動、不登校など、子どもが抱えるさまざまな問題や課題の背景・原因には、家庭環境、成育環境、学校環境を含めた環境的原因がある、②その環境的原因から、寂しさの裏返しとしての愛情要求・独占欲の強さ、居場所探しの激しさ、不安感の強さ、自己肯定感の低さや自信のなさ、基本的信頼感の低さなどの心理面の課題とともに、③暴力や攻撃性の学び、迎合性や支配性の学び、感情コントロール力の低さ、コミュニケーション能力・自己表現力の低さ、集中力・持続力の低下、自己統制力の低さ、逃避性や責任転嫁傾向などの発達面の課題が生まれ、④それらの心理面の課題と発達面の課題が複合して、問題行動などの症状として表現される、⑤したがって、問題行動などに対して効果的な指導・支援を行うためには、対症療法的な指導方法に陥ることなく、その背景・原因にある環境的原因、そこから生まれた心理面、発達面の課題のアセスメント（見立て）を行い、その上で、それらの環境的原因、心理面、発達面の課題を踏まえ、愛情保障と発達保障の視点から、合理的な指導・支援方法についてのプランニング（作戦づくり）を行う必要がある、⑥そして、このようなアセスメント、プランニングを効果的に行うためには、何よりも教職員によるチーム対応が不可欠である、との考え方です。

現在、学校現場においては、ＳＣの配置とともに、ＳＳＷの配置が確実に進んできていますが、単に専門職が配置されることに意義があるだけでなく、学校、教職員自身にＳＳＷ視点からのアセスメント、プランニング、チーム対応のスキルを広め、定着化・一般化させる（元々、生徒指導の理念には、この視点が含まれているものと思われます）ことに重要な意義があるものと思われます。

なお、ＳＳＷ視点からのアセスメントには、ケース会議の積極的な活用と資料⑭のようなアセスメントやプランニングのためのシートなどを利用することが有用であり、ＳＳＷの配置とともに、その活用が進みつつあります。いじめの予防、シグナル発見時の対応においても、このようなシートを活用したアセスメントは有用であると思われます。形式内容には、さまざまなものがありますが、資料⑭は、滋賀県教育委員会で一般的に活用されているものです。

おおざっぱなものでも、早期（入学時や進級時）に、クラスの子どもたちについて、ＳＳＷ視点からのアセスメントを行っておくことによって、いじめが起こりやすい友人関係、グループ内関係をあらかじめ把握することが可能となり、確実に早期発見につながります。言うまでもなく、いじめ以外のさまざまな問題や課題についてもシグナルを発見しやすく、より早期に効果的な支援を行うことができ、問題のエスカレートを防止することができます。

例えば、身体も大きく友人関係を力でコントロールしようとする傾向のあるAと、優しい性格で友人関係においてノーと言えないBが、同じグループになって親しくつきあうようになると、２人の間に支配関係や上下関係が生じることが容易に予想されます。それを予想した上で、２人やグループ全体の様子を少し注意して行動観察していると、一見すると仲よくじゃれ合っているようにみえるときにも、いつもBが下になって制服が汚れる結果になっていたり、肩パンチと称してかなり強く叩かれていることが確認されるなど、いじめのシグナルに容易に気づくことができます。早期に気づくことができれば、簡単な声掛けや指導によってエスカレートを防止することが可能になります。また、２人の抱える環境的原因や心理面、発達面の課題を踏まえた、より効果的な指導・支援が可能になります。

また、近時、早期発見のために、多くの学校において、いじめ防止基本方針等に基づき、定期的（例えば学期ごと）なアンケート調査が実施されるようになっています。

重要な取り組みですが、アンケートに対する慣れとともに、友人の目を気にしてアンケートに答えなくなる傾向が認められるなど、時間の経過とともに、形骸化の可能性が指摘されています。このような状況を受けて、学校現場では、アンケート調査をいじめ予防教育・人権教育や教育相談とセットで実施したり、アンケート調査の実施方法や結果の評価にＳＣやＳＳＷの意見を求めるなど、アンケート調査の実効性を高めるためのさまざまな工夫が始まっています。

(5) シグナル発見時の対応とその後に必要な措置

ア　即時のチーム対応の開始

担任教師などがシグナルを発見したときには、とにかく、抱え込みの時間をなくし、直ちに、いじめ対策委員会などによるチーム対応を開始することが必要です。

自殺につながるような重大ないじめ事件の多くが担任教師などの抱え込みの中で発生していることが明らかになる中で、学校には、早期のチーム対応が何よりも求められているのです。いじめに関する判例においても、学校に求められる安全配慮義務の内容として、チーム対応が明確に求められるようになっています。

具体的には、シグナルを発見した教職員は、直ちに、いじめ対策委員会の委員などに相談し、同委員会を通じてチーム対応を開始し、ほかの教職員からの情報収集、さらには、次に述べる事実調査についてのプランニングを開始する必要があります。それに続く、事実調査の実施、アセスメント、指導・支援方法のプランニング、プランの実行などについても全て、チーム対応によって行っていく必要があります。

また、SCやSSWなどの学校現場への配置・派遣が進む中で、SCやSSWへの相談も、チーム対応の重要な内容として求められるようになっています。

イ　事実調査のプランニングとその実施

事実調査の必要性や方法、注意点については、すでに本章3で述べたとおりです。抽象的にいじめがあったかどうかを判断するのではなく、いつ、どこで、誰が、誰に対し、具体的にどのような行為・言動を行ったか、そのような行為・言動を行った動機、理由や背景状況、被害生徒の心情や被害感情、被害生徒に現れている心身症状や生活面の変化などについて、できる限り調査を行い、明らかにすることが重要です。いじめの態様、いじめに至る人間関係や経緯、きっかけとなる出来事などはさまざまですので、いじめの具体的事実とともに、そこに至るまでの経緯やその時々の子どもたちの心情・思いなどについても、加害・被害を問わず、丁寧な聴き取りを行う必要があります。

これらの具体的な事実を前提にして初めて、いじめ行為の重大性や継続性、いじめを生んでいる友人関係の問題点や課題、いじめの背景・原因にある環境的原因、心理面の課題や発達面の課題、被害の程度などについてアセスメント（見立て）することが可能となり、それによって、効果的な再発防止策や指導・支援方針のプランニングが可能になるからです。加えて、学校が、しっかりとした事実調査を行うことが、子どもたちにいじめの行為の重大性や問題性を意識させることにも、つながります。

また、適切な事実調査のためには、何よりも、場あたり的な対応にならないことが大切です。チーム対応により、被害生徒・加害生徒らからの聴き取り方法、周囲の生徒からの聴き取りの必要性と方法、アンケート調査などの実施の必要性と方法などについてきちんとプランニングする必要があります。

ウ　ＳＳＷ視点からのアセスメントの実施

調査により明らかになった事実に基づいて、いじめ行為全般について、ＳＳＷ視点からのアセスメントを行う必要があります。

アセスメントの対象となるのは、①加害生徒と被害生徒の友人関係の問題点や課題、②いじめ行為の客観的な重大性と継続性、③周囲の生徒らの関わり（観衆、傍観者など）と問題点、④クラス全体の人間関係（被害者の孤立状況、支援者などの健全性の有無）⑤いじめの背景・原因となっている、子どもたちの心理面の課題と発達面の課題、その原因となっている学校環境、家庭環境の課題、⑥被害生徒の被害状況と被害の程度などです。

これらのアセスメントを行うことによって初めて、効果的な再発防止策や子どもらへの指導・支援方針のプランニングが可能になります。

例えば、⑤のいじめ加害行為、特に、一定レベル以上のいじめの原因・背景には、いじめ行為や暴力の学びの存在、感情コントロール力の低さ、規範意識の低さ（いじめ行為自体を悪いことだと思っていない）、いじめ行為が居場所やストレスの発散場所になっているなどの発達面の課題の存在とともに、学校、家庭における愛情・安心環境の崩れや悪化（教師との関係の悪化、学習面などのしんどさ、クラスにおける居場所のなさなど、家庭における虐待、DV、ネグレクト、過プレッシャー環境など）が存在することが、一般的です。このような背景・原因を抱えた加害生徒らへの指導が効果を上げるためには、通り一遍の注意や指導では不十分であり、アセスメントに基づいて、子どもの発達面の課題と心理面の課題を十分に理解した上で、愛情保障＝子どもとつながり、健全な居場所づくりを試みながら、積極的な発達保障＝発達課題への直接的な指導・支援を行っていく必要があります。

また、被害生徒に対して効果的な支援を行うためには、⑥の被害状況と被害程度についての丁寧なアセスメントが求められます。いじめ被害は、一般的に、子どもに、対人不安感、自尊感情・自己肯定感の低下、ときには、自責感や自己嫌悪感、人に対する基本的信頼感の低下・孤立感・不信感などの心理的被害をもたらします。これらの心理的被害がさまざまな症状として現れます。症状は、大きく分けると、内向き症状、外向き症状に分けることができます。内向き症状としては、抑うつ症状や元気のなさ、登校状況の変化（遅刻や欠席の増加、不登校）、学習意欲の低下などの学校生活の変化、食欲不振や睡眠障害などの日常生活の変化、深刻な被害事案では自殺念慮・自殺企図などがあります。外向き症状としては、心理的被害がもたらすイライラや不安、不信感が、激しいパニック症状として表現されたり、教師や親への反発、ときには問題行動や非行として現れることもあります。いじめによって生じる心理的被害の程度、症状のタイプや程度は、いじめの客観的な重大性の程度、子どもの性格、そのときに子どもが置かれている環境（いじめ以外の学校環境、家庭の愛情・安心・安全環境の有無など）などによってさまざまです。

したがって、⑥被害状況と被害程度のアセスメントにあたっては、被害生徒の言葉による説明や訴えからだけでなく、いじめの客観的な重大性の程度に加え、子どもの前記症状の有無、タイプ、程度をしっかりと調査・確認し、その上で、不安感の強さの程度と不安感の具体的な対象、自尊感情・自己肯定感の低下の程度、基本的信頼感の低下の程度（不信感や孤立感の程度）、自己嫌悪感・自責感を持っていないかなどについて、しっかりとした見立てを行う必要があります。

これらのアセスメントに際しては、心理・福祉の専門職であるＳＣやＳＳＷへの相談を積極的に活用することが重要です。

エ　ＳＳＷ視点からの指導・支援方法のプランニングとその実行

学校、教職員には、前記のアセスメントに基づいて、①被害生徒への支援方法、②加害生徒らの指導・支援方法、③周囲の生徒らへの指導・支援方法、④保護者への説明（保護者会の開催などを含む）の支援方法・対応についての総合的なプランニングを行い、後手にまわらず、積極的に行動する必要があります。プランの基本的な目的は、第１ステージでは被害生徒が安心して登校できる環境・状況をつくることにありますが、第２ステージとしては、子どもたちの人間関係の回復調整を図り、さらには、愛情・安心・安全の友人関係・クラスづくり、それを通じての、子どもたちの成長発達を保障していくことです。

①の被害生徒の支援プランについては、例えば、いじめの客観的な重大性の程度が比較的軽度で、被害生徒自身にも特別な不安症状などがなく、登校状況にも変化がない場合には、再発防止策（加害生徒への指導など）は十分に講じた上で、自然に接することが重要です。見守り（モニタリング）のために、担任教諭や養護教諭などがしばらくの間、定期的に声かけをするなどの対応は必要となると思われます。

これに対し、前記のような不安症状などがみられる場合には、被害生徒自身からの聴き取りなどによって、不安の具体的内容を把握し、不安の原因となっている客観的な環境の改善と本人自身への心理的支援・エンパワーメントが必要となります。不安の具体的内容としては、いじめが続くことへの不安の場合もあれば、クラスの人間関係全体に対する不安や孤立感が生じていることもあります。不登校となった場合には人間関係に対する不安に加え、学習や進路に関する不安が大きくなることもあります。この不安の内容を具体的に把握することが大切で、その上で、いじめの再発防止策や学習支援などの客観的な環境の改善プランに加え、本人自身に対する心理的支援としての不安の軽減やエンパワーメントを行うことが必要となります。そして、その実行のためには、被害生徒が安心し話をすることができる教師＝しっかりとつながっている教師の確保が不可欠であり、その役割を誰が担うことができるのか、具体的にどのような話をして、どのようにエンパワーするのかというのが、支援プランの重要な内容となります。

また、不安感に加え、自尊感情の低下や基本的信頼感の低下が顕著な場合、さらには、自己嫌悪感や自責感などまで生じている場合には、より積極的な心理的支援が必要となります。ＳＣやＳＳＷなどの関与が重要となります。被害の程度が著しく深刻な場合には、医療機関、福祉機関との連携の必要性、可能性も探ることになります。

②の加害生徒の指導・支援プランについては、前記のアセスメントのところで述べたとおり、いじめ加害行為の原因・背景には、発達面の課題とともに、学校や家庭における愛情・安心環境の崩れや悪化、居場所のなさなどが存在することが一般的ですので、アセスメントに基づいて、子どもの発達面の課題と心理面の課題を十分に理解した上で、子どもとつながり（＝愛情保障）ながら、発達課題への直接的な指導・支援（＝積極的な発達保障）を行っていく必要があります。

具体的には、いじめの原因・背景となっている、加害生徒自身の不安感や寂しさ、居場所のなさなどについて語らせ、また、個々のいじめ行為の動機や理由などについても語らせ、なぜいじめをしてしまったのかについての客観的な振り返りをさせながら、あわせて、被害者の精神的苦痛についての共感性を導き、その上で、発達課題への指導・支援として、「いじめや暴力が重大な人権侵害であり、絶対に許さないこと」「被害者に深刻な損害を与え、ときに取り返しのつかない重大な事態に発展すること」などの枠付け指導を積極的に行っていく必要があります。

この枠付け指導の一つの方法として、いじめ加害行為が著しく重大で犯罪に該当する場合には、警察や児童相談所との連携を行わなければならない事案もあります。また、事件としての立件を目的とせず、加害生徒への予防的・警告的な指導を目的として、サポートセンターとの連携を行うことも可能です。

また、いじめ加害行為の背景に、家庭の虐待環境などが認められる場合には、児童相談所または市町村の要保護児童対策地域協議会などへの通告・連携が求められることになり、ときには、これらの福祉連携も支援プランの内容となります。

オ　保護者に対する調査事実、指導・支援プランの早期の説明

学校によるいじめ対応において、もう一つ重要なことは、加害・被害双方の保護者に対して、事案によってはクラス全体の保護者に対して、できるだけ早期に、認定した事実、加害生徒への指導・支援プラン、被害生徒への支援プラン、クラスの子どもたちのへの指導・支援プランを説明することです。

これを早期に行うことによって、保護者間の不必要な混乱を避けることができ、また、支援プランに対する保護者からのサポートも得られる可能性が高くなります。

第Ⅲ章

いじめに関して弁護士ができること

1　いじめに弁護士が関わるとき

誰でも、いじめについて弁護士に相談することができます。訴訟・調停などの法的手続の場合ももちろん含まれますが、これに限られません。弁護士は、加害者側、被害者側のいずれからの相談も受け、必要に応じて代理人として交渉にあたるなど、多岐にわたる活動をします。具体的には、以下のような場面での相談が考えられます。

- 「いじめられています。どうすればいじめを止められるでしょうか」
- 「いじめをしたつもりはないのに、学校からはいじめをしたと言われ、処分を受けるかもしれません。どうやって疑いを晴らせばよいのでしょうか。また、退学処分などを受けたらどうしたらよいでしょうか」
- 「いじめを受けたことを学校や教育委員会に言っても、取り合ってくれません。どうすればこちらの話をきちんと聞いてもらえるでしょうか」

- 「いじめをしたと言われ、警察に逮捕（または事情聴取）されました。これからどうすればよいのでしょうか」
- 「いじめをした相手を訴えたいのですが、どうすればよいでしょうか」
- 「いきなり訴状が届きました。いじめが原因で、損害賠償金を払えと言っています。どうすればよいのでしょうか」

このようなときに、弁護士は、相談者の話を聞き、必要に応じて代理人として関係者と交渉をします。また、刑事事件、民事事件など、法的な手続に関与する場合には、弁護士は代理人、弁護人、付添人などとして、依頼者の利益のために活動することができます。具体的には、次のとおりです。

ア　いじめについての学校との交渉

いじめを受けているとする依頼者側の意向を踏まえ、学校と話し合い、交渉を進めます。学校が依頼者側の意向を十分理解していない場合にはそれを伝え、それに基づいた改善策を学校に求めます。これには、いじめの調査や解決を学校側に申し入れることも含まれます。いじめが原因で不登校となっている場合には、どうすれば学校に行けるかという依頼者側の意向を学校に伝え、学校側にそのような環境を整えることを求めていきます。こうした交渉は、いじめを行ったとされる子どもの側からの依頼の場合もあります。

イ　調停の申立て

通常の交渉が困難な場合、民事調停という方法で、裁判所の手を借りて交渉をすることができます。いじめをしている側、あるいは、学校を相手として、裁判所に申立てをすることができます。調停は、通常は申立人と相手方が直接顔を合わすことがなく、中立の第三者である調停委員を介して話し合いを行いますので、一般の話し合いよりも、合意に至りやすいと考えられます。

ウ　訴訟

いじめによる被害が深刻な場合、その事実関係を明らかにし、相手方や十分な対応をしなかった学校などに損害賠償を求めて訴訟を提起することがあります。この場合、弁護士は、依頼者の代理人として、書面を作成し、訴訟を遂行することができます。

逆に、訴えられた場合も、弁護士が代理人として訴訟を遂行することができます。

エ　刑事告訴

いじめの形態が、なんらかの犯罪にあたる場合、依頼者は、加害者を刑事告訴することを弁護士に依頼することができます。告訴が受理されると、警察が捜査を始めます。

オ　退学処分などに対する対処

いじめをしたとの理由で、学校から、自主退学勧告を受けたり、退学処分を言い渡されたりするときがあります。こういう場合も、弁護士が代理人として学校と交渉をします。交渉がうまくいかず、処分がなされるような場合には、緊急に手を打つ必要があります。その場合には、執行停止の申立て（公立学校の場合）や、仮の地位を定める仮処分（私立学校の場合）などの申立てを行います。執行停止の申立ての場合は、訴訟（行政訴訟）とあわせて行うことになりますし、仮処分の場合は、引き続き訴訟（民事訴訟）を提起することがあります。

カ　弁護人・付添人活動

いじめをしたとして警察に逮捕されることは、未成年でもあります。逮捕されなくても、警察の取り調べを受けることがあります。このように、刑事事件になった場合、弁護士が弁護人（家裁送致前の段階）や、付添人（家裁送致後）として、サポートします。

2　いじめを弁護士に相談する

(1)　弁護士に相談するときに心がけること

このように、いじめに関して、いろいろな場面で弁護士に相談することができます。また、弁護士は、それぞれ立場によって、代理人、付添人、弁護人などと言い方は異なりますが、依頼を受けて、交渉、調停、訴訟などの活動を行います。いじめに関して、弁護士に相談するにあたって、どのような準備をし、心がけたらよいでしょうか。

ア　事実を伝える

弁護士が、相談内容から、どのようなアクションがとれるかを判断するためには、事実の確認が一番の基本となります。この場合、一部の情報しか提供されないと、弁護士も判断を誤ることがあるかもしれません。弁護士は、法律上の守秘義務を負っていますから、自分に不利な話でも、信頼して話してください。

弁護士は、聞き取った話の中から、必要な情報を取り出し、いつ、どこで、誰が、なぜ、どのように、何をした、という、いわゆる５Ｗ１Ｈを整理します。もし余裕があれば、相談前に、このような点をメモにまとめておくことができれば、相談時間が効率的に使えますし、誤解も生じにくくなります。また、事実を伝えるときに、それは自分自身が目撃した話なのか、ほかの誰かから聞いた話なのかを、きちんと分けて説明するとよいでしょう。また、事実なのか、推測なのかも分けて話をするようにしてください。

イ　目的、目標を確認する

前でみたように、相談を受けて、弁護士がとる手立てはたくさんあります。どのような場合に、どの手続をとるのがよいのかを、依頼者は弁護士とよく相談する必要があります。その際、相談する側としては、どの手続を、ということは難しいでしょうから、「相手方と話し合いをしたい」「学校と話し合いをしたい」「謝ってもらいたい」「学校に行けるようにしたい」「損害を償ってもらいたい」など、子どもの気持ちに添った希望を伝えるようにすることが大切です。弁護士は、その希望を聞いた上で、それぞれの手続のメリット、デメリット、実現可能性などを丁寧にわかりやすく説明しなければなりません。依頼者は、説明を聞いた上で、どのような手立てをとったらいいかを、弁護士と相談しながら決めていけばよいでしょう。

ウ　弁護士費用の確認

弁護士に相談すると、無料の場合もありますが、相談料がかかるのが普通です。法テラスなどを利用し料金がかからないようにすることもできる場合があります。あらかじめ相談する弁護士（あるいはその事務所）に聞いてみてください。また、いろいろな手立てをとると、費用がかかりますので、その際の費用が、どのようになっていて、いくらかかるのか、相談の段階で明確にしておきます。これは、弁護士側の責任で、見積書を出して、契約書を取り交わすという手続で決めることになりますが、大切なことなので、契約書の内容については、説明をしてもらい、わからないことがあったら遠慮なく聞くようにするとよいでしょう。

(2)　相談を受けた弁護士が留意すべきこと

次に、弁護士が相談を受けるにあたって、弁護士として気をつけなければならない基本的ポイントをまとめておきます。相談・依頼しようと考えている方は、弁護士が気を配っている点を知っておくことは、相談の際の参考になるかもしれません。

ア　依頼者は何に困り、何を解決したいと思っているかを把握する

弁護士に依頼するということは、なかなか勇気のいることです。一般の人であれば、人生でそう何回もあることではありません。弁護士に依頼しようと思い立つまで、相当高いハードルを越えてきたのではないかと推測できます。では、依頼者は、何にそこまで追い詰められ、何に困っているのでしょうか。

いじめそのものについて怒っているのでしょうか。それとも、その後の学校の対応に納得がいかないのでしょうか。相手の親の態度に腹が立っているのでしょうか。あるいは、いじめによって学校に行けなくなったわが子を心配しているのでしょうか。そこをきちんと把握し、寄り添う姿勢が、何よりもまず求められます。

イ　子どもの考えを把握する

保護者からの相談の場合、保護者の考えが、子どもの考えとずれていることは決して珍しいことではありません。いじめなど子どもの事件で、子どもの意向を無視して交渉を進めると、交渉がうまくいっても、親子の関係が壊れてしまうほど悪くなることもあります。また、子どもの意見表明権（子どもの権利条約12条参照）に照らしても、避けるべきです。打ち合わせに際しては、子どもの意見をきちんとヒヤリングしましょう。対応の途中の経過においても同様です。その際、親の目の前では意見を言いにくい場合もあるかもしれません。その場合には、親に別室で待機してもらい、子どもから意見を聞くという方法も有効です。ときには、子どもの意見を貫くために、保護者を説得する覚悟も

必要になります。子どもを中心においた解決を心がけましょう。

ウ　事実を時系列で把握する

事実関係の把握は、方針決定の第一歩です。特に、事実認定にあたって問題となりそうな点はどこか、相談者と相手方で意見が食い違っているところはどこか、その点に関する証拠はあるのか、といった点に重点を置いて、事実関係と争点を把握します。

一般の人は、時系列で順序立てて話すことにあまり慣れていないときもあります。そのような話を、弁護士が整理しながら、事実をできるだけ正確に把握していくことが、その後の方針決定にも大きな影響を与えます。

エ　特に、これまでの交渉経過を把握する

いじめなどの学校問題の場合、弁護士に相談するまでに、保護者と学校側との交渉が先行して行われているのが一般的です。そして、その多くは、うまくいっていません。だからこそ、弁護士に相談に来るのでしょうから。

学校との交渉がどのような経緯をたどったかを把握することは、とても有益です。第一に、依頼者と学校側との意見の対立しているところは何かがよくわかり、争点の把握に役立ちます。また、これまでの交渉で、どういうもつれがあり、それをどう解きほぐせば解決に至るのか、ということを考えるヒントになります。こういったことを踏まえて、交渉に臨みましょう。

オ　方針の決定

事実関係の把握ができたら、どういう選択肢があり、どれが適しているかを、依頼者に説明します。最終的に方針を決定するにあたっては、依頼者の意向を十分に踏まえて、決定することになります。このとき、前記のように、子ども本人の意向をきちんと踏まえた方針選択をすべきであることを、忘れてはなりません。

3　いじめに対して弁護士は何をするか

（1）交渉による解決

ア　教育的解決と交渉

いじめ問題の解決は、弁護士に依頼した場合でも、裁判で勝訴することばかりとは限りません。代理人としての活動において、いじめが解決し、再び元気に登校できるようにする、という目標設定をすることも多くあります。そのような場合、学校と親は目指すところは同じなので、途中、いろいろあるかもしれませんが、むしろ協力し合うことが求められます。

こうした教育的解決を目標とする交渉であったとしても、保護者と学校とが感情的に対立している場面も少なくありません。このような場面で、弁護士が保護者の代理人となり、冷静にポイントを押さえて、双方の意見の橋渡しをしながら、学校と交渉することは効果的なことであり、弁護士がこのような役割を担うことは大切なことです。

交渉では、いじめ解決という目標を明らかにし、そのために学校がやるべきこと、家庭がやるべきことを整理し、それぞれの実行状況を、定期的に確認していくことが基本線となります。

イ　学校交渉の始まり

学校交渉は、弁護士が学校と連絡をとるところから始まります。電話でも、文書でも構いませんが、これから忌憚のない話し合いをしようとする場合には、いきなり内容証明を送付するなどは避けた方がよいでしょう。内容証明郵便は、弁護士にとっては普通の手段ですが、受け取る学校は警戒感を持つことになり、交渉のスタートラインに立つことを時間的に遅らせてしまうからです（もちろん、学校が最初から話し合いを拒絶していたり、法的手段を予定したりする場合には有効なこともあります）。交渉相手を誰にするかは、いろいろ考えられますが、正式に交渉する場面であり、学校もいじめについては組織的に対応するのを基本としているはずなので、まずは校長と連絡をとるのがよいと思います。また、必要に応じて、担任に同席してもらったり、生徒指導の先生など関係の先生に同席してもらいましょう。

交渉日時が決まったら、学校交渉の開始です。ここに、保護者に同席してもらうかどうかは、ケース・バイ・ケースで柔軟に考えるとよいでしょう。交渉は、信頼できる交渉ルートを確立する意味もありますので、一般的に、保護者と学校が感情的に対立してしまっている場合には、対立を繰り返したり、深めたりすることもあるので、まずは弁護士だけで交渉を行うという選択肢を、特に依頼者に提案するのも一つの方法です。

ウ　交渉で求めること

(ア) 出発点を確認し、交渉の目的・目標を明らかにする

交渉において行うことは、ケース・バイ・ケースですが、まず、大切なことは、スタートラインを確認し、交渉の目的、目標を明らかにすることです。スタートラインとは、子どもや保護者と学校が共有できる共通の認識を持つことです。いじめの場合、「いじめを受けている子どもが辛い思いをしていること」、これを共通の認識にすることが出発点になるでしょう。

次に、交渉の目的・目標です。ケースによっていろいろと考えられますが、基本は、どうして、いじめられて辛い思いをすることになってしまっているのかという事実を明らかにすること、そして、最終的な目標は、いじめを解決することであり、いじめられている子どもの安心と安全が図られることです。さらに、こうしたいじめが、再び、その子ども、そしてほかの子どもにも起こらないようにすることも大切な目的になります。

(イ) 調査をする・調査を求める

いじめられている子どもの辛さを共通認識として、どうしてこういうことになってしまっているのだろうという事実を明らかにすることは、いじめの解決にとって重要なことです。いじめの事実関係が明らかになっていなかったり、事実関係に争いがある場合もあります。また、事実の認識が同じでも、それによって傷ついているかどうかの認識に違いがある場合もあります。そうした場合、いじめられた子どもから聞き取った事実とともに、その子どもの気持ちを伝え、学校に対して、いじめの調

査を申し入れます。

２０１３年に成立した、「いじめ防止対策推進法」には、保護者からいじめの通報があった場合、学校は、すみやかに、いじめの事実の有無の確認を行うための措置を講ずるとともに、その結果を当該学校の設置者に報告する義務が規定されています（23条2項）。したがって、保護者からの依頼があれば、学校はいじめの調査をしなければなりません。いじめについては、すでに第Ⅰ章でみたように、事実は一緒でも、一方が大したことがないと思っているのに、他方が深く傷ついているなど、双方の捉え方に大きな認識の差があるのが普通です。その意味で、学校が行う調査も、いじめをした生徒が「相手が傷ついているんだ」という認識を深める教育的なものである必要があります（学校でのいじめの調査については、第Ⅱ章４）。そして、保護者は、こうしてなされた調査の結果については、当然、学校から説明を受けることができます。

なお、調査結果の報告については、書面で、学校から教育委員会など設置者に提出されるのが通例です。この報告書の取扱いについては、こうした調査の目的が、「なぜこういうことになってしまったのか」を相互に共有することにありますし、「いじめの事案に係る情報をこれらの保護者と共有するための措置その他の必要な措置を講ずるものとする」としているいじめ防止対策推進法の趣旨からしても、学校はこれを自発的に保護者に提供すべきものです。もちろん、保護者（およびその代理人）もその提供を、求めることができます。求めても提供されない場合の法的手段はいろいろありますが、これについては、後で述べます。

なお、不幸にも、いじめによって、子どもが亡くなってしまったり、心や体に重大な被害などが起こってしまったというような場合、子どもが長期欠席をせざるをえなくなっているような場合には（いじめ防止対策推進法5条1項では、これらを「重大事態」と呼んでいます）、学校や教育委員会などの設置者は、組織（「第三者委員会」とか、「調査委員会」と呼ばれています）をつくって調査をしなければならないことになっています。この点については、再調査のしくみも含めて、第Ⅳ章で触れます。

(ウ) いじめの解決

いじめの解決に向けての学校との交渉は、学校に解決のための調整を行ってもらうことの交渉でもあります。いじめ防止対策推進法は、23条3項で、いじめがあったことが確認された場合には、学校は、①いじめをやめさせること、そして、②再発を防止するため、組織的に、いじめを受けた子どもや保護者の支援、③いじめを行った子どもなどに対する指導、その保護者に対する助言を継続的に行うとしており、その策を講じる義務を負っています。その際に、心理、福祉などに関する専門的な知識を有する者の協力を得られるとしています。

いじめはすでに第Ⅰ章で述べたとおり、いじめている子ども、いじめられている子どもの意識に大きなギャップがありますから、調整においても、このギャップを埋めることが大切になってきます。謝罪や反省の場を設ける場合でも、いじめている子どもが、いじめられている子どもの気持ちに向き合えることが大切で、わだかまりを抱えたままでの形式的な謝罪はかえって問題をこじらせることがあります。また、いじめは、いじめを受けた子ども、いじめられた子どもだけの問題ではなく、例えばクラスの子どもの関係にも目を向けなければならず、そうした環境調整も必要になってきます。そして、何より、解決にあたって、いじめを受けている子どもがどのようにしたいのか、どのようなことなら受け入れられるかが大切であり、これに沿った解決を促す必要があります。

さらに、弁護士に相談するまでの過程で、子ども・保護者と学校の間で感情的な対立がある場合、関係する先生をはじめとして学校自体が当事者になっている場合があります。そうした場合には、子ども当事者間の関係の修復のほか、先生と子ども・保護者の関係修復も念頭に置く必要があるでしょう。子ども・保護者と学校とのわだかまりが最後まで残ることもありますが、子どもが学校で生活することを念頭に置くと、いじめへの対応の交渉の過程で、学校への信頼を回復できるような交渉ができるようにすることも大切です。

エ　加害者側との交渉

いじめを受けた子ども・保護者から、直接いじめを行っている子ども・保護者との交渉が求められることがあります。また、いじめを受けた子どもの側から、法的手段を示唆され、いじめを行っている子どもの保護者からの依頼で、受けている子ども・保護者との交渉が求められることもあります。

交渉によって、相手方に対して、謝らせる、賠償させる、あるいは相手の要求を一部または全部拒否するなど依頼者の主張を認めさせるという手法もありますが、子ども同士が学校で関係を続けられるようにするためには、形式的な謝罪や賠償ではなく、いじめを行った子どもが、いじめを受けた子どもの傷ついた気持ちを理解するとともに、いじめを受けた子どもも相手に辛い気持ちを表現できることが大切です。そうした共通理解が生まれたときに、お互いの関係の修復をすることができます。

当事者双方がこうした解決に合意ができる場合、弁護士の果たす役割は大きなものになります。相手方と交渉をして、どこまでなら理解できるか、あるいはどこまでなら受け入れられるかを見定め、依頼者の代理人の立場から、子ども同士、保護者同士の調整を行うことになります。相手方にも代理人が着いている場合には話し合いを冷静に行うことができますが、相手方に代理人が付いていない場合には、難しい交渉になることがあります。また、こうした「修復」の実践を行っている民間団体があり、そこにお願いをする方法もあります。

〈コラム〉修復的対話によるいじめ解決

修復的司法という考え方があります。この考え方によるいじめ解決では、進行役と呼ばれる中立公平な第三者が、いじめられた子といじめたと言われている子の双方と会って十分に話を聞きます。気をつけなければいけないことは、初めからどちらが被害者でどちらが加害者と決めつけて対応してはいけないということです。いじめは人間関係のもつれから起きるものですから、一方はいじめられたと感じていても、他方はそうは思っていないことが多いからです。いじめられて苦しんでいる子の心に寄り添って話を聞いてあげることは大切ですが、他方で、いじめたつもりはないと思っている子に「いじめた」と決めつけて接しても、反発を招くだけでいじめ解決にはつながりません。むしろ、相手にいじめられたと感じさせるような行為をした理由やその背景にあるその子の心の中のストレス・不満などを十分聞いてあげ、その解決に手を貸してあげることこそ大切です。そうしていくと、次第にその子は、自分が本当は相手の子とは関係のないストレスや不満のはけ口としてその行為をしていたことに気づきます。その後、相手の子の辛さや悲しみを徐々に伝えていくと、反省の気持ちも生まれます。こうしたことを進行役が準備段階で行った後に、進行役が司会をし両者が直接顔を合わせる「対話の会」を開きます。

「対話の会」の第一段階では、各自が「私メッセージ」で、自分の体験や気持ちを語ります。相手への非難の言葉としてではなく、自分の体験を「私」を主語に語ることが大切なのです。これにより、いじめた子は自分のした行為がいかにいじめられた子に辛い体験をさせてしまったかを知って心からの謝罪をすることができるようになり、いじめられた子もいじめた子の側にも辛いことがあったのだと知って謝罪を受け容れる気持ちになるのです。第二段階では、お互いに相手に聞きたいことを質問し合い、第三段階では、これからどうするか話し合います。もし何か約束事ができれば、第四段階で、それを文書にします。

問題は進行役を誰がするかですが、こうした活動をしているNPOが研修を受けた進行役を派遣してくれることもありますし、それが難しい場合は、スクールカウンセラー（SC）やスクールソーシャルワーカー（SSW）などがふさわしいでしょう。

（山田　由紀子）

(2) いじめと法的手段・法的対応

いじめについて、法的手段・法的対応について、弁護士に相談することができます。相談では、事案の事実を話し、責任を追及したい、謝罪を求めたい、賠償してもらいたいなど、どうしたいのかについて話をしてみてください。事案に応じて、いろいろな対応がありうるので、誰に対して、何を求めるのかについて、それぞれの手段の見通しを含めて、ふさわしいやり方についてアドバイスを受けましょう。また、そうした法的手段・対応をとる場合、特に、次に述べる民事調停などは、本人でもやりやすい手続ですが、弁護士に依頼をして、その都度の対応の選択や、ほかの対応の可能性、さらに、うまくいかなかったときのその後の対応など相談しながら進めていくとよいでしょう。以下、代表的な法的手段・対応について紹介しておきます。

ア　民事調停

いじめを受けている側といじめている側、あるいは、いじめを受けている側といじめに対応をしてくれない学校など、当時者間で紛争が生じている場合、訴訟ではなく、民事調停を申立てるという方法があります。

訴訟は、裁判官が双方の言い分を聞いて、証拠を調べた上で、法律に照らしてどちらの言い分が正しいかを決める制度ですが、調停は、裁判官と調停委員で構成される調停委員会が関与をしますが、当事者同士の合意によって紛争の解決を図るもので、必ずしも法律にしばられず、実情に合った解決を図ることができます。謝罪を求めることを真意とする申立ても可能です。また、民事調停では、特に立証責任について決まりはありませんので、手元の証拠が不十分な場合には、訴訟に代わって調停を申立てるというやり方も考えられます。

調停手続は、非公開で行われ、当事者は、それぞれ別々に、裁判官や調停委員に対して話をすることができ、どのような解決を望んでいるかを忌憚なく伝えることができます。裁判官や調停委員は、双方の意見を十分に聞いた上で、実現可能な解決案を提示してくれますので、合意による解決に意欲があれば、妥当な解決に至ることもあります。もっとも、両者が合意して初めて調停成立となりますので、話し合いが平行線をたどるなど、合意に至らなければ調停は不成立となります。この点、訴訟では、裁判官が判決を出してくれますので、この点が訴訟と調停とで大きく異なります。

イ　損害賠償請求訴訟

いじめが訴訟に発展するケースは、少なからず見受けられます。いじめによって心身に及ぶ後遺障害が生じたり、命を落としたり、さらに自殺に追い込んでしまうような場合、訴訟になることがあります。こうした場合、いじめによって生じた損害を償ってもらうという請求を内容とする訴訟を、いじめた子どもとその保護者、あるいは、いじめを防止することができなかった教師や学校の責任を問題にする形で提起することが可能です。なお、訴訟も、本人で全て行うことはできますが、それが難しいことに加えて、訴訟の場合、調停と違って、主張を法的にまとめる必要があります。また、何を立証しなければいけないのかの見定めや、その立証の仕方などは難しいものです。弁護士に依頼した方がよいでしょう。

いじめに関する訴訟としては、誰を相手方・被告にするかによって争い方が異なります。いじめた子どもとその保護者を請求の相手方にする場合は、不法行為（民法709条、714条）に基づく民事訴訟として損害賠償請求訴訟を提起します。

学校の責任を問題にする場合には、国公立学校の場合と私立学校の場合では異なります。国公立学校の場合は、通常、国家賠償法（同法1条）に基づいて損害賠償訴訟を提起します。不法行為に基づく訴訟の一種です。その場合の相手方である被告は、国または地方公共団体ということになります。この場合、いじめを防げなかった先生の故意や過失といった過ちは問題にされますが、賠償する責任を持つのは国または地方公共団体で、先生個人の責任を問題にするのは難しいしくみになっています。

私立学校の場合は、子ども・保護者と学校法人が契約関係（在学契約関係）にあり、いじめによって生じた損害を、契約上付随する子どもに対して安全を確保しなければいけない義務（安全配慮義務）に違反する契約責任の問題として、損害賠償を請求することができます（民法415条）。また、私立学校の場合も、国公立学校と同じように不法行為の問題として訴訟を起こすこともできます。この場合は、生活指導を含んで広く学校の教育活動などには、子どもへの安全配慮義務があり、これを故意または過失で果たさなかった法人の責任、または、先生個人の責任と使用者としての法人の責任を問題にする形で訴訟を提起することになります（民法709条、715条）。こうした私立学校に対する不法行為に基づく、民事訴訟としての損害賠償請求訴訟の場合は、国家賠償と異なり、教師個人の責任を問題にすることを制限するような規定はありません。

こうした訴訟では、いじめた子どもと保護者を相手にした場合に、その子どもの行為が故意または過失に基づく不法なものであったか、損害はその行為によるものであったか、保護者が監督責任を怠っていないといえるかどうかが争点になります。学校に対しては、学校が負う安全配慮義務の範囲、それを故意または過失で怠ったかどうか、その義務違反といじめによって被った損害との因果関係などが争点になります。

これらの立証責任は、いずれも原告にあるとされており、いじめの事実関係や、いじめによって、結果（例えば、自殺）が発生したことを、被害者側が裁判で証明しなければなりません。

ウ　いじめの事実を明らかにする法的手段

いじめは、これを受けた子どもは、第Ⅰ章でみたように、親など、親身に心配してくれる人にはなかなか打ち明けてくれません。子どもがこれを打ち明けたときは、かなりひどい状態になっていたり、場合によっては、親に打ち明けないまま自殺に至ってしまうこともあります。また、いじめは、隠れたところで行われることが多く、いじめている子どもといじめられている子どもの意識のギャップも大きいこともあり、親として、子どもの苦痛や被害の原因がいじめであると察することはできても、学校がその調査に協力をしてくれなければ、実際にどういうことがあったのか、それがいじめであるのかどうかまで知ることは困難です。

事実がなかなか明らかにされない中で、イでみた訴訟は、事実を明らかにする機能も果たしてきました。こうした損害賠償訴訟手続のほかに、事実を明らかにする法的手段としては、公立の学校で、いじめに対してなんらかの対応をしていたり、いじめの調査を行ったりして、その記録を作成している場合、その記録を、子ども本人に関わる個人情報であるとして、その自治体の個人情報保護条例を使って開示請求する方法などがあります（私立学校の場合は、個人情報保護法を利用します。また、自己情報といえない場合は、情報公開条例を利用します）。しかし、こうした場面では、被害者側は事実を知りたくて訴訟を提起し、あるいは法的手段をとる、学校側は訴訟で不利になるからかえって事実を隠蔽する、というある種のパラドックスを生むことにもなっています。

いじめ防止対策推進法の制定により、学校に調査義務が課され、また、重大事態の場合には第三者機関による調査が行われることとなりました。そして、調査結果の報告は、原則として、いじめられた子ども側に示されるべきものですから、今後は、こうしたいじめに関する情報を得ることは、これまでよりも容易になることでしょう。なお、調査の途中で、いろいろと記録が作成されます。これら全てを、調査報告とともにみられるとは限りません。調査報告書が十分示されない場合も含めて、これらをみる必要がある場合には、個人情報保護条例などの開示請求をすることになります。その場合、開示されるかどうかは、条例の不開示情報にあたるかどうかで判断されます。

第Ⅳ章

いじめと法

1　いじめ防止対策推進法制定までの経緯

いじめ防止対策推進法（以下、本章では「推進法」と言います）の制定は、２０１１年10月に起こった滋賀県大津市の公立中学校２年生の男子生徒が自殺した事件（以下、「大津事件」と言います）に端を発しています。

いじめを原因とする自殺事件（中野区立中学校の事件、西尾市立中学校の事件、滝川市立小学校の事件など）は、何度も繰り返されてきました。こうした繰り返しをやめ、いじめを防止するために、与野党双方から提出された法案も、与野党で一本化され、国会で審議の後、いじめ防止対策推進法として成立しました。この法律は、国会が全会一致を目指し、与野党の合意の上、制定されたもので、その点でも、たいへん重要な法律であるといえます。

2　いじめ防止対策推進法のしくみ

(1) 法律が目的にしていること

いじめを受けた子どもは、とても辛くて授業も耳に入ってきません。場合によっては学校にも行けなくなります。子どもの教育を受ける権利を奪うことになります。また、いじめを受けることによって、それが心の傷、体の傷として残ることがあり、命の危険にすら曝されることになってしまいます。推進法は、いじめをこうしたものだと考えて、いじめに対する対策を、いじめの防止、いじめの早期発見（以下、「いじめ防止等」と言うときは、これら三つを意味しています）、そして、いじめへの対処のための対策として、これらを総合的に、効果的に推進することを目的としてつくられました。

(2) 法律はいじめをどのように捉えているか

推進法は、いじめを次のように定めています。

第2条　この法律において「いじめ」とは、児童等に対して、当該児童等が在籍する学校に在籍している等当該児童等と一定の人的関係にある他の児童等が行う心理的又は物理的な影響を与える行為（インターネットを通じて行われるものを含む。）であって、当該行為の対象となった児童等が心身の苦痛を感じているものをいう。

この定義で重要なのは、「当該行為の対象となった児童生徒が心身の苦痛を感じているもの」と当該行為の対象となった児童生徒の気持ちを基準にしていることです。したがって、児童生徒が当該行為によって、なんらかの心身の苦痛を感じるものであれば、それは全ていじめに該当しうるということです。また、いじめは、1人によるものであっても、多数によるものであっても、こうした児童生徒の行為によって、これを受けた児童生徒が心身の苦痛を感じたのであれば、それはいじめに該当することになります。このように、推進法のいう、いじめは、かなり幅の広い概念といえます。これは、できるだけいじめを広く捉えることで、学校をはじめとして、関係者・関係機関を通じて、いじめの防止、いじめの早期発見、いじめの対処を図るためだと考えられます。

(3) 法律はいじめをどのように防止しようとしているか

ア　いじめ防止基本方針

推進法は、いじめ防止等対策のための基本的考え方(基本理念)を定めて、国や自治体の責務を明らかにしています。また、国や自治体に「いじめ防止等のための基本方針」(以下、「いじめ防止基本方針」または単に「基本方針」と言います)を定めることを求めています。また、学校に対しては、国や自治体が定めたいじめ防止基本方針を参考にして、その学校の実情に応じて、学校におけるいじめ防止基本方針を定めることを求めています。法律上は、国及び学校の基本方針の策定は義務で、自治体の策定は努力義務とされていますが(推進法11条、12条、13条)、いずれの基本方針も重要であり、定めるべきものと考えておく必要があります。

推進法に定められているいじめ防止等の組織

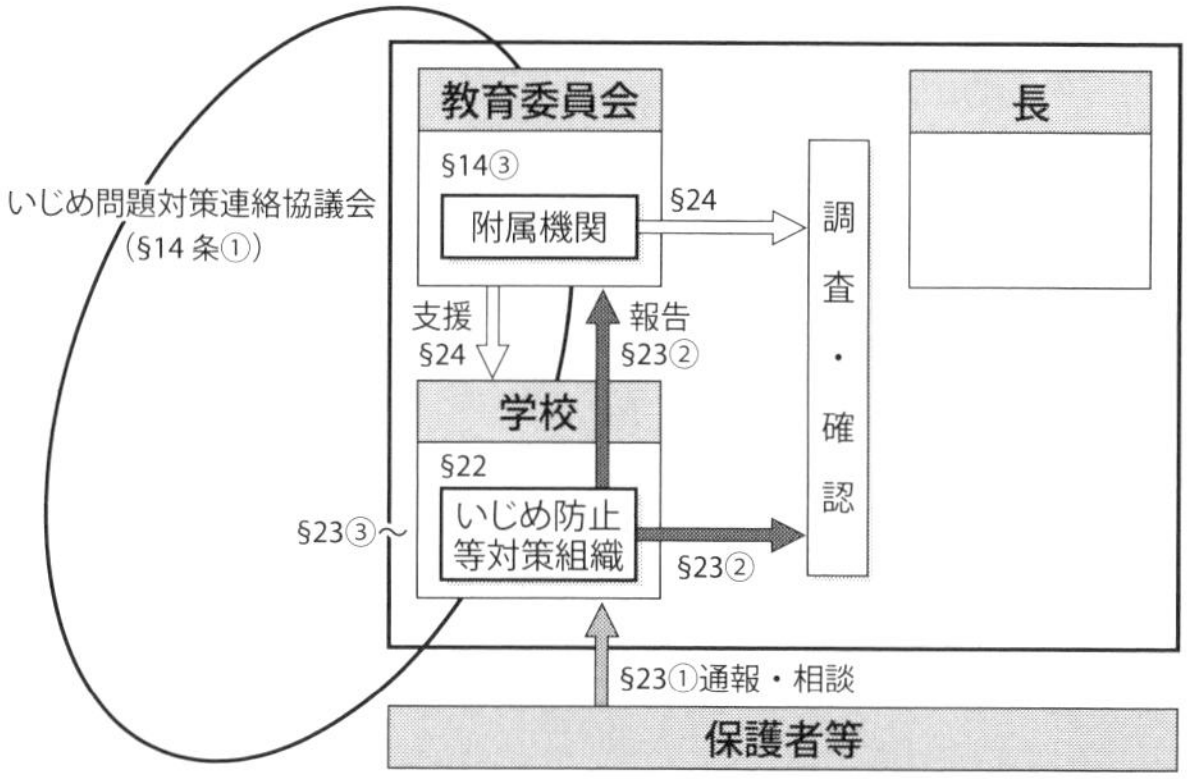

（数字は、推進法の条文）

イ　いじめ防止等の組織

推進法は、いじめ防止基本方針と並んで、いじめ防止等（いじめの防止、いじめの早期発見、いじめへの対処）の対策のために、各段階で設けられる組織を重要なものと考えています。法律に基づいて、基本的に常設で設置が予定されている組織は次の三つです。

①地方公共団体に置かれるいじめ問題対策連絡協議会（以下、「いじめ問題対策連絡協議会」と言います）
②教育委員会の附属機関として置かれる必要な組織（以下、「教育委員会設置第三者機関」と言います）
③学校に置かれるいじめ防止等の対策のための組織（以下、「学校いじめ防止等対策組織」と言います）

まず、①のいじめ問題対策連絡協議会ですが、いじめの防止等に関係する機関や団体の連携を図るために、自治体に、条例によって設置することができる組織で、学校、教育委員会、児童相談所、法務局または地方法務局、都道府県警察そのほかの関係者により構成される組織です（推進法14条1項）。そのほかの関係者の中に、弁護士、医師、心理や福祉の専門家それぞれの職能団体が予定されており、ほぼ全ての自治体で設置され、または設置が予定されています。

②の教育委員会設置第三者機関は、教育委員会の附属機関として設置ができる組織で、義務ではありませんが、常設が期待されています。この組織の役割は、地方いじめ防止基本方針に基づいて、公立学校におけるいじめの防止等のための対策を実効的に実施することにあります。（推進法14条3項）。附属機関であることから、専門的な知識及び経験を有する第三者により構成される組織で、多くの自治体で設置され、または設置が予定されています。

国のいじめ防止基本方針において、この組織は、教育委員会の諮問に応じて、いじめ防止等の対策を審議するほか、公立学校でのいじめについて通報や相談を受けて、第三者機関として当事者間の関係を調整する役割を担うことが期待されています。また、法24条に基づいて、公立学校から報告を受けたいじめの事案について、教育委員会が調査を行う必要がある場合に、この組織が活用されることが予定されており、さらに、法28条に規定する重大事態について、教育委員会が調査を行う場合に、この組織を調査を行う組織として活用することも予定されていて、その意味で、とても重要な組織ということになります。

③の学校いじめ防止等対策組織は、学校に置かれる組織で、当該学校におけるいじめの防止等に関する措置を実効的に行うため、当該学校の複数の教職員、心理、福祉等に関する専門的な知識を有

する者そのほかの関係者により構成されるとされています（推進法22条）。この組織は、いじめ防止、早期発見、いじめへの対処等に関する措置を、組織的に、そして実効的に行うために、学校に必ず置かなければいけない、いじめ防止等のための中核的組織です。

この組織は、学校いじめ防止基本方針に基づいて、いじめ防止等の年間計画を作成、実行、検証をしたりしますが、いじめへの対応という実際上たいへん重要な役割を期待されています。いじめの相談、通報の窓口となったり、いじめの情報を収集、記録し、それを学校で組織的に共有する役割を担ったり、さらには、いじめかもしれないとの情報を得た場合には、緊急会議を開いて、情報を共有し、生徒への聴取、指導、支援の体制や対応の方針の決定などを組織的に行うという役割です。また、推進法23条3項に基づいて、いじめが確認された場合に、いじめを受けた子どもや保護者への支援、いじめを行った子どもへの指導、保護者に対する助言なども、この組織の協力のもと、なされることになっています。

こうした意味で、国の基本方針では、この組織をいじめ防止等の中核となる組織として位置づけていて、「的確にいじめの疑いに関する情報が共有でき、共有された情報を基に、組織的に対応できるような体制とすることが必要である」とした上で、「教職員は、ささいな兆候や懸念、児童生徒からの訴えを、抱え込まずに全て当該組織に報告・相談する」ことを求め、「当該組織に集められた情報は、個別の児童生徒ごとなどに記録し、複数の教職員が個別に認知した情報の集約と共有化を図ることが必要である」などとしています。なお、この組織の具体的なつくり方については、第Ⅱ章4に詳しく書いてありますので、参照してください。

また、重大事態について、推進法28条1項に基づいて、学校が、調査を行う場合には、この組織を母体としつつ、事案に応じた適切な専門家を加えるなどの方法によって対応することも考えられるとされています。

3　いじめ防止対策推進法のしくみで解決する

それでは、いじめが起こった場合、推進法が施行されている現在、どのような流れになるのでしょうか。いじめを受けた子ども自身やその保護者は、推進法に基づいてどのようなことを学校に求めることができるのでしょうか。学校や学校の設置者が何をしなければならないのかという点に目を向けて、これをみていきます。

（1）いじめへの対応

ア　いじめの発見のアンテナ

まず、学校の先生、地方公共団体の職員そのほかの子どもから相談を受ける人や子どもの保護者は、いじめの事実があると思ったときは、いじめを受けたと思われる子どもが在籍する学校への通報そのほかの適切な措置をとるものとされています（推進法23条1項）。

相談窓口・体制を整える――したがって、まずは、子どもから相談を受けている人や保護者が、いじめの事実があると思った場合、在籍する学校へ通報することになります。その際の窓口は、前述の

③の学校いじめ防止等対策組織が予定されています。ただ、実際は、いじめの相談は担任の先生など、子どもにとって身近で、また相談しやすい先生になされることが多いでしょう。先生に相談しにくい事情がある場合には、自治体、教育委員会など学校の設置者にも相談できます。いずれにせよ、学校や学校設置者には、相談しやすい窓口、相談しやすい体制、相談しやすい雰囲気をつくることが、推進法のもとで求められており、相談に対して、組織的にそして具体的に対応できるようにしておかなければなりません。先生が普段忙しそうにしていたり、イライラした態度を子どもにみせたりしていると、それだけで子どもが相談しづらくなります。子どもの相談に対して、おざなりに対応してはいけないことはもちろんですが、話を聞いて、励ますつもりでも、「たいしたことない」とか、「いじめではない」などと悩みを過小に、即座に評価してしまうことも、子どもが心を閉ざすきっかけになってしまいます（下記、「いじめ防止等のポイント」より）。相談しやすい対応、環境、体制の整備は学校、学校の設置者の義務と考えていいものです。

いじめに気づく――また、学校の先生が、子どものいじめに気づくことも多いと思います。さらに、気がつくための工夫や努力も必要です。具体的には本書第Ⅱ章1（2）、4（4）に詳しく書いてありますが、推進法の制定に伴ってつくられた「いじめ防止基本方針」に、「学校における『いじめの防止』『早期発見』『いじめに対する措置』のポイント」という別添の資料（以下、「いじめ防止等のポイント」と言います。以下の記述はこれを参考にしています）があり、そこにも記載があります。その中では、子どもが示す小さな変化や危険信号を見逃さないよう「アンテナを高く保つ」ことを求めており、定期的なアンケートや教育相談以外の手立てとして、「休み時間や放課後の雑談の中などで児童生徒の様子に目を配ったり、個人ノートや生括ノート等、教職員と児童生徒の間で日常行われている日記等を活用して交友関係や悩みを把握したり、個人面談や家庭訪問の機会を活用する」ことなどが考えられるとしています。

いじめのリスクを考える――なお、その際、いじめであると気がつきにくいのはどういうときかということも意識しておくことが大切です。いじめはおとなの目には気づきにくい時間や場所で行われたり、遊びやふざけ合いのような形で行われたりしていて、一見するといじめとは思えない場合も多いからです。「いじめ防止等のポイント」は、この点について、暴力を伴わないいじめや、むしろ暴力をふるう側のグループ内でのいじめ、仲のよさそうにみえるグループ内でのいじめなどは、子どもも先生も見逃しやすいので注意が必要だとしています。

さらに、学校先生としては、担任のクラスを持っていたり、部活動の顧問をしていたりするような場合には、自分が担当しているクラスなどの「いじめのリスク」を意識しておくことも大切です。いじめは集団構造と集団の力関係の中で起こるので（第Ⅰ章）、クラスなどの集団をしっかり把握しておくことが大切です。第Ⅱ章４（４）でみたＳＳＷ視点が、とても大切です。

イ　いじめ防止等対策組織と情報共有

生きた組織をつくる――学校は、推進法に基づいて、いじめ防止等対策組織をつくらなければなりません。しかし、学校は、この組織をつくったというだけで安心してはいけません。この組織を中心に、これがどのように動くのかを決めておく必要があります。まず、いじめを発見した先生は、この組織に報告することになっていますが、これがちゃんと機能するためには、この組織のあり方として、ほんの些細なことでも、先生がいじめかもしれないと感じたときに、すぐに相談できるような組織になっていなければなりません。そのようにしておくと、この組織には、いろいろな情報が集まってきます。これを一つひとつ記録し、記録するたびに集まった情報を見直してみると、一つひとつがごく些細なことであっても、いろいろなことがみえてくる、つながってみえてくるというはよくあります。

また、この組織は、校長・副校長と定期的に、またいつでも連絡をとるしくみになっている必要があるでしょう。校長は、自分の学校からいじめが出てはいけない、出るはずがないなどと考えがちですが、この考え方は改めなければなりません。校長は、学校の代表で、学校として何かを決める場合の役割を担っており、教育委員会など学校設置者との連絡の窓口にもなっています。いじめを発見できるのは、こうした組織の成果だと、学校全体が思えるようにしておくことは大切です。

情報を共有する――担任の先生など、クラスなどで一定の責任を持っている先生は、自分の担当しているところでいじめがあってはいけないと思っています。そこから、いじめが起きることを自分の力不足だとか、恥ずかしいと思うことがあり、自分で何とかしようとする傾向にあります。国のいじめ防止基本方針は、こうしたことを懸念して、「教職員は、ささいな兆候や懸念、児童生徒からの訴えを、抱え込まずに全て当該組織に報告・相談する」としています。

また、一つひとつの様子や変化はたいしたことではないようにみえても、集めてみると、それらがいじめの兆候を示しているということはよくあります。また、そうした様子や変化は、しばしば、いろいろな先生がそれぞれに少しずつ把握していたりするものです。そうすると、子どもの気になる様子や変化を、一人の先生が、独りで、「いじめである」とか「いじめではない」とか、「重要である」とか「重要でない」などと判断して、その情報を共有しないでいるといじめを見落とすことになります。その意味で、先生が気づいた子どもやグループの気になる様子などは、一人の先生の独断で取捨選択することなく、全て、当該組織に持ち寄って、判断する必要があります。ここでいう当該組織というのは、前でみた学校いじめ防止等対策組織のことであり、この組織に報告、相談することが情報共有の始まりになります。

当たり前ですが、情報の共有は、いじめに対して組織的に対応するためになされます。また、いじめはそれがちょっとした疑い程度でも、情報を共有し、早い段階から組織的に関わる必要があります。この組織は、会議を開き、集められた情報をもとに、多角的に見立てをした上で、単に全体で情報を共有するというだけではなく、具体的に、必要な先生の間で情報をさらに共有しておく必要があります。ケース・バイ・ケースということになりますが、その生徒、関係生徒と関わりのある担任、学年主任、生徒指導担当の先生、学年担当の先生を基本として、その学年を担当する教科の先生を含めることもあるでしょうし、養護の先生、スクールカウンセラー（SC）なども重要です。それが部活動に及ぶ場合は、顧問の先生とも共有する必要があります。なお、そうした情報の共有は、それによって配慮や対応に違いが生じないようにすることでもありますので、単に先生個人に伝えるというだけではなく、関係の先生に集まってもらう機会を設けることも大切です。

個人情報の取扱いのルールと情報共有――なお、スクールカウンセラーや養護の先生など、もともと、子どもの相談を受ける役割や窓口になっている先生が相談などで得た情報を共有する場合には注意が必要です（個人情報保護のしくみでは、個人情報の目的外利用ということになります）。先生やカウンセラーが情報の共有の必要性を感じた場合、まずは、相談してきた生徒に、いじめについて、学校いじめ防止等対策組織という組織があることを説明した上で、「ここに相談してみようか」「ここに伝えてもいいかな」などと、子どもの気持ちに添う姿勢が大事です（同意による個人情報の利用）。もちろん、生徒の命や安全に関わる場合には、生徒の同意にかかわらず対応しなければいけませんので、そうした生徒の同意がなくても、共有すべき場合についてルールを設けて対応することが大切です（個人情報の目的外利用のルール）。子どもは、自分の話したことが、いつの間にか先生みんなの知るところとなっていたり、自分の知らないところでいろいろなことが行われたりすることを恐れていることがあり、ルールのない情報の共有により、子どもはかえって話をしなくなってしまうことがあります。こうしたルールに基づいたやり方で子どもが話しやすいしくみにすることも大切なことです。

ウ　安全の確保といじめの確認

いじめられている子どもの安全確保――いじめかもしれないとの情報を得た場合、学校いじめ防止等対策組織は、緊急会議を開いて、情報を組織的に共有するとともに、まずは、第Ⅱ章1（4）でみたように、その子どもの安全を優先的に考えます。いじめられている子どもは、たくさん苦しいことを抱え込んでいますが、外に出さない、あるいは出せないことがあり、たいしたことがないようにみえる場合があります。いじめによって自殺に追い込まれる子どもに、「何でそんなことで」と思ってしまいがちですが、それはそうみえているからにすぎません。細心の注意を払って、アセスメントをして、子どもの安全を確保します。その際、子どもと意思疎通を図り、保護者との連絡も密にする必要があります。また、子どもから話を聞く際、「あなたは悪くない」と言うことをはっきりと伝えることも大切です。また、いじめが犯罪行為として行われているような場合には、いじめられている子どもの安全確保の観点から、学校は警察に通報をして、援助を求める必要がある場合があります。

いじめの事実の確認――次に、その子どもと関係する子どもへの聴取、指導、支援体制、対応方針などを決定します。そして、その方針に基づいて、学校は、学校いじめ防止等対策組織を中心として、すみやかに、いじめの事実の有無の確認を行うことになります（推進法23条2項）。このようないじめの確認は学校の義務とされてますから、逆に、いじめを受けた子どもやその保護者は、学校に対して、いじめの有無について確認のための調査を求めることができます。

いじめの事実の確認の方法としては、アンケートや子どもからの聞き取りなどがあります。詳しくは、第Ⅱ章3に書いてありますので、そちらをみてください。なお、いじめは、当事者間のことだけではなく、第Ⅰ章の4でみたように、集団構造として起こることに注意して、できるだけ全体を把握するように努めます。事実の確認にあたっては、学校としては、「いじめであるかどうか」の判定を目標にすべきではなく、「どのようなことで、この子どもが苦しんでいるのか」を明らかにすることに目標を置くべきです。推進法のいじめの定義は、「いじめ」をかなり広く理解しているので、見落としにくいしくみにはなってますが、それでも、いじめにあたらないとされる場合がありえます。そのような場合でも、生徒に注意深く対応しなければいけない場合があり、これを見落としてはならないからです。

学校は、いじめの事実の有無の確認の結果を、学校の設置者に報告しなければなりません（推進法23条2項）。そして、学校の設置者は、学校からいじめがあると思われるとの報告を受けたときは、必要に応じて、学校に対し必要な支援などを行いますが、場合によっては、その事案について自ら必要な調査を行うことがあります（推進法24条）。公立学校の場合、この調査は、前記②の教育委員会設置第三者機関が行うことが予定されています。特に、学校を越えて、いじめが行われているような場合には、教育委員会またこの機関の役割は重要です。他の学校から報告されている内容に関連のいじめはないかを十分に調査する必要がありますし、そのような場合、それぞれの学校は、その学校の生徒への対応で手一杯になりますので、教育委員会またはこの機関が学校間の調整の役割を担うことになります。

エ　いじめへの対応

いじめへの対応について、「いじめ防止等のポイント」では、「被害児童生徒を守り通すとともに、教育的配慮の下、毅然とした態度で加害児童生徒を指導する。その際、謝罪や責任を形式的に問うことに主眼を置くのではなく、社会性の向上等、児童生徒の人格の成長に主眼を置いた指導を行うことが大切である」としています。

いじめへの対応――学校は、いじめを受けた子どもをその対応を通じて、守り通すことが大切です。「シグナル」を発見した後の対応については、第Ⅱ章4（5）で、順を追って説明していますので、参考にしてください。なお、いじめへの対応に際しては、いじめを受けた子どもが何を心配していて、どういうことなら受け入れられるかなど、子どもの解決イメージを中心に考えることに留意しなければなりません。その子どもが受け入れることのできない、おとなだけの先走った調整はうまくいかないからです。

ところで、いじめのへの対応として、学校では、しばしば、いじめた子どもに謝罪をさせたり、いじめた子どもへの懲戒をしたりすることを急ぐことがあります。しかし、それが形式的に終わるのであれば、いじめの問題は解決しません。第Ⅰ章2（3）でみたように、いじめは、いじめている子どもと、いじめられている子どもの意識に大きなズレがあるのが普通です。例えば、いじめの確認のために相手方の子どもから聞き取る際にも、受けた子どもの苦しみに気づくような働きかけをすることが大切です。単に、「した」のか、「しなかった」のかを問いただすことに終始するのではなく、相手がどう思ったのかに思い至る機会をその子どもに与えることが大切です。仮に、謝罪の場を設けるとしても、このようにして、相手が辛かったんだと思い至ったとき、初めて有意味なものとなります。

いじめへの対応においては、実際の調整には、相手方の子どもへの指導が必要となります。初期の対応でいじめを止めることができても、いじめられている子どもが安心して学校に行けないような場合には、安心して学校生活が送れるように環境を整え、そのための支援体制をつくらなければなりません。場合によっては、いじめた子どもを別室において指導をしたり、状況に応じて出席停止制度を活用したりして、環境を整える必要も出てきます〈コラム〉加害生徒に対する出席停止措置）。いじめた子どもへの指導にあたっては、叱責や懲戒を加えて、単に、反省を求めるのではなく、いじめには「した方」と「された方」の意識にズレがあることを踏まえた上で、いじめを受けた子どもが傷ついていることに、いじめた子どもが気づき、いけないことをしてしまったと理解できるような働きかけが重要です。また、いじめた子どもが抱える問題など、いじめの背景にも目を向ける必要があります。

ところで、いじめは、いじめた子どもといじめられた子どもという直接の当事者だけではなく、例えば、クラスの集団構造として把握する必要があることは、第Ⅰ章4でも述べました。いじめへの対応にあたっても、いじめた子どもへの指導だけではなく、こうした子どもたちに対して働きかけをすることが、とても大切になってきます。「いじめ防止等のポイント」では、「いじめの解決とは、加害児童生徒による被害児童生徒に対する謝罪のみで終わるものではなく、被害児童生徒と加害児童生徒を始めとする他の児童生徒との関係の修復を経て、双方の当事者や周りの者全員を含む集団が、好ましい集団活動を取り戻し、新たな活動に踏み出すことをもって判断されるべきである。全ての児童生徒が、集団の一員として、互いを尊重し、認め合う人間関係を構築できるような集団づくりを進めていくことが望まれる」としていますが、とても大事な指摘です。

いじめへの対応と保護者――また、いじめが確認された場合、学校は、いじめをやめさせたり、それが再び起こらないようにするために、学校いじめ防止等対策組織を活用して、いじめを受けた子どもやその保護者に対する支援、いじめを行った子どもに対する指導、またはその保護者に対する助言を継続的に行うとされています（推進法23条3項）。また、その場合、学校は、いじめを受けた子どもの保護者といじめを行った子どもの保護者との間で争いが起きることのないよう、いじめの事案に関わる情報をこれらの保護者と共有するための措置など、必要な措置を講ずるものとされています（推進法23条5項）。

いじめへの対応に際して、学校は、保護者との協力関係を大切にしなければなりません。学校が、子どものいじめに気づいたとき、いじめられた子どもの安全を確保するためにも、保護者へすみやかに連絡をする必要があります。保護者から、「子どもがいじめられているかもしれない」「友達関係で悩んでいるようだ」との連絡を受けた場合、学校は、子どもの安全を図るとともに、その事実について、すみやかに確認することになりますが、その内容について、保護者に、やはりすみやかに伝える必要があります。この場合、時間やタイミングがとても大事です。学校は、慎重に調べなければいけないということから、ある程度わかったところで報告しようと考えます。他方で、子どものことを心配しながらも、学校からの連絡を待つしかない保護者は、やきもきして長い時間待っている気持ちになっています。学校は、こうした保護者の意識とのギャップを理解し、確認に時間がかかるようであれば、途中経過を率直に伝えることを心がけた方がよいでしょう。

いじめの事実関係を聴取したら、迅速にいじめられた子どもの保護者に把握した事実を説明し、対応について了解を得る必要があります。そして、あわせて、いじめた子どもの保護者にも連絡をします。いじめを受けた子どもの保護者といじめを行った子どもの保護者との間で争いが起きることのないよう、学校は主体的に情報を提供し共有していくことが大切です。ただし、学校と保護者の間のいわばおとなのやりとりが、子どもの解決イメージを超えて、子どもが置いてきぼりにならないように注意する必要があります。

〈コラム〉 加害生徒に対する出席停止措置

市町村の教育委員会は、他の児童・生徒に傷害、心身の苦痛又は財産上の損失を与える行為等を繰り返し行う等、性行不良であって他の児童・生徒の教育に妨げがあると認める児童・生徒があるときは、その保護者に対して、児童・生徒の出席停止を命ずることができます（学校教育法35条、同49条）。

この規定によって、いじめの加害生徒に対して、出席停止の措置をとることがあります。

文部科学省は、いじめに対して、この規定を用いることも含めて、毅然とした対応をとることを打ち出しており（2007年2月5日付通知）、いじめ防止対策推進法においても、いじめた生徒・児童に対する出席停止措置について言及しています（法26条）。

しかし、出席停止措置の発想は、被害生徒と加害生徒を二者対峙的に捉え、加害生徒を学校から排除して解決を図るものです。

本来、学校は、いじめの実態調査、生徒の動向把握、いじめ発生の防止義務を負っていますが、これらの義務を十分に果たしていないことが多くあります。このような現状において、加害生徒を排除することは、学校がその義務を放棄することにもなりかねません。

加害生徒が学校に登校しないことにより、被害生徒と加害生徒が引きはなされ、その間、とりあえずいじめは治まるかもしれません。もちろん、それが必要なケースもあるでしょう。しかし、加害生徒には、ストレス、発達課題、心の問題等を抱えていることが多くみられます。加害生徒側の問題、要因、背景、原因を十分に探り、理解しないままでいると、なんら根本的な解決につながりません。加害生徒が抱える問題を十分に把握しないまま、ただ排除するのでは、かえって加害生徒が抱える問題を深刻化させるおそれもあり、加害生徒が学校に復帰することが困難になることさえあります。

いじめ防止対策推進法に基づく、「いじめ防止等のための基本的な方針」においても、いじめは、単に加害・被害という二者関係だけでなく、集団の構造上の問題であり、いじめの「観衆」や「傍観者」の存在にも注意を払い、集団全体にいじめを許容しない雰囲気が形成される必要があること（6ページ）、いじめの克服のためには、心の通う人間関係を構築する素地を養う、いじめの背景にあるストレス等の要因に着目してその改善を図る、児童生徒が安心でき自己有用感や充実感を感じられる学校づくりが重要であることが指摘されています。

また、前記方針と同時に公表された「学校における『いじめの防止』『早期発見』『いじめに対する措置』のポイント」においても、いじめた児童生徒への指導にあたっては、いじめは人格を傷つけ、生命、身体又は財産を脅かす行為であることを理解させ、自らの行為の責任を自覚させるとともに、本人が抱える問題など、いじめの背景にも目を向け、本人の安心、安全、健全な人格の発達に配慮し、また懲戒を加える場合にも、教育的配慮に十分留意するように指摘されています。

学校は教育機関であり、生徒に対する福祉的な役割をも担っています。このような学校のあり方としては、加害生徒が抱える問題を探り、原因にアプローチすることで、教育的、福祉的観点から手当をすることが必要です。被害生徒のみならず、加害生徒に対しても継続的な支援が必要です。

なお、平成15年度から平成24年度までの10年間に中学校においては、374件の出席停止措置がとられていますが、いじめを理由とするものはそのうち20件です。

そもそも、出席停止措置は、懲戒という観点ではなく、学校の秩序を維持し、他の児童生徒の義務教育を受ける権利を保障するためのものです。このような観点から、本当に加害生徒の出席停止措置が必要か否か慎重に判断すべきです。

加害生徒への対応として、出席停止措置を活用する前に、学校現場としてなすべきことを十分に行うべきであり、出席停止措置は最終手段と考えるべきでしょう。

(柳　優香)

（2）重大事態の場合の対応

ア　重大事態ということ

いじめによって、子どもは自殺したり、大けがを負うことがあります。また、いじめによって、子どもが長期間学校に行けなくなることもあります。推進法は、こうした事態を重大事態として、次のように定義しています（法28条1項）。

①いじめにより学校に在籍する子どもの生命、心身又は財産に重大な被害が生じた疑いがあると認めるとき

②いじめにより学校に在籍する子どもが相当の期間学校を欠席することを余儀なくされている疑いがあると認めるとき

①は、子どもが自殺を図った場合、身体に重大な障害を負った場合、金品などに重大な被害を被った場合、精神性の疾患を発症した場合であるとされています。②の長期の欠席は、不登校の定義を踏まえて、年間30日を目安にとするとされていますが、30日はあくまでも目安にすぎません。どちらの場合も、子どもや保護者から、「いじめで重大事態になった」ということの申立てがあれば、推進法のしくみとして対処しなければならないことになっています。

イ　重大事態の関係機関への報告

重大事態の場合、学校の設置者またはその設置する学校は、次のところに報告をしなければなりません（29条1項、30条1項、31条1項、32条1項）。

- 国立大学に附属して設置される学校は国立大学法人の学長を通じて文部科学大臣へ
- 公立学校は当該学校を設置する地方公共団体の教育委員会を通じて同地方公共団体の長へ
- 私立学校は当該学校を所轄する都道府県知事へ、学校設置会社が設置する学校は当該学校設置会社の代表取締役又は代表執行役を通じて認定地方公共団体の長へ

ウ　重大事態の調査

(ア) 調査とその目的

重大事態が発生した場合、その事態について、事実関係を明確にするための調査がなされます。推進法は、調査の目的として二つのことをあげています。一つが、その事態に対処するため、もう一つが、同じようなことを繰り返さないためです（推進法28条1項）。

「その事態への対処」というのは、何よりも、いじめを受けている子どものための対処であるということは十分に認識しておく必要があります。したがって、調査は、どうして、そして、どのようにいじめが起こったのか、また、起こっているのかを知りたいと思う子どもとその保護者の気持ちに添ってなされなければなりませんし、その子どもが受けているいじめへの対処のためでなければなり

ません。

二つ目の目的は、いわゆる再発防止です。問題になっている事態に対して行った（あるいは行わなかった）対応には、ほかの事案にも通じるものがあります。これは当事者間のいじめの事実とその背景事実に対して、学校がどのように対処をし、対処をしなかったのか、学校の組織的な対応があったのかなかったのか、また、これらに対する教育委員会の対応などを調査し、今後の教訓として残すことが求められています。

「学校の設置者又はその設置する学校」は、重大事態についての調査を行ったときは、「調査に係るいじめを受けた」子どもやその保護者に対し、「調査に係る重大事態の事実関係等その他の必要な情報を適切に提供するもの」とされていますので（推進法28条2項）、重大事態に該当するいじめを受けた子どもやその保護者は、調査結果の報告を受けることができます。報告は、調査目的にも照らし、適切になされる必要があります。

(イ) いじめの調査と組織——調査のための第三者組織

推進法は、重大事態に対しての調査を、「学校の設置者又はその設置する学校」が、「組織」を設けてこれを行うとしています（推進法28条1項）。そして、学校がその調査を行う場合は、先にみた学校設置の「いじめ防止等対策組織」（推進法22条の組織）を中心になされ、学校の設置者がこれを行う場合は、これに設置された第三者組織によってこれがなされることが予定されています。

重大事態の場合、それまでの経緯などから、学校がいじめを受けた子どもやその保護者から不信感

重大事態の場合の調査等と組織

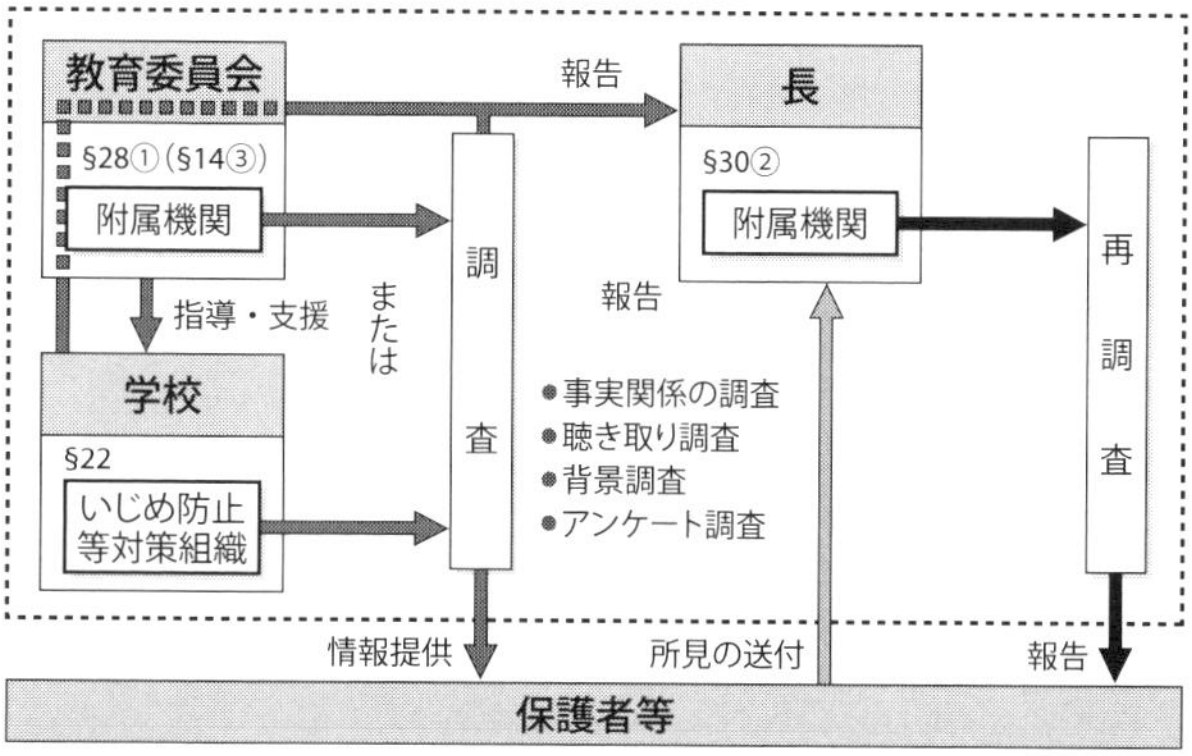

（数字は、推進法の条文）

を持たれている場合も多くみられます。国のいじめ防止基本方針では、「従前の経緯や事案の特性、いじめられた児童生徒又は保護者の訴えなどを踏まえ、学校主体の調査では、重大事態への対処及び同種の事態の発生の防止に必ずしも十分な結果を得られないと学校の設置者が判断する場合や、学校の教育活動に支障が生じる恐れがあるような場合には、学校の設置者において調査を実施する」としています。

学校の設置者による調査は、公立学校であれば教育委員会の附属機関の、私立学校であれば学校法人の下に設置された組織によってなされます。これら附属機関等は、この事案に直接のまたは特別の利害関係を有しない弁護士や精神科医、学識経験者、心理や福祉の専門家などの専門的知識及び経験を有する者で構成される専門性のある第三者機関です。職能団体や大学、学会からの推薦などにより参加を図り、当該調査の公平性・中立性を図るよう努めることが求められるとされています。公立学校の場合は、推進法14条3項に基づいて教育委員会設置第三者機関が、附属機関として常設されていれば、基本的に、当該組織が活用されることが予定されています。

こうした第三者機関は、利害関係を持たない組織なので、情報を持たない分、調査は、一からこれを行わなければなりません。教育委員会などの設置者からの説明だけで動くことはできないので、組織としてある程度の事実関係や人間関係の把握した上で、調査方針を立て、調査を行うことになります。その意味で、調査にも一定の時間を要します。学校が、いじめられている子どもや保護者と感情的に対立している場合などもあり、慎重さは必要ですが、迅速に着手できる学校の調査との連携が必要になってきます。その際の留意点としては、前で述べた調査の目的を踏まえて、学校の調査が学校の設置者の第三者機関の調査に引き継がれる可能性があること、さらに、「再調査」の対象にもなること（推進法29条2項、30条2項、31条2項、32条2項）を、それぞれに想定する必要があります特に、学校は、学校の調査自体が調査の対象になることも認識して、予断なくしっかりとした調査をし、調査の一つひとつを確実に記録することが必要です。

〈コラム〉第三者組織委員の〝弁護士会の推薦〟について

いじめ防止対策推進法の制定時に、法が予定するいじめ防止等のためのさまざまな対策組織について、「適切にいじめの問題に対処する観点から、専門的な知識及び経験を有する第三者等の参加を図り、公平性・中立性が確保されるよう努めること」との附帯決議がついていました。これに基づき、国の基本方針では、さまざまな対策組織の公平性・中立性確保のため、弁護士などの専門的知識・経験を有する第三者の参加を図るようにすることを求めています。公平性・中立性が特に問題となる重大事態の場合の調査委員会や再調査委員会にあっては、「当該いじめ事案の関係者と直接の人間関係又は特別の利害関係を有しない」第三者を、その「職能団体や大学、学会からの推薦等により参加を図ることにより」調査の公平性・中立性を確保するよう求めています。

弁護士が第三者としてさまざまな対策組織に参加するときの「職能団体」にあたるのは各地の弁護士会ということになります。日本弁護士連合会としても、各地の弁護士会に向けて、弁護士会の推薦に基づく弁護士がさまざまな対策組織に参加し、その公平性・中立性を確保することが、その対策組織の信頼を高め、有効に機能させる意味で重要であることについて、会員弁護士の理解を得るように要請しているところです。

弁護士会に、さまざまな対策組織への弁護士の推薦要請が来ると、弁護士会は、公平性・中立性が確保されているかどうかを確認した上で、ふさわしい弁護士を推薦することになります。具体的ないじめ事案が問題となっているような場合、その関係者と直接の人間関係や、特別の利害関係がないことを確認した上で推薦をします。例えばいじめが問題になっている学校の関係者（その学校の教職員・教育委員会委員・設置する自治体の長など）と親族関係がある場合が「直接の人間関係」がある場合になります。また、当該自治体の顧問であったり、自治体の依頼を受けて事件を担当している場合、当該いじめ事案の関係者の依頼を受けたり、これを相手方とした事件を担当している場合などは「特別の利害関係」がある場合になります。こうした観点から、弁護士会内に適切な弁護士を確保することが難しい場合は、日本弁護士連合会が要請を受けて近隣の弁護士会所属の弁護士などを推薦することもあります。

（村山　裕）

(ウ) 調査の実施

調査の方法――調査は、「質問票」の使用、聴き取りなどの適当な方法によって行われます。子どものプライバシーにも配慮してなされる必要があります。これまで、こうした事態が起こっても、秘密裏に狭い範囲でしか調査が行われない傾向にあり、いじめを受けた子どもの側が求めても、なかなか、アンケート票を使ったり、広く聴き取りをするなどの調査がなされない現状がありましたが、この法律では、「質問票」という形でアンケート形式の調査を明記し、そのほかの適当な方法での調査が義務づけられることになりました。重大事態に該当するいじめを受けた子どもやその保護者は、学校に対して、重大事態に係る事実関係を明確にするためにこうした調査を求めることができます。

「質問票」による調査は、その質問項目が大切になってきます。学校に設置されたいじめ防止等対策組織で、事態に合わせたふさわしい項目を検討し、調査の趣旨を十分伝えた上で、子どもが記入しやすい環境を工夫して実施する必要があります。第三者組織による調査でも、「質問票」による調査を行うことがあります。

聴き取りについても、いじめられている子どもや保護者からの聴き取り、関係する子どもそのほかの子どもからの聴き取り、関係教職員からの聴き取り、教育委員会からの聴き取りなどを実施することになるでしょう。また、学校が、日頃、学校の諸活動、とりわけいじめに関する指導、対応に関して、しっかりと記録する責任があることを前提として、学校が事態に対して対応するにあたって作成した記録、そのほかの記録の調査を行うことも重要です（ただし、記録を第三者組織が調査するにあたっては、個人情報を目的外に利用することになりますので、第三者組織の設置条例に明記がなければ、その自治体の個人情報保護条例の手続をとる必要があります）。

調査で明らかにすること——調査では、まず、事実関係を明確にする必要があります。国のいじめ防止基本方針では、「重大事態に至る要因となったいじめ行為が、いつ（いつ頃から）、誰から行われ、どのような態様であったか、いじめを生んだ背景事情や児童生徒の人間関係にどのような問題があったか、学校・教職員がどのように対応したかなどの事実関係を、可能な限り網羅的に明確にする」としています。

「この調査は、民事・刑事上の責任追及やその他の争訟等への対応を直接の目的とするものでないことは言うまでもなく、学校とその設置者が事実に向き合うことで、当該事態への対処や同種の事態の発生防止を図るものである」ともされています。裁判での事実認定は、あることを違法とするための事実、法律上の構成要件に該当する事実が対象となりますが、この調査での事実は、より広い網羅的なものであると考えられます。

また、「学校の設置者・学校自身が、たとえ不都合なことがあったとしても、事実にしっかりと向き合おうとする姿勢が重要である。学校の設置者又は学校は、附属機関等に対して積極的に資料を提供するとともに、調査結果を重んじ、主体的に再発防止に取り組まなければならない」との指摘も意識されるべき事柄です。

(エ) 調査の結果とその報告

学校の設置者または学校は、調査結果について、いじめを受けた子どもや保護者に対して、適切に提供をしなければなりません。調査の途中で、適時、適切に、経過報告もすべきだとされています。調査結果の説明は、実際には、調査にあたった第三者組織からなされるのが現実的です。調査は、事実関係を明確にするためになされるものなので、提供される内容については、いじめ行為が、いつ、誰から、どのような態様で行われたか、それに対して学校がどのように対応したかなどについて、整理されたものになるでしょう。調査結果の提供にあたっては、ほかの子どものプライバシーには配慮をする必要がありますが、いたずらに個人情報保護を盾に説明を怠ってはならないとされています

（国のいじめ防止基本方針）。

調査の実施によって得られた記録などは、できるだけ提供されるべきだと思いますが、調査の環境を整える必要、個人情報保護の観点から、提供されないものもあります。ただし、少なくとも、ほぼ全ての記録類が公文書として、一定期間保管されなければなりませんし、個人情報保護条例、情報公開条例などの開示請求の対象にはなります（開示されるか否か、全部開示されるか否かは、条例などの不開示規定に該当するかどうかによります）。

調査結果については、国立大学に附属して設置される学校については文部科学大臣に、公立学校については当該地方公共団体の長に、私立学校については、当該学校を所轄する都道府県知事に、学校設置会社が設置する学校については当該学校設置会社の代表取締役などを通じて認定地方公共団体の長に報告がなされます。その際、いじめられた子どもやその保護者の希望があれば、その所見をまとめた文書を、報告書に添えて送付するとされています。

㈴　重大事態と関係調整

ところで、重大事態において、長期不登校や大ケガを負って休んでいるような場合を典型として、いじめを受けた子どもが、学校に戻ることを目標とする場合があります。こうした重大事態について、まずは、学校が、学校の下に組織を設置して、調査に着手することが多いと思いますが、公立学校の場合、状況に応じて、教育委員会の附属機関である第三者組織がこれに当たる場合があります。こうした場合、第三者機関による調査であっても、時間をかけることは適当ではなく、調査が「その事態への対処」であることを踏まえて、迅速に対応する必要があります。

そして、こうした場合、調査に基づく、事態への対処として、いじめをした子どもといじめを受けた子どもの人間関係調整や、クラスなどの集団への働きかけが必要となってきますが、これを、第三者組織が行うかどうか、行うとしてどのように行うのかが課題となります。重大事態の調査等に当たる教育委員会設置の第三者組織は、推進法28条1項に基づいて設置される組織ですが、公立学校の場合、推進法第14条第3項の「教育委員会設置第三者機関」をこれに当てることが望ましいとされています（国のいじめ防止基本方針）。この機関は、公立学校におけるいじめに関する通報や相談を受け、第三者機関として当事者間の関係を調整するなどして問題の解決を図ることも期待されていますので（同基本方針）、こうした機能を活用することが可能です。

また、いじめによる死亡事件や自殺事件においては、二度とこうしたことがないように再発防止を図ることも大切ですが、同時に、調査の結果に基づいて、関係生徒に対して、指導その他働きかけを行う必要があります。こうした指導や働きかけを、学校を通じて行うことも大切ですが、場合によっては、第三者組織が、推進法第14条第3項の「教育委員会設置第三者機関」の機能を生かして、これを行うことも視野に入れる必要があります。

エ　再調査

学校及び学校の設置者の調査について、次のように、再調査のしくみが設けられています（推進法29条2項、30条2項、31条2項、32条2項）。

①国立大学に附属して設置される学校の場合は、文部科学大臣が
②公立学校の場合は、自治体の長が、附属機関を設けて
③私立学校等の場合は、学校法人または学校設置会社が、附属機関を設けて

いずれの場合も、推進法28条1項の調査の結果に対する調査で、当該重大事態に対処し、及び当該重大事態と同種の事態の発生の防止するための措置を講ずるためになされます。ここでいう附属機関は、28条1項で調査にあたった附属機関とは違う組織になりますが、メンバーは、同様に、弁護士や精神科医、学識経験者、心理や福祉の専門家などの専門的な知識及び経験を有する者で、当該いじめ事案の関係者と直接の人間関係または特別の利害関係を有する者ではない者（第三者）とされています。

〈コラム〉いじめ防止基本方針の策定状況、法律に基づく組織の設置状況

日本弁護士連合会の子どもの権利委員会のいじめ問題対策PT（プロジェクトチーム）が実施した、都道府県及び政令指定都市に対するいじめ防止対策推進法及び基本方針への取り組みに関する調査（2014年6月）によると、地方いじめ防止基本方針の策定は、多くの自治体が2014年内には策定を終える見込みでした。方針の策定は、教育委員会などの内部組織で行ったり、自治体が行う策定に大学教授、弁護士、医師、臨床心理士などの有識者やPTAの意見を反映させたものが多く、策定された方針はほとんどがホームページに公表されています。学校における学校いじめ防止基本方針は、ほぼ全ての学校で策定されており、学校内で作成した例が圧倒的多数ですが、PTA役員、学校評議員、スクールカウンセラー（SC）、スクールソーシャルワーカー（SSW）などを含む組織で作成した例もありました。

また、いじめ問題対策連絡協議会（推進法14条1項）は、設置を予定しない自治体は皆無で、設置した自治体には既存の組織を活用したところもあります。協議会の構成機関に弁護士会を含むものが多く、教育委員会に設置可能な附属機関（推進法14条3項）は、設置したまたは設置予定とした自治体が多いのですが、設置予定がない自治体も一定数あり、多くは構成を大学教授、弁護士、医師（精神科医）、臨床心理士などとし、ほとんどの自治体で職能団体（弁護士会）の推薦による弁護士が含まれています。組織の設置目的、

所掌事務・権限として多くの自治体が、①いじめ防止などの対策に関する調査研究・審議・答申など、②法28条の重大事態にかかる事実関係の調査の2点をあげています。推進法22条で設置が義務づけられたいじめの防止などの対策のための組織は、ほぼ全ての学校で設置され、学校内の教職員のほか、SC、SSW、臨床心理士などが加わる例が多かったようです。

重大事態の調査のための附属機関は、教育委員会附属機関を活用する、学校に設ける組織を活用する、これらの組織を活用しながら適切な専門家を加える、新たな組織を設置するなどさまざまでした。

再調査のための附属機関については、設置予定または設置を検討中との回答がほとんどを占め、多くが大学教授、弁護士、医師、臨床心理士・社会福祉士などの外部の専門家を含む組織を想定し、この場合も弁護士は職能団体（弁護士会）の推薦で選任する自治体が多数でした。

第V章

いじめを予防する

1 多様性を知り人権を尊重する関係性をつくる

(1) はじめに

いじめは、直接的に子どもの生命・身体・精神・財産に向けられた権利侵害です。しかも、現代のいじめの態様は、しばしば集団的・継続的で、被害は複合的な様相を呈しています。いじめを受けた子どもはその心を傷つけられ、豊かな人間関係を結べなくなり、その成長発達の権利に重大な影響を受けます。また、いじめがエスカレートすると、最悪の場合には自殺という形で子どもが生命を失うこともあります。

いじめは、学校教育の中で、学級や学校という閉鎖的な場で、集団力学的に発生しています。いじめは、学校が子どもたちの生命・身体・精神を大切にし、これらを育む場になっておらず、結局、学校が子どもたちの権利保障の場になっていないことを表しています。

日本が1994年に批准した子どもの権利条約は、子どもの「人格の完全なかつ調和のとれた発達」(条約前文)に向けて、子どもの権利が「子どもの最善の利益」を目指して、あらゆる場で実現されることを求めています（3、9条など）。子どもの権利条約の理念を学校現場に真に定着させることこそが、今何よりも求められているのではないでしょうか。条約が保障する各種の権利を実施する視点から、いじめと条約との関係をみていきましょう。

（2）いじめと学校と条約

ア　条約は子どもがいじめから守られる権利を保障

条約は、子どもが「国際連合憲章において宣明された理想の精神並びに特に平和、尊厳、寛容、自由、平等及び連帯の精神に従って育てられるべきである」（前文）とした上で、全ての子どもが生きる権利を持っていることや、国が子どもの生存や発達を守るためにできる限りのことをしなければならないとしています（6条）。いじめによって、子どもの生命・身体・精神が危険な状態に曝されているとき、学校そのほかの関係機関は子どもたちの生命と身体をいじめから守るために全力を尽くさなければならないのです。

また、いじめでは、被害者が身体的理由などから差別的に扱われたり、家族や本人のプライバシーに関わる事柄を理由に攻撃されたり、名誉を侵害されることがあります。子どもたちが非人道的な取扱いを受けたり、その品位・人間としての誇りを傷つけられるようなことも少なくありません。しかし、条約は、全ての子どもが「人種、皮膚の色、性、言語、宗教、政治的意見その他の意見、国民的、種族的、若しくは社会的出身、財産、心身障害、出生又は他の地位」などを理由とした差別的な扱いを禁じています（2条1項）。そして、全ての子どもが、自分や家族の暮らし、住んでいるところ、電話や手紙など人に知られたくないときは、それを守ることができ、他人から名誉や誇りを傷つけられない権利があります（16条）。さらに、いかなる子どもも、拷問や残虐な取扱い、非人道的であったり品位を傷つけるような取扱いを受けないことが求められています（37条(a)）。

いじめによって、子どもたちが差別的、非人道的な取扱いを受けたり、その品位・人間としての誇りを傷つけられるようなことがあってはならないのです。学校やそのほかの子どもに関係する機関は、こうした規定の趣旨を十分に踏まえ、いじめに対応しなければなりません。

イ　条約の趣旨に沿う子どもを主体とした教育的取り組みとは？

条約は、「児童に影響を及ぼすすべての事項について自由に自己の意見を表明する権利」として子どもの意見表明権を認めています（12条）。さらに、子どもにとって基本的権利である成長発達への権利を支えるものとして、子どもがおとなに対し保護を求める権利のほかに、子どもが市民的自由（13条から17条）を有することを認め、子どもを「保護の客体」ではなく「権利行使の主体」として明確に位置づけています。

したがって、学校において子どもは、授業や特別活動などあらゆる場面で全面的な「権利主体」として、その意思の尊重と参加が求められ、それによって「子どもの最善の利益」が実現されるのです。こうした参加過程において、子どもは他者との関係、共同的作業を通して、他者の権利との調整・調和を学びます。これにより、本当の意味での一個の人格あるいは権利主体としての自覚を獲得することができるのです。子ども自身がいじめの権利侵害性に気づき、問題解決のために思考し、行動することを期待できるようになります。

２００９年に国連子どもの権利委員会が出した一般的意見12号「意見を聴かれる子どもの権利」では、「子ども中心の双方向型学習のために必要な協力と相互支援を刺激するような人間関係的雰囲気を教室につくり出すためには、子どもたちの参加が欠かせない。子どもたちの意見を重視することは、差別の解消、いじめの防止および規律維持のための措置においてとりわけ重要である。委員会は、ピア・エデュケーションおよびピア・カウンセリングの拡大を歓迎する」（同１０９項）（平野裕二訳）とあります。子どもたちが参加をし、意見を表明して尊重される取り組みは、子ども同士が学び合い支え合う関係をつくり出し、いじめの防止にも重要であることが指摘されています。

ウ　条約の求める教育のあり方といじめ

教育の目的について、教育は子どもが自分の持っているよいところ（人格、才能並びに精神的及び身体的能力）をどんどん伸ばしていくためのものであり、教育によって子どもが自分もほかの人もみんな同じように大切にされるということや（人権及び基本的自由の尊重など）、みんなと仲よくすること（理解、平和、寛容、性の平等及び友好の精神）、みんなの生きる地球の自然の大切さなどを学べるようにしなければならないとしています（29条1項）。しかし、学校におけるいじめは、これらの教育の目的に反するものですから、学校は子どもをいじめから守る義務を負っています。いじめの多くは、他者や自己の人権を無視し、侵害するものです。いじめを生み出す原因・背景で述べたとおり、過酷な受験競争や管理教育のもとで、現代の子どもたちは小さいときから競争にかり出され、厳しい管理と拘束のもとで、遊びやゆとりのない日々を送っています。そのような生活は子どもたちの心に欲求不満を蓄積させ、子どもたちをいじめへと向かわせる要因といえるでしょう。

今、子どもたちに必要なのは、何かにせき立てられることなく、本当に解放された自由な時間で す。条約31条は、子どもに対し、休息・余暇を持つ権利、年齢にふさわしい遊び・レクリエーション的活動をする権利などを認め、締約国に対して、これらの権利を保障すべき義務を課しています。条約はいじめについて、学校、家庭、地域社会の連携によって今まず何をすべきかの具体的指針を示しているのです。

日本の現代の学校は、社会やおとなの歪みなどの影響を受けて、子どもに対する人権感覚の涵養や基礎的な教育上の働きかけが形式的に流れています。このことが、いじめが蔓延している一つの要因となっています。いじめに関わる子どもたちこそ、まさにこうした教育を必要としています。子どもに人権を尊重することの重要性の認識を獲得させるために、クラス運営の工夫（例えば子どもが参加しその意見表明を尊重される取り組みなど）をはじめ、さまざまな教育的試みをすることは、条約が学校など教育機関に課した義務なのです。

〈コラム〉リヤド・ガイドラインにおける教育のあり方といじめ予防

子どもの権利条約の40条に少年司法の基本原則が書かれています。罪を犯した子どもについて、あらゆる手続を通して尊重され保護されることが必要とされています。少年司法の目的はそのことを通して、その子どもが、自分自身は大切な存在であると認識し、他の人の人権も尊重し、社会復帰して建設的な役割を果たせるように促進することだとしています。この子どもの権利条約と一体になる国際人権文書の一つとして、少年非行防止に関する国際連合指針（リヤド・ガイドライン、1990年採択）があります。リヤド・ガイドラインでは、少年非行の防止を成功させるためには、子どもの調和のとれた発達の確保をするため、幼児期から子どもの人格や人権が尊重される必要があること（2条）、子どもを社会化や統制の対象とみなすのでなく、社会化と統合の過程で全面的かつ対等なパートナーとして受け入れられなければならないこと（3、10条）などが定められています。

そして、そのために子どもの人格的発達を危険から守る支えとなる教育上の機会が提供されるよう、あらゆる子どもが公教育へアクセスできるようにしなければならないとされ、教育制度の留意点があげられています。21条(a)では「（教育制度は）基本的な価値を教え……人権と基本的自由に対する尊厳の念を発達させること」と定め、学校で人権尊重の念を真に根づかせる必要があることを表明しています。同条(e)では、「（教育制度は）文化的な相違やその他の相違など、異なる立場や意見を青少年が理解することを助長すること」としています。いじめは他者の人権を軽んじ侵害する行為であり、「異質な他者に対する排除や非寛容」などといわれることもありますが、リヤド・ガイドラインの定める子どもの非行防止に向けた教育の目指すところは、まさにいじめを防止するために必要な教育と共通します。

そして、24条は、「教育制度は、社会的な危険に晒されている青少年のために特別なケアを与え、注意を払わなければならない」とし、26条は「学校は、青少年、とりわけ特別の救済を必要とし、あるいは虐待され、放任され、被害を受け、搾取されている青少年に、医療、カウンセリングその他のサービスを提供する資源及び照会センターとしての活動をしなければならない」としています。教育制度が、いじめを受けた子に対するケアやサポートを行うものであることは当然ですが、それだけでなく、いじめをしている子（加害児とされる子）についてもその背景にある「傷つき」や「困りごと」（例えば家庭での虐待や放任、他者からの加害、発達上の問題など）に着目し、ケアやサポートをするものでなければならないはずです。このような教育制度のあり方を定めたリヤド・ガイドラインは、子どもの権利条約とともに、いじめを防止し子どもが生き生きと学び成長するための教育の姿を考える上で重要な指針といえるのではないでしょうか。

この観点からみたとき、時に目にすることのある、手っ取り早く学校からいじめをなくそうと、あらかじめ決めた基準を形式的・段階的に適用して、いじめた子を学校から排除していく「ゼロ・トレランス（寛容度ゼロ）」的手法は、どう考えられるでしょうか。この点について、国連子どもの権利委員会が子どもの権利条約の解釈指針として示した「一般的意見」が参考になります。一般的意見1号（「29条1項教育の目的」2001年）がリヤド・ガイドラインの示す教育制度のあり方をさらに敷衍する形で解説し、一般的意見13号（「あらゆる形態の暴力からの自由に関する子どもの権利」2011年）では、15項(c)で、特に「ゼロ・トレランス」政策を取り上げて、子どもを犠牲にする懲罰的アプローチで破壊的影響をもたらすとし、子どもの違反行為の根本原因を注意深く考慮すべきことを求めています。いじめ防止のための教育での「ゼロ・トレランス」的対応は、リヤド・ガイドラインなどに示された子どもの権利条約が求める教育のあり方に背を向けたものとなるでしょう。

(3) いじめと家庭と条約

日本では、子どもは「親の付属物」という考え方が根強く残っており、子どもが成長発達しておとなになっていく独立した存在であるという見方はあまりされてきませんでした。

条約は、父母が子どもの養育や発達について第一義的な責任を有することを定め、国に対してその父母による養育について適当な援助を与えるよう求めています（18条）。そして、親が子どもの養育及び発達に関する責任を果たすにあたっては、「子どもの最善の利益」を中心に考えなければならないと定めています（3条）。その際に、子どもにとって何が「最善」であるかは、その子どもの意見を十分に聞いて（子どもの意見表明権を保障して）、決めなければなりません。

同時に条約では、親は子どもが権利行使をするにあたり、子どもに適切な指導をなす責任を負っています（5条）。親は子どもが市民的自由（表現・思想・良心・集会・通信などの自由）を行使しようとするときは、その権利行使を援助・指導していかなければなりません。このようにして育った子どもは、何事についても自分で選択・判断し、責任を負う力を獲得しておとなに成長していくのです。

このような親子関係を踏まえると、第一に、学校は子どもの養育の第一次責任者である親の意見（教育権）を十分に尊重しなければなりません。子どもの成長発達に深く関与している者として、学校（教員）と親は対等な立場で十分に意見を交換し、理解し合う関係をつくるようにしなければなりません。また、現代では、親は過労死に代表される長時間労働、離婚などによるひとり親家庭の増加、地域社会の連帯感の希薄化などの中で、適切な援助を受けることもなく、孤立した状況の中で子どもを養育しています。こうした状況を背景として、子どもがいじめの被害者・加害者になっている場合もあることを視野に入れると、地域社会とも連携をとりながら、子どもの権利を擁護していく必要があります。第二に被害者としてであれ、加害者としてであれ、当事者である子どもの意見を十分に聞かなければなりません。いじめの被害・加害の流動性・互換性を考慮すると、十分に子どもの意見を聞かずに加害者・被害者を決めつけることは、極めて危険だからです。また加害者であっても、そこに至る生育歴の中で、自らの人権を多様な形で長期にわたって他人に踏みつけられてきたという場合もあります。第三に、現在子どもたちは自分で支配できる時間と空間を奪われています。過度の競争主義的教育の中で、厳しい受験戦争に落ちこぼされまいとの親の思いから、通わせられる塾通いと、その長時間化により、子どもたちはおとな以上に余暇の時間を奪われ、文化・芸術への参加の時間や遊びの時間を奪われ、さらに不可欠である睡眠の時間までをも奪われるという過酷な状況に陥っています。これは条約の「休息・余暇・遊び・文化的・芸術的生活への参加権」（31条）に明らかに反する事態です。

国（文科省）は、子どもたちが何かにせき立てられることなく、本当に解放された自由な時間を保障すべき義務を負っています。親も、子どもの成長と発達にとって何を保障していかなければならないかを、子どもの立場でもう一度見直す必要があるでしょう。

2　いじめを許さない学級づくり

いじめ予防の基本となるのは、児童生徒がほかの児童生徒や教職員との信頼関係のもとで安心・安全に学校生活を送ることができ、授業や行事に主体的に参加・活躍できるような授業づくりや集団づくり、学校づくりです。普段から、児童生徒一人ひとりが自分が大切な存在であると実感でき、個々の人権が尊重される環境こそが、いじめへの根本的な予防策につながります。そこで、具体的に学校での取り組みにあたり重要な視点について、国のいじめの防止等のための基本的な方針にある「学校における『いじめ防止』『早期発見』『いじめに対する措置』のポイント」を参考にしながらみていきましょう。

（1）いじめに対する共通理解を図る

児童生徒に対して、日頃の学級活動などを通して、日常的にいじめの問題について触れ、「いじめは人権を侵害するもので、どんな場合でも許されない」ということを伝えて、いじめを許さない雰囲気を醸成することが大切です。具体的な認識を共有する手段として、何がいじめにあたるのかを具体的に列挙して示しておくことも考えられます。そのためには、いじめの態様や特質、原因・背景、指導上の留意点のほか、いじめに該当するか否かは「いじめられる児童生徒の立場になって考える」という基本的な視点・姿勢について、教職員全員の共通理解を図っていくことが不可欠でしょう。

（2）いじめに向かわない態度・能力の育成

学校の教育活動全体を通じた人権教育の充実や体験活動などの推進により、児童生徒の社会性を育むとともに、他人の気持ちを共感的に理解できる豊かな情操を培い、自分の存在と他人の存在を等しく認め、お互いの人格や個性を尊重する態度を育むことが重要です。そのためには、教職員が児童生徒の個性や多様性を認め、尊重する関係づくりが必要となります。

また、意見の相違があっても、お互いを認め合いながら建設的に調整し、解決していける力や、自分の言動が相手やまわりにどのような影響を与えるかを判断して行動できる力など、児童生徒が円滑に他者とコミュニケーションを図る能力を育てることが大切です。

（3）いじめが生まれる背景と指導上の注意

いじめをする背景には、その児童生徒が抱えるさまざまなストレスや生育歴における傷つきなどが影響している可能性が高いでしょう。特に今の日本の教育における競争主義的システムのもと、児童生徒は勉強の面で焦りや劣等感などを抱えており、親や教師からの有形無形のプレッシャーによるストレスを発散する場面としていじめが行われることがあります。そのため、児童生徒の一人ひとりを大切にしたわかりやすい授業づくりを進めていくことや、一人ひとりが活躍できる集団づくりを進めていくことが求められるのです。

そして、教職員の不適切な認識や言動が、児童生徒を傷つけたり、ほかの児童生徒によるいじめを助長することのないよう、指導の上で細心の注意をしなければなりません。特に、「いじめられる側にも問題がある」などの発言は、教員がいじめを容認しているとの誤解を児童生徒に与えかねず、いじめを深刻化させる原因ともなります。また、発達障害などについても教員がその特性を正しく理解した上で、適切な対応を行う必要があります。

（4）自己肯定感を育む

児童生徒は、自分を大切な存在であると認識することによって、他者の存在も大切にすることができます。そのためには、児童生徒の自己肯定感を育むような、教育活動の取り組みや教員と児童生徒との信頼関係の構築が不可欠です。学校の教育活動全体を通じ、児童生徒が活躍できて他者の役に立っていると実感できる機会を全ての児童生徒に提供することで、児童生徒の自己肯定感が高められるのです。また、教職員が児童生徒一人ひとりの個性を尊重し、その気持ちに寄り添うことで、児童生徒は一人の人間として大切にされていることを実感し、自己肯定感が育まれます。

(5) 児童生徒が主体的に参加する取り組み

児童生徒がいじめの問題について学び、そうした問題を児童生徒自身が主体的に考え、児童生徒自身がいじめの防止を訴えるような取り組みを推進することが重要です。具体例として、児童会・生徒会によるいじめ撲滅の宣言（標語の作成など）や相談箱の設置などが多くみられます。他方、これらの取り組みが教職員の主導で行われ、児童生徒が「やらされているだけ」の活動に陥ってしまったり、形だけの表面的なものになって形骸化してしまう例も少なくありません。重要なのはその取り組みに児童生徒が主体的に参加し、その自由な意見表明が尊重されるというプロセスであり、教職員は全ての児童生徒がその意義を理解し、主体的に参加できる活動となるよう、児童生徒の自主性を尊重しながら影で支える役割に徹することが望ましいでしょう。

3 学級をつくる——教師のある実践

(1) 被害者をサポートし、クラス全体でいじめを克服する取り組み例

いじめは人間社会の病理現象であり、おとなの社会でもハラスメントや人間トラブルはいくらでも

あります。その意味で、いじめはどこでも起きることを前提に、起きたいじめを子どもたちが自分たちで「克服」する力をつける（学ぶ）ことも重要です。このような観点から取り組んだ実践例を紹介します。

ある中学校の教諭が担任するクラスで、A子の下駄箱に「死ね」と書かれたメモを入れるいじめが起きました。誰がやったのかはわかりません。A子から相談を受けた担任は、A子の辛い気持ちをしっかりと受け止めた上で、この件をほかに伝えられる信頼できる友人はいないかとA子に尋ねました。すると、A子はB子とC子の2人の名前をあげたので、担任はB子とC子の2人を呼んでA子に起きたいじめの事情を説明し、「これから先、A子を見守ってあげてほしい。もしA子がいじめられたら、止められなくてもいいから、後から必ず声をかけるなどフォローをしてあげてほしい。それと、先生にもすぐに知らせてほしい」と頼みました。そして、A子にも、「B子とC子がいつも見守ってくれているから大丈夫だよ」と伝えました。このように、いじめの被害者であるA子に「サポーター」をつけることで、A子の負担の軽減を図り、孤立させない体制をつくったのです。

その一方で、いじめがあったクラス全体にも、このいじめの問題を投げかけて、生徒の考える機会をつくっていきました。A子の了承のもと名前を伏せ、「クラスでこんないじめがあった」と全員に説明しました。そして、「いじめをした子といじめをされた子のそれぞれに宛てて手紙を書いてほしい」と全員に伝えました。すると、いじめをした子に宛てた手紙には、「その行動はひどい」「間違っている」などと、いじめの行為を批判する声が多く寄せられました。これに対し、いじめられた子に宛てた手紙には、「あなたは悪くない。負けないで」「自分も同じような経験があるからわかる」などと、励ましや共感の声が多く集まってきます。当事者の名前を匿名にしていることや「書く」という方法をとることで、生徒も人間関係を意識せずに本音を出しやすいのです。その手紙に書かれたさまざまな意見を、書いた人が特定されないよう担任が部活や性別を修正するなどして学級通信などに掲載し、それを皆で読み合ったり、さらにそれぞれの意見に対して再び手紙を書くということもしました。こうすることで、生徒がいじめを他人事ではなく自分の問題としてきちんと捉え、本音を出し合って議論し、認識を共有することができ、いわば「傍観者」から「共感者」となっていくことができるのです。クラスで起きたいじめについて、クラス全員での率直な意見交換をすることによって、おかしいことに対して「おかしい」と声に出せる雰囲気が教室に自然と生まれ、それがいじめを止める大きな力になります。このような、子どもたちが参加し、自由に意見表明のできる取り組みを通じて、子どもはいじめを克服する力を学ぶことができるのです。

（2）学校全体でいじめ防止に取り組んでいる例

１９９４年に大河内清輝君のいじめ自殺事件が発生した愛知県西尾市立東部中学校では、この事件をきっかけとして生徒が自主組織（ハートコンタクト）をつくり、大河内君の命日頃に「いじめについて考える集会」を学校全体で開いてきました。集会では、生徒が各学年ごとにテーマを決め、いじめに関する題材を取り上げ、生徒が劇を上演したり、学年全体で意見交換をしたりして、いじめのない学校にするための五箇条をまとめ、今後どのような学年にしたいのかを考えるということが行われています。ある年度の集会の様子を学年ごとに分けて紹介します。

1年生の設定したテーマは「相手の気持ちを考える」です。自分たちの普段の生活について、①嫌なことをされたことがあるか、②されて嫌だと思ったことは何か、③なぜ嫌なことをしたのか、④どうしたら嫌なことをしなくなるか、などのアンケートをとり、その結果を踏まえて学年全体で意見交換がなされます。①友達にされて嬉しかったのはどんなことか、②嫌だと思う行動はどんなことか、③相手の気持ちを考えるにはどうしたらよいか、などについて生徒は積極的に意見を述べ合います。そして、出された意見は模造紙に書いて壁に掲示し、司会役がさらに内容を深めるための質問を重ねるなどして活発な議論が交わされるのです。意見は学校生活に密着した具体的なものが多く、生徒が身近な学校生活に即して真剣に考えている様子がうかがえます。意見交換の際、教師は、生徒の自主性を害しないよう配慮し、介入はほとんどありません。その後、大河内清輝君が残した遺書の全文を、教師がゆっくりと朗読します。生徒はそれを真剣に聞くのです。朗読の後、事件を振り返り、①なぜいじめを「やめて」と言えなかったのか、②なぜまわりの人に言えなかったのか、③いじめをしていた人はどう思っていたか、④まわりの人はどう思っていたか、⑤自分はどう思うか、について意見交換を行います。

2年生のテーマは「自分たちの学年をよくしよう」です。最初に、同校で自主製作したビデオを全員で視聴します。ビデオのストーリーは、「A君がテストで悪い点数をとるなどしてB君からいじめを受けていた。しかし、B君の態度が気にくわない、B君から被害を受けて不満に思っていたクラスメートが多かったため、C君らを中心にクラス全員でB君をシカトする。A君がB君を庇うような態度を示すと、A君もそのことでクラスメートから非難を浴びるなどし、結局B君は学校に来なくなる」という内容です。各自が感想文を書いた上で、学年全体で集合し、①いじめられていたA君に対してどう思うか、②いじめられていたB君に対してどう思うか、③クラスメートに対してどう思うか、④自分だったらどう思うか、というテーマに沿って意見を交わします。生徒らは、「〇〇君の意見と違って、私は……」とか「僕は、〇〇さんの意見と同じだけど……」と、他者の意見を踏まえて反論したり補足したりするなど、議論は白熱していきます。教員が意見交換に介入することはせず、あくまで生徒の自主性に委ねられ、生徒が自由に意見を述べていきます。生徒から出る意見について、どれが正しいとか悪いとかを誰かが判定するわけではないのですが、さまざまな意見を自由に出し合う中で自然と「いじめはよくない」「いじめをなくそう」という方向性で一致する雰囲気を醸成することができていきます。そして、「これからの学校生活で何を意識して生活していきたいか」について、いろいろな具体策を出しながら、それぞれができる工夫を考えていくのです。最後に、全体の意見を踏まえて「学年五箇条」をつくることを宣言して集会は終了します。

3年生のテーマは「今の私たち　これからの私たち」です。2年時につくった「いじめにつなげない五箇条」（①平等な気持ちを持つ、②噂を言わない・広めない・信じない、③いじめを許さない雰囲気、④正しいこと・いけないことの判断、⑤相手の気持ちを考える）を振り返り、この1年で実践できたこと、すべきでないのにしてしまったこと、それに対する解決策の検討などを、アンケート結果なども踏まえてグループで話し合って発表します。そして、仲間と気持ちよく過ごすためにできることを考えるために、学校生活における二つの場面を設定し、自分ならどのように行動するかを意見交換します。設定する場面の一つ目は「グループ分けでグループに入れない子がいて、自分のグループに空きがあるが、その子を入れることに反対するメンバーがいる場合」、二つ目は「ラインで友達2人が別の友達の悪口を言っており、それについて意見を求められたときにどう対応するか」、というものです。どちらもいわゆる「板挟み」の場面で何を優先させるかが問われており、生徒はそれぞれに悩みをみせながら意見交換をしていきます。その後、集会を見学した大河内清輝君のお父様から、集会の感想と生徒への願いを話してもらいます。自分の気持ち、考え方、感じ方を大切にすることで相手の気持ちを推し量ることや、いろいろな出会いを大切にしてよい関係をつくっていくことなど、たくさんの思いの詰まったメッセージを生徒らは真剣な眼差しで聞き入るのです。最後に、それぞれの生徒が集会の感想と5年後の自分に向けたメッセージを書いて集会を終わります。

(3) 各校の生徒会が連携していじめ防止に取り組んでいる例

東京都杉並区では、区内の全ての中学校でいじめをなくす活動をするために、区立中学校生徒会役員の生徒が集まり、「杉並中学生生徒会サミット」(話し合い)を開催しています。自分たちの身のまわりで起こっているいじめは自分たちで解決しなくてはいけない、いじめをなくすために自分たちに何かできることはないかと考え、平成25年度から始まった取り組みです。

各学校では、生徒会を中心にさまざまな取り組みを行い、平成25年度のサミットでは、例えば人を嫌な気持ちにさせたり傷つける言葉を防ぐための啓発用の缶バッジを作成したり、いじめを防ぐためのルール「○○中憲法」をつくる取り組みなどが発表されました。また、パネルディスカッション形式で生徒会役員らの参加による議論も行われ、会場の生徒や保護者、教員らも含めた活発な意見交換が行われます。平成26年度には、「江戸しぐさ」にならって、全中学校がいじめを防ぐような「○○中しぐさ」という標語を考えて、活動を広げました。

平成27年度に話し合われたテーマは「ネットいじめ」でした。「バスケットボール部の部員全員の練習態度が悪かったこと、部活内に活気がなかったことを気にしていた顧問が、ある子が連続して遅刻したことを引き金に部活動を休止したところ、ＬＩＮＥの○○中バスケ部のグループトークにその子を責める内容の文章がたくさん書き込まれ、その子はＬＩＮＥ上で謝ったが、みんなから相手にしてもらえず、とうとうＬＩＮＥからはずされた。グループの一人に謝罪して再度ＬＩＮＥに招待してもらったが、そのグループに復帰したとたんに、ほかのメンバー全員がグループから抜けてしまうということになり、結局部活が再開しても、退部してしまった」というようなＳＮＳでのいじめの例を用いて活発な意見交換がなされました。「いじめをみてみぬふりをするのもいじめのうち」「助けてといっても誰も助けてくれないときすごく孤独だと感じた」「集団心理はエスカレートする。一人で聞くと慎重になるが集団になると責任が軽くなるような気がしていじめがエスカレートしやすい」「止めるのは人しかいない」などの経験に基づいた意見が出た上で、ネットいじめについては、「ＬＩＮＥは文章で書くのでエスカレートしやすい」「表情や言い方で伝わることが伝えられない」などの意見が出て、「ＬＩＮＥ上ではなくＬＩＮＥ外でアナログに解決することが必要ではないか」「今は簡単にデジタルで行き来する時代だが、あえて目をみて話す、直接に話すことが必要ではないか」「この例については、本人が、ＬＩＮＥではなく部活のグループの人たちに会って謝罪し、みんなで顧問に謝罪すればよかったのではないか」というような意見にまとまりました。

生徒らは、サミットで話し合われたことを自分の学校に持ち帰り、今後のいじめ撲滅に向けた具体的なアクションプランについて検討を進めていきます。また、生徒たちの活動をきっかけに、教員たちは協力して仲のよい学級づくりのための「杉並フレンドシッププログラム」を作成・実施し、PTA協議会は家庭内の携帯電話使用のルールを考える「すぎマナ」というパンフレットをつくり、キャンペーンを続けています。このようにサミットは、それを通して生徒、保護者、教員がそれぞれの立場でいじめの防止を考えていく取り組みとなっています。

4　いじめを学ぶ——弁護士によるいじめ予防授業

(1) 弁護士が「いじめ」を話す授業

大津でのいじめ自殺事件で「いじめ」の問題は社会の大きな関心事となりました。いじめ防止対策推進法の成立に伴い、各自治体や学校でいじめ対策に向けた取り組みがされていますが、特に「いじめ予防」の視点は重要です。

弁護士会では東京都内の学校を中心に「弁護士によるいじめ予防授業」に取り組んできました。弁護士はいじめが起きた後に相談を受けますが、いったん起きたいじめトラブルを円満に解決するのは容易でありません。いじめは「起きる前」に予防するに越したことはありません。このような考えのもと、弁護士が学校に出張して出前授業を行う「いじめ予防授業」の取り組みが、全国各地に広まっています。

授業の対象学年は主に小学5年から中学3年です。教員でもなくほかの職種でもなく「弁護士」がいじめの授業をする意義は、「人権」の視点からいじめが人権侵害であると伝えられることと、裁判になったいじめ自殺の実例を扱えることにあります。「いじめはダメだ」と規範を押しつけるのではなく、いじめがいじめを受けた子だけでなく、まわりにいる子やいじめをした子自身をも傷つけることを考えてもらう授業です。

(2) いじめと人権

授業の流れを紹介しましょう。まず、弁護士の仕事を紹介し、弁護士バッジを触ってもらいます。刑事裁判や民事裁判などを例に出したり、バッジに描かれた「天秤」(自由・正義)と「ひまわり」(公正・平等)の意味から、弁護士が人の権利(人権)を守る立場であることを説明します。

そして、「人権」とはどういうものかを考えてもらいます。誰もが幸せに生きる権利(幸福追求権)を保障されており、人権が守られるとは「安心をして、自信を持って、自由でいられる」状態であることなどを話していきます。では、「人権」と「いじめ」はどんな関係にあるのか。「いじめが起きたときにあなたの人権はどうなりますか?」「もし、あなたがいじめを受けたら、安心して、自信を持って、自由でいられますか?」と考えていくと、「いじめが起きると人権が傷つく」ことをわかりやすくイメージできるのです。

（3）いじめられる人が悪い？

クラスの全員にこう質問します。「いじめは、いじめられる人が悪い？」。許されるいじめはあるのかを考える問いです。「①悪い、②悪くない、③場合によっては悪い」という三つの答えから「③場合によっては悪い」に圧倒的多数の子が手を上げます。具体的にどんな場合なら悪いと思うかを尋ねると、必ず「先にいじめや嫌なことをした人」という答えが返ってきます。子どもの世界では「先にいじめや嫌なことをした人はいじめられても仕方ない（その人が悪い）」という感覚が根強くあります。そこで、その「子ども世論」に対し、「いじめる（いじめ返す）以外にもやめるよう注意したり、先生に相談したり、皆で話し合うなどの方法はとれないか？」「なぜいくつも方法がある中で、いじめという方法を選ぶのか？」と疑問を投げかけていきます。結局のところ、いじめる側は「いじめはいけないこと」とわかっていながら、感情的な理由から「こういう場合ならいじめてもいいよね」という「都合のいい言い訳」をしているにすぎないことに気づいてもらいます。

（4）いじめ自殺事件から考える

いじめがときとして「生きる権利」をも奪ってしまうことを、過去に起きた実際のいじめ自殺事件を例に話します。自分と同年代の子が自殺に追い込まれていった気持ちを受け止めてもらいます。ここでは中学校の授業で扱うケースの一例（中野富士見中事件）を紹介しましょう。

クラスでS君を死んだことにしてお別れの色紙を書いた「葬式ごっこ」といういじめがあった事件

です。S君は最初はいじめっ子のA君やB君らと一緒にある男子をいじめていました。ところが中学2年の途中でその男子が転校し、今度はS君がA君やB君のいじめのターゲットとなります。悪口、パシリ、暴力などのいじめが日を追うごとにエスカレートしましたが、S君は真剣に「やめて」と言えずにいつもヘラヘラ笑って耐えていました。いじめの中心になったのはA君やB君ですが、一部の同級生はそれをおもしろがり、残りの多くの同級生はみているだけでした。そして11月にはS君を死んだことにした「葬式ごっこ」といういじめが起きます。S君の机の上に、葬儀のときのように線香や花、写真、果物が置かれ、「S君へ　さようなら」と書いた色紙にクラスのほぼ全員がお別れの寄せ書きをしました。S君は自分の机をみて「なんだよ、俺死んじゃったのかよ……」と言っていつものように笑って耐えてみせましたが、笑いながら涙をぽろぽろこぼしていました。このようないじめが起きてからS君は学校に来れない日が多くなり、年が明けた2月に盛岡駅のビルのトイレで自ら命を絶ちます。S君が最後に残した遺書には、「俺だってまだ死にたくない。だけどこのままじゃ『生きジゴク』になっちゃうよ。ただ、俺が死んだからって、他のヤツが犠牲になったんじゃ、意味ないじゃないか。だから、もう君達もバカな事をするのはやめてくれ。最後のお願いだ」と書かれていました。

この「葬式ごっこ」で使われた色紙とS君が残した遺書をプリントで全員に配り、S君がどんな気持ちだったか、S君を自殺にまで追い込んだものは何か、いじめた人といじめられたS君で感じ方に違いはなかったか、などをそれぞれの立場で想像してもらいます。この「葬式ごっこ」の色紙は、決して遠く古い世界の話ではありません。「S君のクラスが今の時代にあったらどんないじめが起きてるか?」と考えてみてください。おわかりでしょうか。そう、「ネットいじめ」です。インターネットの掲示板やLINEでS君の色紙と同じように順々に悪口を書き込めば簡単に同じことができてしまいます。A君の立場の人から「書き込み」を促されたら、断ったり「既読スルー」をすると次は自分がいじめられるかもしれない……そう恐れて同調してしまわないか。つまり、ネットいじめは現代版「葬式ごっこ」の色紙といえるのです。このような例を通してネットいじめが人権（安心・自信・自由）をどれほど傷つけるものかをリアルに感じられると思います。

(5) 心のコップの水

黒板に「コップの絵」を描いて、いじめで自殺に追い込まれる子どもの心の中を表します。小さないじめや嫌なことをされるとコップに少しずつ水が溜まっていき、やがてその水がコップからあふれるようにいじめは人を自殺にまで追い込みます。一滴一滴は小さないじめです。満杯になった状態のコップをあふれさせるには、たったの一滴で足ります。その「最後の一滴」は、特別に酷いいじめである必要はありません。「ウザイ」「キモイ」「死ね」など、いつも何気なく口にしている言葉です。ニュースでいじめ自殺の報道があると、とても酷いいじめが起きてコップの水が一気にこぼれたような印象を抱きがちですが、実はほとんどのケースでは小さないじめの積み重ねがその子を自殺にまで追い詰めています。この心のコップは外からはみえません。その子のコップにどのくらい水が溜まっているかもわかりません。人によってコップの大きさも違います。あなたの一言がその人を追い詰めてしまうかもしれないのです。この最後の一滴になるとわかっていてもいじめをしようと思うか、それでも許されるいじめはあるのか？（いじめられる人が悪いか？）、と改めて子どもたちに問いかけます。

(6) いじめは加害者も傷つける

いじめは、いじめられた子だけでなく、いじめをしている側の心も傷つけていることを話します。小学校でいじめをしていた女の子が、やがておとなになり出産して母親になりました。最愛の赤ちゃんの泣き顔が昔いじめていた子の泣き顔と重なり、初めて自分のしたいじめの酷さに気づいて後悔したというエピソードです。いじめをしている子は今は気づいていないけど、いじめがあなたの心も確実に傷つけていて、いつか人の心の痛みをわかるようになったときにその傷に気づくのです。「いじめをやめてくださいという言葉は、いじめをしているあなたのための言葉でもある。あなたが大切だ、だからいじめをやめてください」、こんなメッセージを伝えています。

(7) いじめの四層構造

「どうすればいじめをなくせるだろう？」。いじめの四層構造論をドラえもんの登場人物にたとえて話します。いじめっ子の「ジャイアン」、いじめられっ子の「のび太」、おもしろがる「スネ夫」（観衆）、みているだけの「しずかちゃん」（傍観者）です。「誰が頑張ればいじめはなくなるかな？」「それぞれの立場でできることは何だろう？」。時間があれば子どもに話し合って発表してもらいます。ここでは、それぞれの立場で何ができるかを考えていきましょう。

まず、いじめっ子の「ジャイアン」ですが、何よりも真っ先に「いじめをやめてください」と伝えなければなりません。ただ、ジャイアンがいじめをする原因をたどっていくと、彼自身もストレスを溜めたり傷つきがあって、それを「いじめ」という形で吐き出しています。そこで、ジャイアンには、自分のストレスや傷つきを「いじめ」ではない方法、例えば信頼できる人に話すなどして吐き出してもらう必要があります。私たちはあなたの辛さも知っているしそれを受け止める、と伝えます。

次にいじめられっ子の「のび太」は、いじめに対してはっきり「イヤ」と言うことが大切です。でも「イヤ」と言えなかったり、言ってもいじめが止まないこともあるでしょう。そんなときは、辛い気持ちを一人で抱え込まずに、信頼できる人に話したり相談したりして心の負担を少しでも軽くしてください。親でも先生でも友達でも構いません。いじめを人に話すことは恥ずかしいことでも卑怯なことでもない、とはっきり伝えます。

観衆の立場でおもしろがる「スネ夫」は、いじめをおもしろがらないことがとても大事です。スネ夫がおもしろがると、ジャイアンは自分のやっているいじめが「まわりにウケてる」「みんなに認められている」と感じ、いじめをエスカレートさせます。スネ夫がいじめに同調しないことで、ジャイアンのいじめは自然となくなっていくでしょう。自分が直接いじめてないのだからいいわけではありません。のび太からみたらジャイアンもスネ夫も同じ「いじめをする側」になるのだと気づいてもらいます。

そして、みている「しずかちゃん」。一番いじめをなくす力を持っているのはこの傍観者の立場の人です。まず一つできることは、ジャイアンやスネ夫に「のび太さんをいじめちゃダメ！」と言っていじめを「止める」ことです。ただ、いろいろな事情から「止める」まではできないこともあるでしょう。そんなときは、ジャイアンやスネ夫がいなくなったときでも構わないので、「私はのび太さんの味方よ」とのび太に声をかけてあげてください。みている人は、止めるだけでなく、のび太の辛い気持ちを受け止め支えることができるのです。「助けてあげられなくてごめん」「大丈夫?」「先生に一緒に相談に行こう」などと声をかけてもらえることが、いじめられる子にとっては大きな心の支えになります。この傍観者の立場はクラスに大勢います。一人では行動が難しくても、何人かで力を合わせればできることも増えるでしょう。こうして「自分には関係ない」と思っている「傍観者」にこそ、実はいじめ被害をなくす大きな力があるということに気づいてもらいます。

(8) 弁護士の子ども専門相談

授業の最後には、子どもが弁護士に無料で相談できる弁護士会の「子ども専門相談」などを紹介します。いじめられて辛いときはもちろん、いじめをしてしまうことに悩んだり、いじめ以外でも不登校や虐待、親の離婚での悩みなど子どもに関する相談であれば、弁護士が無料で相談を受けてアドバイスやサポートができることを伝えます。

(9) 授業後の子どもたちの声

授業後に子どもや参観者から感想をいただきます。例えば、子どもからは、「私は以前いじめをしたことがありますが、今日本当に恥ずかしくなりました。最初は『いじめられているのはその人が悪いこともある』と思っていたけど『いじめはよくない』と考えが変わりました」（小6）、「もしかしたら相手に『いじめられてる……』と思わせてしまったことがあるかもしれないと思いました。これからはその言葉や行動で相手がどう思うのかを考えながら生活していきたいです」（中1）などの感想が寄せられています。参観者からは、「子どもたちも非常に真剣に聞いていていてよかったです。本物としての話はリアルかつ説得力がありました。事例ではあまりに切なく涙が出ました」「実際の事件や身近な例をあげて、弁護士という立場から『いじめはどんな場合でも、どんな理由でも許されない』と言ってくださり、説得力がありました」（保護者）、「真面目に誠意を込めての話が子どもの心に届いてました。担任が語るのではなく、弁護士という職業の方から直接の授業が新鮮でよかったです」（教員）などのご感想をいただいています。

これまで多くの弁護士が学校に出向き、子どもに「いじめは人権を傷つける」というメッセージを直接伝えています。授業を真剣に聞く子どもたちの表情に、この授業が子どもの心に何かを残す力があると手応えを感じています。一人でも多くの子どもを「いじめ」から守ることにつながるよう願い、取り組みを広げていきたいです。

第Ⅵ章

結びにかえて

子どもの命を失わないために

1　いじめ防止対策推進法が活かされているでしょうか

いじめを原因とする自殺事件が20数年もの間に何度も繰り返されてきました。こうした中、大津市での中学生のいじめを原因とした自殺事件を契機として、ようやく２０１３年に、いじめに苦しむ子どもたちを救い、いじめによる深刻な被害をもう二度と繰り返さないために、いじめの防止、いじめの早期発見及びいじめへの対処を目的とするいじめ防止対策推進法が制定されたのです。そして、この法律と国の「いじめ防止等のための基本的な方針」（国のいじめ防止基本方針）に沿って、今、具体的に、全国の地方自治体、学校で、法律に基づくさまざまな対策が実施されるようになっています。

しかし、法律が施行され国のいじめ防止基本方針が出されて2年を過ぎようとしていますが、学校現場から、依然として、法律に基づく対策をとり、いじめの存在を把握して一応の対応をしながら、いじめを止める手だてが十分になされず、なお続くいじめの把握や、自殺のほのめかしへの適切な評価・対処ができない中で、子どもが自ら命を絶ってしまったケースが伝えられています。

また、重大事態（いじめにより生命・身体・財産に重大な被害を生じたり、不登校に陥ったりした疑いのある場合）の調査委員会の立ち上げに難渋するケースや、法律の求めるさまざまな対策組織への専門家の参加要請に苦慮したり、不登校（重大事態）への対応が確立されていなかったりといった状況が伝えられています。

こうした状況を踏まえ、文部科学省が「いじめ防止対策推進法に基づく組織的な対応及び児童生徒の自殺予防について（通知）」（2015年8月4日）を出し、「ささいな兆候や懸念、児童生徒からの訴え等、いじめの疑いにかかる情報があった際には、特定の教職員で抱え込まずに、いじめ対策組織を活用し速やかに組織的に対応すること」などを求めました。また、文部科学省ですでに検討されていた児童生徒の自殺予防に関する「教師が知っておきたい子どもの自殺予防」（2009年3月）などを活用しての研修を促すとともに、18歳以下の自殺が長期休業明けにかけて急増する傾向に留意して、組織的に対応できる体制と児童生徒への見守りの強化などの重点的な対応を促しました。

2　子どもの命を失わないために——念頭に置きたいこと

(1) 子どもの自殺の実態

2013年の「児童生徒」の自殺者数は、警察庁の統計で329人（内閣府の自殺対策白書より）とされ、文部科学省の調査では学校から報告があったもので240人とされます。調査方法や多様な原因・動機などの関係での限界もあって相違が生じていると考えられますが、自殺者数には大きな変動は見受けられません。

１９９８年以降３万人を超えて推移していたわが国の自殺者総数が、２０１２年に2万人台に減少し、自殺死亡率も、年代によって違いはあるものの概ね低下傾向を示している中で、少子化で児童生徒数そのものが減少しているのに、19歳以下の自殺者数が横ばいで、自殺死亡率は上がり続けていることが問題になっています。

子どもの自殺の原因・動機については、２０１３年の警察庁統計（三つまでの複数回答）によると、小学生では、男女とも「家族からのしつけ・叱責」の比率が高く、女子ではこれに「親子関係の不和」が加わり、「学友との不和」「いじめ」などが続きますが、学校生活に起因する事情は、家庭生活に起因する事情に比べ低くなっています。中学生になると、男子では「学業不振」が高く現れ、次いで「家族からのしつけ・叱責」「親子関係の不和」「進路の悩み」「学校問題」があり、これに「いじめ」が続きます。女子は、「学友との不和」「親子関係の不和」「学校問題」「学業不振」の順に比率が高く、「うつ病」「いじめ」が続きます。高校生では、男子は「学業不振」「進路に関する悩み」「うつ病」「失恋」「親子関係の不和・学校問題」の順で比率が高く、「いじめ」は中学生より低くなります。女子は、「うつ病」が最も高く、「進路の悩み」「その他の精神疾患」「統合失調症」「学校問題」が続き、「いじめ」の割合は男子よりは多いですが中学生より低いのは同様です。

このように、小中学生の自殺は、家庭生活に起因する比率が高く、いじめを直接的な原因・動機とする自殺は多くはありませんが、学校生活に起因する比率も高く、その中には、いじめとは認識できていないが子どもの間の人間関係が原因となっていたり、複雑な原因の中でいじめもその一因になっていたりする場合も考えられ、いじめがなかなか把握しにくいことを考えると、いじめという形で表に出ていない例もたくさんあるものと考えられます。いじめで自殺にまで至ることが知られているのですから、学校で、いじめを予防するとともに、自殺を予防する視点を持つことが求められるのです。

(2) 子どもの自殺予防の視点での取り組み

子どもの自殺予防の視点での取り組みは、自殺対策基本法（2006年）に基づき政府が進める対策指針となる「自殺総合対策大綱」（2007年）に対応して、文部科学省も「児童生徒の自殺予防に関する調査研究協力者会議」（以下「協力者会議」と言います）を設置して「教師が知っておきたい子どもの自殺予防」（2009年3月）などを発行したところに始まるといってよいでしょう。

2012年に自殺総合対策大綱の大幅な見直しがありました。自殺を自由な意思や選択の結果ではなく「追い込まれた末の死」と位置づけ、「誰も自殺に追い込まれることのない社会の実現を目指し、自殺に追い込まれるという「誰にでも起こりうる危機」にあっては誰かに援助を求めることが適当であることを普及することの重要性、特にいじめ自殺を含めた若年層への取り組みの必要性・重要性が強調されました。これを受ける形で、協力者会議は、「子供に伝えたい自殺予防――学校における自殺予防教育導入の手引」、いじめ防止対策推進法を踏まえた「子供の自殺が起きたときの背景調査の指針（改訂版）」「子供の自殺等の実態分析」の三つのポイントを内容とする「審議のまとめ」

（2014年7月）を公表しました。

これらの協力者会議がまとめた成果には、次のように、子どもの命を失わないために重要な視点や参考になることが指摘されています。

ア「子供の自殺等の実態分析」（2014年「審議のまとめ」）

この「実態分析」では、子どもの自殺に関して、2011年6月から2013年末までの間に学校から集約された約500件の調査票を、協力者会議が、死亡した児童生徒の個人の状況、置かれていた状況・環境を、複数選択可として「学校的背景」「家庭的背景」「個人的背景」に分類して分析した結果が示されています。

それによると、5％程度以上の該当があった項目のうちわけは、①「学校的背景」では、進路問題11・9％、不登校又は不登校傾向9・9％、学業不振6・9％、友人関係での悩み（いじめを除く）7・9％、異性問題5・8％、②「家庭的背景」では、保護者との不和9・9％、保護者の離婚6・5％、経済的困難4・6％、③「個人的背景」では、精神科治療歴あり13・5％、独特の性格傾向（甘え・頼るなど未熟・依存的性格傾向、衝動的性格傾向、二者択一的考えにとらわれるなど極端な完全癖等）10・5％、自殺をほのめかしていた10・1％、自傷行為8・3％、孤立感7・5％、厭世6・0％、等とされ、④「教職員からの指導・懲戒等の措置」は2・8％、⑤「いじめの問題」は2・0％の調査票に現れたとされます。

これらは、複数の要因が関与すると危険度を増すとされ、その際、自尊感情の低下、自殺をほのめかす、死を話題にする、死後の世界や霊的な世界へのとらわれ、孤立感情や無価値観を訴える場合は危険を示す重要なサインと捉えるべきとされています。また、これらは、上述した内閣府・警察庁の自殺統計に基づく子どもの自殺の実態と同様の傾向を示しており、子どもの自殺にはさまざまな背景があって、いじめだけに注目していたのでは子どもの自殺予防は難しいことを意味しています。

イ 「教師が知っておきたい子どもの自殺予防」（2009年）

ここでは、まず、中学・高校教師の5人に1人が生徒の自殺に、3人に1人は自殺未遂に遭遇したとの調査結果や、年齢層別死因で自殺は、10〜14歳で第3位、15〜19歳で第2位と高位を占め、子どもたちが特に他者の自殺の影響を受け連鎖を呼びやすいことや、子どもの自殺の実態が示されています。

そして、自殺に追いつめられる子どもの心理として、「ひどい孤立感」「無価値感」、辛い状況への「強い怒り」「苦しみが永遠に続くという思いこみ」、自殺以外の解決方法が思い浮かばなくなる「心理的視野狭窄」などを共通点としてあげ、自殺の危険が迫っている子どもの危険因子として、①自殺未遂、②心の病（うつ病、統合失調症、パーソナリティ障害、薬物乱用、摂食障害など）、③安心感の持てない家庭環境、④独特の性格傾向（極端な完全主義、二者択一的思考、衝動性など）、⑤喪失体験（離別、死別〈特に自殺〉、失恋、病気、けが、急激な学力低下、予想外の失敗など）、⑥孤立感（特に友達とのあつれき、いじめなど）、⑦安全や健康を守れない傾向（最近事故やけがを繰り返すなど）をあげています。その上で、潜在的危険の高いこれらの特徴を持つ子どもに普段と違った顕著な行動が現れた場合には「自殺直前のサイン」として注意を払う必要を指摘します。

このようなサインの例としてあげられているものに、「自殺のほのめかし」「自殺計画の具体化」「行動・性格・身なりの突然の変化」「けがを繰り返す傾向」「別れの用意（整理整頓・大切なものをあげる）」「家出」「これまで関心のあった事柄への興味を失う」「注意が集中出来なくなる」「急に成績が落ちる」「不安やイライラが増し、落ち着きがなくなる」「学校に通わなくなる」「友人との交際をやめて、引きこもりがちになる」などがあるとしています。そして、子どもの変化を的確に捉え、自殺の危険を早い段階で察知し、①言葉に出して心配していることを伝える、②「死にたい」という気持ちについて率直にたずねる、③絶望的な気持ちを傾聴する、④安全を確保する（ひとりにしないで寄り添い、他からも適切な援助を求める）などを対応の原則として示し、ひとりで抱え込まず、子どもとの関係を切らずに継続的信頼関係を築きつつ、子どもを守る視点で、学校・家庭・関係機関・地域の人々それぞれの立場で協力して子どもが危機を乗り越える協力体制を築くことを提言しています。

ウ 「子供に伝えたい自殺予防――学校における自殺予防教育導入の手引」（２０１４年「審議のまとめ」）

この「手引」では、若年層の自殺の深刻な実態を踏まえ、子どもたち若年層に直接働きかける自殺予防教育導入が提言されています。生涯を通じたメンタルヘルスの基礎づくり、友人の危機に適切に適切に対応できる「ゲートキーパー」（自殺総合対策大綱での用語で、自殺予防のために、悩んでいる人に気づき、声をかけ、話を聞き、必要な支援につなげる人のこと）養成の視点、自殺に関する誤った情報・不適切な情報や思いこみから子どもを守るという意味から、すべての子どもを対象とした自殺予防教育を行う意味があるとし、例えば、①自殺の深刻な実態を知る、②心の危機のサインを理解する、③心の危機に陥った自分自身や友人への関わり方を学ぶ、④地域の援助機関を知るといった、早期の問題認識（心の健康）と援助希求的態度の育成を目標とした自殺予防教育が考えられると提案します。

また、こういった自殺予防教育を行う際の留意点として、①その実施に先立って、学校、保護者、地域の精神保健の専門家などの関係者間での共通認識・合意形成を得ておくこと、②ハイリスクの子どもの自己肯定感の低下を招く危険があるので一方的な価値観や道徳観の押しつけを避け、自殺の実態を中立的な立場で示し事態の深刻さを示すなど適切な教育内容を準備すること、③ハイリスクの子どもをフォローアップすることなど、前提条件の検討などを慎重かつ周到に準備することの必要性もあわせて指摘されています。

3 「いじめ」で子どもの命を失わないために

「いじめ」で子どもの命を失わないために、いじめそのものを予防することはもちろん大切なことです。それでも、いじめが、子どもの発達の途上で、気持ちの表し方とか、他者との関係のつくり方、集団のつくり方、さまざまな苦しい状況を克服したりストレスの発散の仕方などの面での未熟さに由来して起こってくる場合がありうることを想起すると、いじめを完全になくすことは困難であり、いじめをきっかけにこれを克服する過程での成長を促しいじめの再発を防ぐとともに、起こってしまったいじめの被害を重大なものにしないことが求められるでしょう。その際、いじめが発見しにくいだけに、いじめだけに注目していると、見逃してしまったいじめによる重大な被害を防ぐことはできません。

子どもが抱えている悩みへの視点、さらに、子どもの自殺予防の視点を持つことで、改めて、いじめ防止対策推進法を、生命や生存と発達の可能な最大限を保障する子どもの権利条約（6条）の観点で活かしていくことにつながり、子どもたちを苦しめるいじめの問題を克服できるようになるのではないでしょうか。それは、いじめの被害を受けた子どもたちがその被害を克服するとともに、社会に出て困難に直面してもこれを克服し命をつなぐことができるようにすることを意味します。これは、子どもの権利条約29条1項の教育目的に関する子どもの権利委員会の一般的意見1号（2001年、9項）で指摘されているところにも沿ったものといえるでしょう。

このハンドブックが、こうした意味での、子どもの権利条約の視点でのいじめ問題の克服のために活用されることを切に願うものです。

所在地	問い合わせ
〒 380-8570　長野市大字南長野字幅下 692-2 長野県子ども支援センター	電話（子ども専用フリーダイヤル）0800-800-8035、（おとな用）026-225-9330
〒 252-5277　相模原市中央区矢部新町 3-15 市立青少年学習センター内	電話（子ども専用フリーダイヤル）0120-786-108、（おとな用）042-786-1894
〒 511-0295　員弁郡東員町大字山田 1600 町役場町民課	電話 0594-86-2806

所在地	問い合わせ
〒 924-0865　白山市倉光 8-16-1 福祉ふれあいセンター内	電話　076-276-1792

電話　0120-874-374 メッセージダイヤル　0120-874-376、 0120-874-378（吹込専用）

制定自治体	公布日	条例名称	子どもの相談・救済機関（窓口）
長野県	2014 年 7 月 10 日	長野県の未来を担う子どもの支援に関する条例	長野県子ども支援委員会
神奈川県相模原市	2015 年 3 月 20 日	相模原市子どもの権利条例	相模原市子どもの権利救済委員（さがみはら子どもの権利相談室）
三重県東員町	2015 年 6 月 19 日	みんなと一歩ずつ未来に向かっていく東員町子どもの権利条例	東員町子どもの権利擁護委員

- 子どもの権利条例に基づく子どもの相談窓口

制定自治体	公布日	条例名称	相談等の窓口
石川県白山市	2006 年 12 月 21 日	白山市子どもの権利に関する条例	子ども相談室ほっとルーム

- 要綱に基づく子どもの相談・救済事業

東京都	1998 年 10 月より試行開始 2004 年 4 月より本格実施 子供の権利擁護専門相談事業	〒 169-0074 新宿区北新宿 4 丁目 6 番 1 号 東京都子供家庭総合センター内 東京子供ネット

所在地	問い合わせ
〒 838-0816　筑前町新町 450 子ども未来館	電話（相談用フリーダイヤル）0120-24-7874
〒 482-8686　岩倉市栄町 1-66 市役所子育て支援課	電話 0587-38-5810
〒 170-0012　豊島区上池袋 2-35-22 東部子ども家庭支援センター	電話（相談用フリーダイヤル）0120-618-471、 03-5980-5275
〒 470-0192　日進市蟹甲町池下 268 市役所子育て支援課家庭児童相談員	電話　0561-73-1402
〒 818-8686　筑紫野市二日市西 1-1-1 市役所健康福祉部子育て支援課	電話　092-923-1111（市役所代表）
〒 444-0192　幸田町大字菱池字元林 1-1 町役場住民こども部こども課	電話　0564-63-5116
〒 811-3492　宗像市東郷 1-1-1 子どもの権利相談室	電話（子ども専用フリーダイヤル）0120-968-487、 （おとな用）0940-36-9094
〒 061-1192　北広島市中央 4-2-1 市役所児童家庭課	電話　011-372-6200
〒 472-8666　知立市広見 3-1 市役所 子どもの権利相談室	電話 0566-95-0162
〒 156-0051　世田谷区宮坂 3-15-15 子ども・子育て総合センター	電話（相談用フリーダイヤル）0120-810-293
〒 030-0822　青森市中央 3-16-1 市総合福祉センター 2 階	電話（相談用フリーダイヤル）0120-370-642
〒 390-0874　松本市大手 3-8-13 市役所大手事務所 2 階	電話（相談用フリーダイヤル）0120-200-195
〒 665-0867　宝塚市売布東の町 12-8 フレミラ宝塚 2 階	電話（相談用フリーダイヤル）0120-931-170

制定自治体	公布日	条例名称	子どもの相談・救済機関（窓口）
福岡県筑前町	2008 年 12 月 15 日	筑前町子どもの権利条例	筑前町子どもの権利救済委員会（こども未来センター）
愛知県岩倉市	2008 年 12 月 18 日	岩倉市子ども条例	岩倉市子どもの権利救済委員
東京都豊島区	2006 年 3 月 29 日	豊島区子どもの権利に関する条例	豊島区子どもの権利擁護委員
愛知県日進市	2009 年 9 月 29 日	日進市未来をつくる子ども条例	日進市子どもの権利擁護委員（子どもの相談窓口・もしもしニッシーダイヤル）
福岡県筑紫野市	2010 年 3 月 30 日	筑紫野市子ども条例	筑紫野市子どもの権利救済委員
愛知県幸田町	2010 年 12 月 22 日	幸田町子どもの権利に関する条例	幸田町子どもの権利擁護委員会
福岡県宗像市	2012 年 3 月 31 日	宗像市子ども基本条例	宗像市子どもの権利救済委員（宗像市子どもの権利相談室・ハッピークローバー）
北海道北広島市	2012 年 6 月 28 日	北広島市子どもの権利条例	北広島市子どもの権利救済委員会（子どもの権利相談窓口）
愛知県知立市	2012 年 9 月 28 日	知立市子ども条例	知立市子どもの権利擁護委員会（子どもの権利相談室）
東京都世田谷区	2001 年 12 月 10 日 2012 年 12 月 6 日改正	世田谷区子ども条例	世田谷区子ども人権擁護委員（せたがやホッと子どもサポート・せたホッと）
青森県青森市	2012 年 12 月 25 日	青森市子どもの権利条例	青森市子どもの権利擁護委員（青森市子どもの権利相談センター）
長野県松本市	2013 年 3 月 15 日	松本市子どもの権利に関する条例	松本市子どもの権利擁護委員（松本市子どもの権利相談室・こころの鈴）
兵庫県宝塚市	2014 年 6 月 30 日	宝塚市子どもの権利サポート委員会条例	宝塚市子どもの権利サポート委員会

2015年11月5日現在

所在地	問い合わせ
〒666-8501　川西市中央町12番1号	電話（相談用フリーダイヤル）0120-197-505、072-740-1235
〒213-0001　川崎市高津区溝口2-20-1 男女共同参画センター4階	電話（子ども専用フリーダイヤル）0120-813-887、（おとな用）044-813-3110
〒079-3131　空知郡奈井江町字奈井江152 教育委員会教育支援課	電話　0125-65-5381
〒330-0074　さいたま市浦和区北浦和5-6-5 浦和合同庁舎別館2階	電話　048-822-7007
〒507-0034　多治見市豊岡町1-55 ヤマカまなびパーク4階	電話（子ども専用フリーダイヤル）0120-967-866、（おとな用）0572-23-8666
〒082-0013 河西郡芽室町東4条4丁目5番地 保健福祉センター内　子育て支援課	電話　0155-62-9733
〒010-8570　秋田市山王4-1-1 県庁健康福祉部子育て支援課	電話（相談用フリーダイヤル）0120-42-4152
〒811-2202　糟屋郡志免町志免451-1 町総合福祉施設　シーメイト内	電話（相談用フリーダイヤル）0120-928-379
〒153-8573　目黒区上目黒2-19-15 区役所子育て支援部子ども家庭課	電話（相談用フリーダイヤル）0120-324-810
〒471-0026　豊田市若宮町1-57-1 A館 T-FACE9階（松坂屋上階）	電話（相談用フリーダイヤル）0120-797-931
〒518-0718　名張市丸之内79 総合福祉センター「ふれあい」2階	電話（子ども専用フリーダイヤル）0800-200-3218、0595-63-3118
〒060-0051　札幌市中央区南1条東1丁目5 大通バスセンタービル1号館6階	電話（子ども専用フリーダイヤル）0120-66-3783、（おとな用）011-211-3783

※特定非営利活動法人子どもの権利条約総合研究所による調査に基づき作成

⑯子どもの相談・救済機関等一覧

• 子どもの権利に関する条例と子ども相談・救済機関

制定自治体	公布日	条例名称	相談・救済機関（相談等の窓口）
兵庫県川西市	1998年12月22日	川西市子どもの人権オンブズパーソン条例	川西市子どもの人権オンブズパーソン
神奈川県川崎市	2001年6月29日	川崎市人権オンブズパーソン条例	川崎市人権オンブズパーソン（子ども専用電話：子どもあんしんダイヤル）
北海道奈井江町	2002年3月26日	子どもの権利に関する条例	救済委員会
埼玉県	2002年3月29日	埼玉県子どもの権利擁護委員会条例	埼玉県子どもの権利擁護委員会（子どもスマイルネット）
岐阜県多治見市	2003年9月25日	多治見市子どもの権利に関する条例	多治見市子どもの権利擁護委員(多治見市子どもの権利相談室・たじみ子どもサポート)
北海道芽室町	2006年3月6日	芽室町子どもの権利に関する条例	救済委員会（準備中）
秋田県	2006年9月29日	秋田県子ども・子育て支援条例	秋田県子どもの権利擁護委員会
福岡県志免町	2006年12月20日	志免町子どもの権利条例	志免町子どもの権利救済委員（子どもの権利相談室スキッズ〈SK^2S〉）
東京都目黒区	2005年12月1日	目黒区子ども条例	目黒区子どもの権利擁護委員（子どもの悩み相談室・めぐろはあと　ねっと）
愛知県豊田市	2007年10月9日	豊田市子ども条例	豊田市子どもの権利擁護委員（とよた子どもの権利相談室・子どもスマイルダイヤル）
三重県名張市	2006年3月16日	名張市子ども条例	名張市子どもの権利救済委員会（名張市子ども相談室）
北海道札幌市	2008年11月7日	札幌市子どもの最善の利益を実現するための権利条例	札幌市子どもの権利救済委員（札幌市子どもの権利救済機関・子どもアシストセンター）

電話について（詳細）		相談費用		相談実施日時	相談実施方法
専用	011-281-5110	無料		毎週木曜： 16:00 ～ 18:00	
会代表電話	0166-51-9527	無料		月～金：9:00 ～ 17:00	電話で「子どものための無料電話法律相談」を希望する旨お伝えいただき、追って担当弁護士から折り返す。
会代表電話	087-822-3693	無料	面談は有料の場合あり。	月～金： 9:00 ～ 12:00 13:00 ～ 17:00	事務局で受付後、相談対応可能な弁護士に連絡し、弁護士から電話をかけ直して相談。
会代表電話	088-652-5768	無料	面談相談は3回までを無料とする。	平日のみ（月～金）： 9:30 ～ 17:00	事務局で受付後、相談者名簿に従って担当弁護士をあたり、弁護士から電話をかけ直して相談。電話相談の結果、必要と認められた場合は面談相談を行う。
会代表電話	088-872-0324	無料	面談は有料の場合あり。	適宜	事務局で受付後、相談当番の弁護士に連絡をし、相談者から弁護士に電話をかけ直す。

弁護士会	〒	住 所	窓口有無	窓口名称	相談方法
札 幌	600001	札幌市中央区北 1 条西 10 丁目 札幌弁護士会館 7 階	ある	子どもの権利 110 番	電話
函 館	400031	函館市上新川町 1-3	ない		
旭 川	700901	旭川市花咲町 4	ある	子どもの無料電話法律相談	電話
釧 路	0850824	釧路市柏木町 4-3	ない		
香川県	7600033	高松市丸の内 2-22	ある	子どもの権利 110 番	電話と面談
徳 島	7700855	徳島市新蔵町 1-31	ある	子どもの人権法律相談	電話と面談
高 知	7800928	高知市越前町 1-5-7	ある	子どもの権利 110 番	電話と面談
愛 媛	7900003	松山市三番町 4-8-8	ない		

電話について（詳細）		相談費用		相談実施日時	相談実施方法
会代表電話	095-824-3903	無料		随時・弁護士会事務局で法律相談申込を受付。	コタン弁護士が相談申込者に直接電話して、相談日を調整後、法律事務所で面談を実施。
会代表電話	096-325-0913	無料		第 3 土曜：14:00 ～ 16:00	時間内であれば、面接も予約不要。
専用	0985-23-6112	無料		毎月第 1、第 3 月曜：16:00 ～ 17:30	弁護士が待機し、電話での相談に応じる。
専用	098-866-6725	無料		毎週月曜：16:00 ～ 19:00（祝日を除く）	相談担当弁護士が待機。
専用	022-263-7585	無料	初回のみ	月～金：9:30 ～ 16:30	専用電話で弁護士会事務局が受付。その後当番の弁護士から電話をかけ直して相談を受ける。面接相談が必要な場合は、日時を調整して実施。
専用	024-533-8080	無料		月～金：10:00 ～ 17:00	事務局が受付後に、担当弁護士に相談があったことを伝えて、担当弁護士が折り返す。
会代表電話	023-622-2234	無料	初回のみ	月～金：9:30 ～ 16:30	2014年10月から実施。左記は事務局受付時間。受付後、担当弁護士が折り返す。
専用	019-623-5005	無料		相談希望の申出があった場合に担当者と申込者との間で打ち合わせる。	受付後、相談担当弁護士名簿に従い担当者を決定し、担当者から申込者へ電話をして面談日時を調整する。
会代表電話	018-862-3770	無料		相談があった場合に、担当者と相談者間で打ち合わせの上決めている。	当番の弁護士にかけ直していただき、相談。

弁護士会	〒	住 所	窓口有無	窓口名称	相談方法
長崎県	8500875	長崎市栄町 1-25 長崎 MS ビル 4 階	ある	子ども担当弁護士制度 (コタン弁護士制度)	面談
大分県	8700047	大分市中島西 1-3-14	ない		
熊本県	8600078	熊本市京町 1-13-11	ある	子どもの人権相談	電話と面談
鹿児島県	8920815	鹿児島市易居町 2-3	ない		
宮崎県*	8800803	宮崎市旭 1-8-28	ある	子どもの権利ホットライン	電話
沖 縄	9000014	那覇市松尾 2-2-26-6	ある	子どもの悩み事 110 番	電話
仙 台	9800811	仙台市青葉区一番町 2-9-18	ある	子ども相談窓口	電話と面談
福島県	9608115	福島市山下町 4-24	ある	子ども相談窓口	電話
山形県	9900042	山形市七日町 2-7-10 NANA BEANS 8 階	ある	子ども相談窓口	電話
岩 手	200022	盛岡市大通 1-2-1 サンビル 2 階	ある	子ども担当弁護士相談	面談
秋 田	100951	秋田市山王 6-2-7	ある	秋田弁護士会子どもの人権に関する無料法律相談	面談
青森県	300861	青森市長島 1-3-1 日赤ビル 5 階	ない		

電話について（詳細）		相談費用		相談実施日時	相談実施方法
分館代表電話	078-341-8227	無料		電話 /FAX（078-341-1779） 郵便で予約 平日：9:00 ～ 17:00	
専用	0120-783-998	無料		毎週水曜：15:00 ～ 17:00	
専用	052-586-7831	無料		毎週土曜：9:45 ～ 17:15 （祝日・年末年始除く）	
専用	059-224-7950 （泣く子ゼロ）	無料		平日： 9:00 ～ 12:00 13:00 ～ 15:00	当番の弁護士にかけ直していただき、相談。
専用	058-265-2850	無料		平日：9:00 ～ 16:30	当番の弁護士にかけ直していただき、相談。
専用	076-221-0831	無料		毎週木曜：12:30 ～ 16:30	専用電話に当番の弁護士が待機（弁護士会に設置）。
専用	090-5262-0874	無料		平日：16:00 ～ 19:00	
	086-223-4401	無料		平日：9:00 ～ 17:00	弁護士会事務局で受付をし、あとで弁護士から折り返す。
		無料	初回のみ	申し込みがある都度	弁護士会事務局で受け付けをし、子どもの権利委員会委員へつなぐ。
専用	092-752-1331	無料		毎週土曜：12:30 ～ 15:30	専用の電話番号に、相談担当弁護士が待機。

弁護士会	〒	住 所	窓口有無	窓口名称	相談方法
兵庫県	6500044	神戸市中央区東川崎町 1-1-3 神戸クリスタルタワー 13 階	ある	こどもの悩みごと相談	面談
奈 良	6308237	奈良市中筋町 22-1	ない		
滋 賀	5200051	大津市梅林 1-3-3	ある	こどもの悩みごと 110 番	電話
和歌山	6408144	和歌山市四番丁 5	ない		
愛知県	4500002	名古屋市中村区名駅 3-22-8 大東海ビル 9 階 名古屋法律相談センター内	ある	子どもの人権相談	電話と面談
三 重	5140032	津市中央 3-23	ある	こども弁護士ダイヤル	電話
岐阜県	5008811	岐阜市端詰町 22	ある	子どもの悩みごと相談	電話
福 井	9100004	福井市宝永 4-3-1 三井生命ビル 7 階	ない		
金 沢	9200912	金沢市大手町 15-15 金沢第 2 ビル 3 階	ある	子どもの悩みごと相談	電話と面談
富山県	9300076	富山市長柄町 3-4-1	ない		
広 島	7300012	広島市中区上八丁堀 2-73	ある	子どもの悩みごと電話相談	電話
山口県	7530045	山口市黄金町 2-15	ない		
岡 山	7000807	岡山市南方 1-8-29	ある	子どもの味方弁護士相談	電話と面談
鳥取県	6800011	鳥取市東町 2-221	ない		
島根県	6900886	松江市母衣町 55-4 松江商工会議所ビル 7 階	ある	子どもの権利相談	面談
福岡県	8100043	福岡市中央区城内 1-1 裁判所合同庁舎構内	ある	子どもの人権 110 番	電話
佐賀県	8400833	佐賀市中の小路 7-19 佐賀県弁護士会館	ない		

電話について（詳細）		相談費用		相談実施日時	相談実施方法
電話	028-689-9001	無料		毎月第 4 土曜日： 10:00 ～ 12:00	
専用	027-234-9321	無料		平日：15:00 ～ 17:00	法律相談センターで電話で受け付け、子ども人権 110 番の担当弁護士から相談者へ折り返し電話をする。
会代表電話	054-252-0008	無料	但し面接初回のみ	平日：9:00 ～ 17:00	担当委員（子どもの権利委員会委員）へ取り次ぎ、弁護士から折り返し連絡。
支部代表	053-455-3009				
支部代表	055-931-1848				
会代表電話	055-235-7202	無料	但し初回のみ	担当弁護士と応相談	当番の弁護士に架電いただき、相談。
会代表電話	026-232-2104	無料		平日：9:00 ～ 17:00	担当となった弁護士から連絡を取り、電話又は日時を決めて面談の形式で相談を受ける。
電話：専用／面談申込：会代表電話	電話相談：0120-66-6310 面談申込：025-222-5533	無料	電話相談・面談初回相談	電話相談： 毎週月・木（祝日除く） 16:00 ～ 19:00 面談受付： 平日　9:00 ～ 12:00 13:00 ～ 17:00	面談は弁護士紹介による。電話は当番の弁護士が転送用携帯電話を所持して待機する。
専用	06-6364-6251	無料		毎週水曜：15:00 ～ 17:00 第 2 木曜：18:00 ～ 20:00	相談担当弁護士が待機（子どもの権利委員会委員 3 名）。
専用	075-231-2378	無料		毎週金曜：15:00 ～ 17:00 （受付は 16:30 まで）	

弁護士会	〒	住 所	窓口有無	窓口名称	相談方法
栃木県*	3200845	宇都宮市明保野町 1-6	ある	子どもの権利無料電話相談	電話
群 馬	3710026	前橋市大手町 3-6-6	ある	子ども人権 110 番	電話と面談
静岡県	4200853	［静岡支部］ 静岡市葵区追手町 10-80 静岡地方裁判所構内	ある	子どもの権利相談	電話と面談
	4300929	［浜松支部］ 浜松市中区中央 1-9-1 静岡県西部法律会館内			
	4100832	［沼津支部］ 沼津市御幸町 21-1 静岡地方裁判所 沼津支部構内			
山梨県	4000032	甲府市中央 1-8-7	ある	子ども常設相談	電話と面談
長野県	3800872	長野市妻科 432	ある	子どもの人権相談	電話と面談
新潟県	9518126	新潟市中央区学校町通 1-1 新潟地方裁判所構内	ある	子どものなやみごと相談	電話と面談
大 阪	5300047	大阪市北区西天満 1-12-5	ある	子どもの人権 110 番	電話
京 都	6040971	京都市中京区 富小路通丸太町下ル	ある	子どもの権利 110 番	電話と面談

2014 年 6 月現在

電話について（詳細）		相談費用		相談実施日時	相談実施方法
専用	電話相談：03-3503-0110 面接受付：03-3581-2205 ※面接相談は予約制です。電話相談後に、面接相談の予約をして下さい。	無料		電話相談： 平日：13:30 ～ 16:30 17:00 ～ 20:00 土曜：13:00 ～ 16:00 面談相談： 水曜：13:30 ～ 16:30 土曜：13:00 ～ 16:00	面接相談は予約制です。電話相談後に面接相談の予約をして下さい。
専用	03-3581-1885	無料		毎週火・木・金曜 （祝日を除く） 15:00 ～ 17:00	面接は前日 17 時までに要予約。 受付人権課：03-3581-2257
専用	042-548-0120	無料		電話相談： 毎週水曜：14:00 ～ 17:00 面接相談： 電話相談の上随時	初回面接相談は無料。
専用	045-211-7700	無料		毎週火曜：13:15 ～ 16:15	事前予約の上、45 分の面談。面談が空いている時間のみ電話対応可。
専用	048-837-8668	無料		毎週木曜：15:00 ～ 18:00	専用回線に架電いただき、担当者の事務所に転送。
会代表電話	043-227-8431	無料		随時 （受付は平日 10:00 ～ 11:30、13:00 ～ 16:00）	担当弁護士から相談者に連絡し日程調整の上、担当弁護士事務所にて相談実施。
会代表電話		無料	面談は有料の場合あり。	平日： 10:00 ～ 12:00 13:00 ～ 16:00	事務局で受付後、相談対応可能な弁護士に連絡し、弁護士から電話をかけ直して相談。

※「相談窓口なし」と記載がある弁護士会では、会が設置している法律相談センターで通常の法律相談として、子どもに関する相談を承っています。「子どもに関する法律相談ができない」という訳ではありませんので、ご利用になりやすい窓口を、ぜひご活用下さい。

※各弁護士会の窓口については、現在と異なる可能性があります。最新の状況は、日本弁護士連合会の HP をご覧下さい。
（＊の窓口名称・相談等の詳細は編集委員調べ〈2015 年 11 月 6 日現在〉）

⑮弁護士会の子どもの人権相談窓口一覧

弁護士会	〒	住所	窓口有無	窓口名称	相談方法
東京	1000013	千代田区霞が関 1-1-3 弁護士会館 6 階	ある	子どもの人権 110 番	電話と面談
第一東京	1000013	千代田区霞が関 1-1-3 弁護士会館 11 階	ない		
第二東京	1000013	千代田区霞が関 1-1-3 弁護士会館 9 階	ある	子どもの悩みごと相談	電話と面談
東京三会多摩支部	1900014	立川市緑町 7-1 アーバス立川高松駅前ビル 2 階	ある	弁護士子どもの悩みごと相談	電話と面談
横浜	2310021	横浜市中区日本大通 9	ある	子どもの人権相談	電話と面談 ※面談優先
埼玉	3300063	さいたま市浦和区高砂 4-7-20	ある	子ども弁護士ホットライン	電話
千葉県	2600013	千葉市中央区中央 4-13-9	ある	子どもの専門相談	面談
茨城県	3100062	水戸市大町 2-2-75	ある	子どもの権利 110 番	電話と面談

開催日時		20　年　月　日（　） ：　～　：	出席者			
C（評価・分析）		学習面	生活・心理・健康面	人間関係	保護者対応	夢・願い・意欲
	効果的					
	マイナス					
再アセスメント	本人の様子 保護者（家族）の様子					
短期目標		学習面	生活・心理・健康面	人間関係	保護者対応	夢・願い・意欲
P（計画）						
	いつ・誰が・どこで・どんなことを（フォローアップ体制を視野にいれて）					
次回ケース会議開催予定日　　月　　日（　）　：　～						

↓

開催日時		20　年　月　日（　） ：　～　：	出席者			
C（評価・分析）		学習面	生活・心理・健康面	人間関係	保護者対応	夢・願い・意欲
	効果的					
	マイナス					
再アセスメント	本人の様子 保護者（家族）の様子					
短期目標		学習面	生活・心理・健康面	人間関係	保護者対応	夢・願い・意欲
P（計画）						
	いつ・誰が・どこで・どんなことを（フォローアップ体制を視野にいれて）					
次回ケース会議開催予定日　　月　　日（　）　：　～						

滋賀県教育委員会（H25.4 改訂）

2 支援プログラムシート

ケース会議：支援プログラムシート （小学校版）

年 組	氏名		性別		シート作成者

過去の欠席状況	1年 日/ 日	2年 日/ 日	3年 日/ 日	4年 日/ 日	5年 日/ 日

	4月	5月	6月	7月	8・9月	10月	11月	12月	1月	2月	3月	合計
欠席	／	／	／	／	／	／	／	／	／	／	／	／
遅刻												
早退												
別室												
適応												

欠席数の分母は課業日数を記入する。

開催日時	20 年 月 日（ ） ： 〜 ：		出席者		
長期目標					
短期目標	学習面	生活・心理・健康面	人間関係	保護者対応	夢・願い・意欲
P（計画）					
	いつ・誰が・どこで・どんなことを（フォローアップ体制を視野にいれて）				
	次回ケース会議開催予定日 月 日（ ） ： 〜				

↓

開催日時		20 年 月 日（ ） ： 〜 ：		出席者		
C（評価・分析）		学習面	生活・心理・健康面	人間関係	保護者対応	夢・願い・意欲
	効果的					
	マイナス					
再アセスメント	本人の様子 保護者（家族）の様子					
短期目標		学習面	生活・心理・健康面	人間関係	保護者対応	夢・願い・意欲
P（計画）						
	いつ・誰が・どこで・どんなことを（フォローアップ体制を視野にいれて）					
次回ケース会議開催予定日 月 日（ ） ： 〜						

↓

滋賀県教育委員会（H25.4改訂）

人間関係マップ（エコマップ）

※本人を中心にした家族や友人、または支援に役立ちそうな機関や人材等も記入

家族構成図（ジェノグラム）

※兄弟姉妹は左側から生まれた順に　夫婦は夫を左側に妻を右側に記入　ペットがいれば記入

滋賀県教育委員会（H25.4 改訂）

家庭環境	※安定しているかどうかの視点で（夫婦関係、経済面、心理面、健康面、社会性、虐待［ﾈｸﾞﾚｸﾄ］等） ※家族のヒストリー・特記事項等	家族構成図 （ジェノグラム） （別紙）
親子の関係	※家族アセスメント（どのような家族なのか・家族構成メンバーそれぞれの気質や傾向等）	
地域環境	※地域の特性、家族が地域においてどんな存在か、母親を支えてくれる仲間がいるか等	

保育園・幼稚園・学童・スポーツ少年団等からの情報

支援に役立つ社会資源・人・もの・制度・関係機関からの情報・通告（あり・なし）

	学習面	生活・心理・健康面	人間関係	夢・願い・意欲
できること	□学力は高い □学習への意欲はある □プリント類に目が通せる □与えられた学習ができる □スポーツや運動ができる □行事に参加できる	□朝、自分で起きられる □決まった時間に登校できる □給食が食べられる 量（ 多い・ 少ない・ ふつう） □自分の気持ちが表現できる □決めたことを実行できる	□友だちに会える □友だちと話せる □友だちと遊べる □仲のよい友だちがいる □集団に入れる □親に意見が言える	□あこがれる仕事や人がいる □好きな（やりたい）ことがある □趣味を持っている □好意を寄せる子がいる
できないこと	□授業に意欲を示さない □苦手な教科（　　　　　）がある □学習の理解が困難である （　）年生の学習までは理解できる □体を動かすことはしない □テストは受けない □教師の指示に従えない	□元気がない □朝ご飯が食べられない □体調不良を訴える いつ（　　　　　　　） どんな（　　　　　　） □好き嫌いが多い □給食が苦手 □自分の気持ちが表現できない □友だちにからかわれる □友だちにいやと言えない	□家から出られない □人を避ける □友だちと会えない □友だちと話せない □友だちと遊べない □集団の中に入れない □孤立している □友だちとの喧嘩が多い □友だちにからかわれる □集団のきまりが守れない	□好きな（やりたい）ことが特にない

総合アセスメント（※状況や様子についてではなく、なぜそうなのかといった「背景」について記入）

滋賀県教育委員会（H25.4改訂）

⑭アセスメントやプランニングのためのシート

1 ベースシート

ベースシート (小学校版)

作成者			20　年　月　日 作成	
年　組	氏名		性別		出身保育園 出身幼稚園	

過去の欠席状況	1年　日/　日		2年　日/　日		3年　日/　日		4年　日/　日		5年　日/　日		
	4月	5月	6月	7月	8・9月	10月	11月	12月	1月	2月	3月	合計
欠席	/	/	/	/	/	/	/	/	/	/	/	/
遅刻												
早退												
別室												
適応												

欠席数の分母は課業日数を記入する。

(　　　　　)に至る経緯	※過去の不登校・不適応・問題行動・いじめ行為等を含む
現在の状況・状態について	※家庭や学校での様子、関わりの中での違和感、気づいたことなどを含む

学年・組	担任名	学年・組	担任名	学年・組	担任名	関わりの深い先生
1年　組		2年　組		3年　組		
4年　組		5年　組		6年　組		

生育歴	(どのように育てられてきたか)
健　康	□慢性疾患(アレルギー・アトピー・喘息)□障害(知的・身体)□チック
発育・発達 (気になるところ)	□聞く・話す・読む・書く・計算する・推論する □不注意・多動・器用さ・運動神経 □対人関係・察知する力・気遣い・言動
性格・傾向	(こだわり・不安なども)
興味・関心	
家での生活	就寝時刻(　時頃)起床時刻(　時頃)　昼夜逆転・食事習慣(朝・夕)・服装(清潔度)・過ごし方等
その他	

学校環境		人間関係マップ (エコマップ) (別紙)

滋賀県教育委員会 (H25.4改訂)

⑬いじめのサイン発見シート

保存版 いじめのサイン 発見シート

監修 森田洋司氏 大阪市立大学名誉教授／いじめ防止基本方針策定協議会座長

多くの子どもたちが、だれにも相談できずにいる「いじめのこと」。言葉では伝えられなくても、「いじめ」があれば毎日の生活の中に、これまでとちがった行動や態度《たいど》などが現れます。「いじめのサイン発見シート」を使ってふだんの生活とのちがいを確認してください。

お子さまのようすはいかがですか？

朝（登校前）

※チェック欄《らん》は2回、もしくは2人で出来るように2つあります。

- □□ 朝起きてこない。布団《ふとん》からなかなか出てこない。
- □□ 朝になると体の具合が悪いと言い、学校を休みたがる。
- □□ 遅刻《ちこく》や早退《そうたい》がふえた。
- □□ 食欲《しょくよく》がなくなったり、だまって食べるようになる。

夕（下校後）

- □□ ケータイ電話やメールの着信音におびえる。
- □□ 勉強しなくなる。集中力がない。
- □□ 家からお金を持ち出したり、必要以上のお金をほしがる。
- □□ 遊びのなかで、笑われたり、からかわれたり、命令されている。
- □□ 親しい友達が遊びに来ない、遊びに行かない。

夜（就寝《しゅうしん》前）

- □□ 表情《ひょうじょう》が暗く、家族との会話も少なくなった。
- □□ ささいなことでイライラしたり、物にあたったりする。
- □□ 学校や友達の話題がへった。
- □□ 自分の部屋に閉じこもる時間がふえた。
- □□ パソコンやスマホをいつも気にしている。
- □□ 理由をはっきり言わないアザやキズアトがある。

夜間（就寝《しゅうしん》後）

- □□ 寝《ね》つきが悪かったり、夜眠《ねむ》れなかったりする日が続く。
- □□ 学校で使う物や持ち物がなくなったり、こわれている。
- □□ 教科書やノートにいやがらせのラクガキをされたり、やぶられたりしている。
- □□ 服がよごれていたり、やぶれていたりする。

■「いじめ」をしていませんか？

いじめる側《がわ》になっていると、
次のようなサインが出ていることがあります。

- □□ 言葉づかいが荒くなる。言うことをきかない。人のことをばかにする。
- □□ 買ったおぼえのない物を持っている。
- □□ 与えたお金以上のものを持っている。おこづかいでは買えないものを持っている。

クラス替《が》えなど環境《かんきょう》の変化には特に注意が必要です。

4月はクラス替《が》えで新しい友達ができるなど、子どもにとって環境《かんきょう》の大きく変わる月です。学校生活を楽しく過ごせる友達ができるかどうか、注意して見守る必要があります。また、転校などのタイミングにも注意してください。

休み明けの変化を見逃《みのが》さないようにしましょう。

夏・冬休みの終わりごろから新学期が始まる時期に、登校をいやがったり、元気がなくなったりしていないか、子どものようすの変化に注意する必要があります。日曜日から月曜日にかけても同じです。

※チェック項目は参考例です。お子さまやご家族の実態に合わせて、ご活用下さい。

「あれ？」もしかしてと思ったら・・・

- 子どもにとって良き相談相手になってあげましょう。気持ちを受け入れてあげることが大切です。
- ようすがおかしくても、問いつめたり、結論《けつろん》を急いだりしないようにしましょう。
- 何があっても「守り抜く」「必ず助ける」ことを真剣《しんけん》に伝えましょう。
- いじめている人が悪く、いじめられている人は悪くないと伝えましょう。
- 子どもに次のようなことは言わないようにしましょう。
  「無視《むし》しなさい」「大したことではない」「あなたにも悪いところがある」「いじめられるほうが悪い」「弱いからいじめられる」

ご家族だけで悩まずに、心配なことは学校へ相談しましょう。

相談窓口 24時間いじめ相談ダイヤル **0570-0-78310（なやみ言おう）**
24時間全国どこからでも悩みを相談することができます。

政府広報｜文部科学省

政府広報オンライン特集ページ http://www.gov-online.go.jp/tokusyu/ijime/

6 対応の留意点

1）ひとりで抱え込まない

自殺の危険の高い子どもをひとりで抱えこまないことが大切です。チームによる対応は、多くの目で子どもを見守ることで生徒に対する理解を深め、共通理解を得ることで教師自身の不安感の軽減にもつながります。

2）急に子どもとの関係を切らない

自殺の危険の高い子どもに親身に関わっていると、しがみつくように依存してくることも少なくありません。昼夜分かたず関わっていたかと思うと、疲れてしまって急に関係を切ってしまうといった態度は、子どもを不安にさせます。子どもとの間には継続的な信頼関係を築くことが大切です。

3）「秘密にしてほしい」という子どもへの対応

子どもが「他の人には言わないで」などと訴えてくると、ひとりだけで見守っていくというような対応に陥りがちです。自殺の危険はひとりで抱えるには重過ぎます。子どものつらい気持ちを尊重しながら、保護者にどう伝えるかを含めて、他の教師ともぜひ相談してください。

4）手首自傷（リストカット）への対応

自傷行為は、将来起こるかもしれない自殺の危険を示すサインです。あわてず、しかし真剣に対応して、関係機関につなげることが大切です。子どもははじめは抵抗を示すかもしれませんが、本人の苦しい気持ちを認めるような姿勢で関わってください。

7 まとめ

子どもが自殺という行為に及ぶ前には、救いを求める必死の叫びをあげていることがほとんどです。そのサインを的確にとらえ、自殺の危険を察知したら、正面から向きあって真剣に関わっていくことが大切です。

自殺はたったひとつの原因から生じるのではなく、さまざまな複雑な問題が重なって起きています。誰かがひとりだけで自殺の危険の高い子どもを支えることはできません。きめ細かな対応を進めていくには、学校におけるさまざまな役割を担った教職員の間で十分な連携を図ることが大切です。

また、学校、家庭、他の関係機関、地域の人々がそれぞれの立場で協力して、子どもが危機を乗り越えるのを手助けする必要があります。それぞれの能力と限界を見きわめながら、子どもを守るという視点を忘れずに、協力体制を築くことを考えてみてください。

〈参 考〉

「教師が知っておきたい　子どもの自殺予防」のマニュアル等は、下記のホームページにも掲載していますので、ご活用ください。

http://www.mext.go.jp/a_menu/shotou/seitoshidou/index.htm

4 自殺直前のサイン

前項の特徴を数多く認める子どもに、普段と違った顕著な行動の変化が現れた場合には、自殺直前のサインとして注意を払う必要があります。

◆その他のサイン例

- これまでに関心のあった事柄に対して興味を失う。
- 注意が集中できなくなる。
- いつもなら楽々できるような課題が達成できない。
- 成績が急に落ちる。
- 不安やイライラが増し、落ち着きがなくなる。
- 投げやりな態度が目立つ。
- 身だしなみを気にしなくなる。
- 健康や自己管理がおろそかになる。
- 不眠、食欲不振、体重減少などのさまざまな身体の不調を訴える。
- 自分より年下の子どもや動物を虐待する。
- 学校に通わなくなる。
- 友人との交際をやめて、引きこもりがちになる。
- 家出や放浪をする。
- 乱れた性行動に及ぶ。
- 過度に危険な行為に及ぶ、実際に大怪我をする。
- 自殺にとらわれ、自殺についての文章を書いたり、自殺についての絵を描いたりする。

5 対応の原則

信頼感のない人間関係では、子どもは心のSOSを出せません。子どもの中に「あの先生なら助けてくれる」という思いがあるからこそ救いを求める叫びを発しているのです。

子どもから「死にたい」と訴えられたり、自殺の危険の高まった子どもに出会ったとき、教師自身が不安になったり、その気持ちを否定したくなって、「大丈夫、頑張れば元気になる」などと安易に励ましたり、「死ぬなんて馬鹿なことを考えるな」などと叱ったりしがちです。しかし、それでは、せっかく開き始めた心が閉ざされてしまいます。自殺の危険が高まった子どもへの対応においては、次のような**TALKの原則**が求められます。

TALKの原則

（1）Tell：言葉に出して心配していることを伝える。
（2）Ask：「死にたい」という気持ちについて、率直に尋ねる。
（3）Listen：絶望的な気持ちを傾聴する。
（4）Keep safe：安全を確保する。

1 子どもの自殺の実態

子どもの自殺は、一般的に考えられているよりもはるかに深刻です。中学・高校教師の5人に1人は生徒の自殺に、3人に1人は自殺未遂に遭遇したことがあるという調査結果もあります。

中・高校生の自殺者数と自殺率

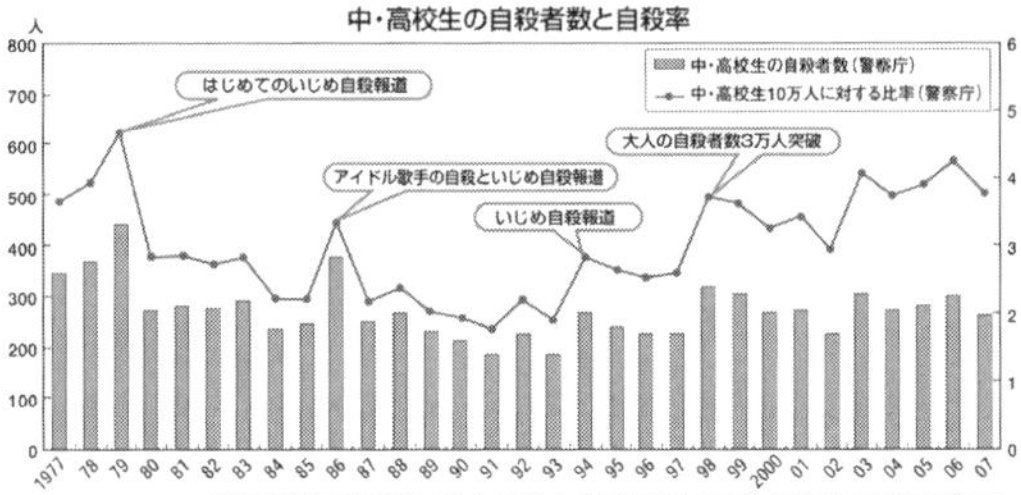

（警察庁発表の統計より阪中が作成：全国の中・高校生の総数 1986年：1137万人 2007年：707万人）

小中高校生の自殺者数は、いじめ自殺という言葉が初めて登場した1979年やアイドル歌手の自殺やいじめ自殺の後に複数の自殺が誘発された1986年のように突出している年もありますが、毎年300人前後で推移してきました。しかし、自殺率をみると、最近の少子化のため上昇傾向にあります。

全自殺者の中に占める未成年者の割合は約2%ですが、全体に占める割合が小さいからといって子どもの心の問題に真剣に取り組まないでいると、大人になってからの心の健康に深刻な問題を生じることにもなりかねません。これから人生が始まろうという時期に自らの手で人生を閉ざすことほど悲しいことはありません。他の子どもにとっても保護者にとってもあまりにも痛ましいことです。

2 自殺に追いつめられる子どもの心理

自殺はある日突然、何の前触れもなく起こるというよりも、長い時間かかって徐々に危険な心理状態に陥っていくのが一般的です。

(1) **ひどい孤立感**：「誰も助けてくれない」としか思えない心理状態に陥り、頑なに自分の殻に閉じこもってしまいます。
(2) **無価値感**：「私なんかいない方がいい」などといった考えがぬぐいされなくなります。
(3) **強い怒り**：自殺の前段階として強い怒りを他者や社会にぶつけることもよくあります。
(4) **苦しみが永遠に続くという思いこみ**：自分の苦しみが、永遠に続くと思いこみ、絶望的になっています。
(5) **心理的視野狭窄**：自殺以外の解決方法が全く思い浮かばなくなる心理状態です。

3 どのような子どもに自殺の危険が迫っているか

子どもが自殺に追いつめられる前に、大人は自殺の危険性に気づくようにしたいものです。次のような特徴を数多く認める子どもには潜在的に自殺の危険が高いと考える必要があります。

(1) **自殺未遂**
(2) **心の病**
(3) **安心感のもてない家庭環境**
(4) **独特の性格傾向**（極端な完全主義、二者択一的思考、衝動性　など）
(5) **喪失体験**（離別、死別、失恋、病気、怪我、急激な学力低下、予想外の失敗　など）
(6) **孤立感**（とくに友だちとのあつれき、いじめ　など）
(7) **安全や健康を守れない傾向**：（最近、事故や怪我を繰り返す）

⑫教師が知っておきたい子どもの自殺予防（文科省）

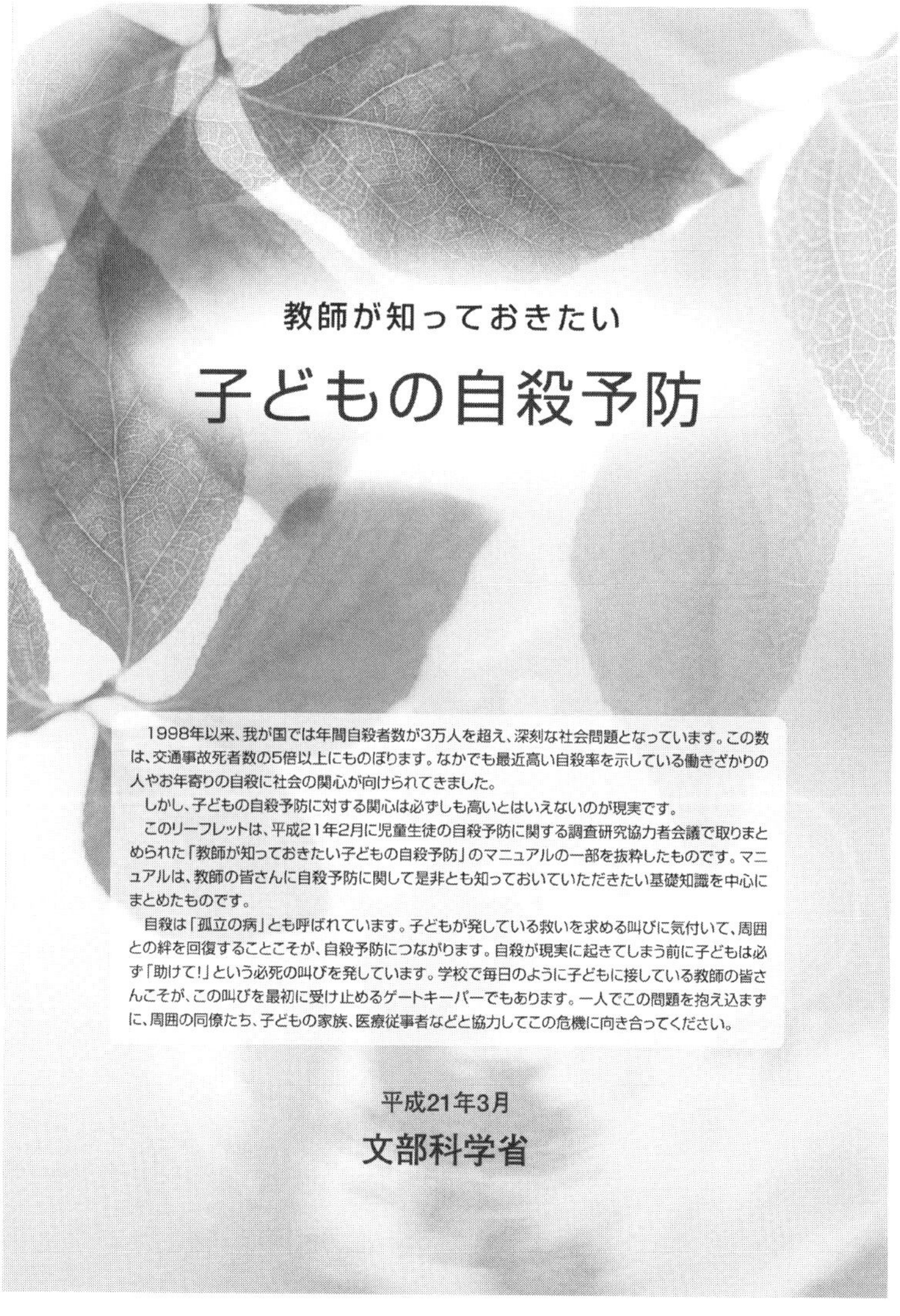

教師が知っておきたい

子どもの自殺予防

1998年以来、我が国では年間自殺者数が3万人を超え、深刻な社会問題となっています。この数は、交通事故死者数の5倍以上にものぼります。なかでも最近高い自殺率を示している働きざかりの人やお年寄りの自殺に社会の関心が向けられてきました。

しかし、子どもの自殺予防に対する関心は必ずしも高いとはいえないのが現実です。

このリーフレットは、平成21年2月に児童生徒の自殺予防に関する調査研究協力者会議で取りまとめられた「教師が知っておきたい子どもの自殺予防」のマニュアルの一部を抜粋したものです。マニュアルは、教師の皆さんに自殺予防に関して是非とも知っておいていただきたい基礎知識を中心にまとめたものです。

自殺は「孤立の病」とも呼ばれています。子どもが発している救いを求める叫びに気付いて、周囲との絆を回復することこそが、自殺予防につながります。自殺が現実に起きてしまう前に子どもは必ず「助けて!」という必死の叫びを発しています。学校で毎日のように子どもに接している教師の皆さんこそが、この叫びを最初に受け止めるゲートキーパーでもあります。一人でこの問題を抱え込まずに、周囲の同僚たち、子どもの家族、医療従事者などと協力してこの危機に向き合ってください。

平成21年3月

文部科学省

病気の悩み・影響(総合失調症)	0(0)	0(0)	15(13)	15(13)	5.3%(4.2%)
病気の悩み・影響(その他の精神疾患)	0(0)	1(0)	12(20)	13(20)	4.6%(6.5%)
身体障害の悩み	0(0)	0(0)	1(1)	1(1)	0.4%(0.3%)
その他	0(0)	2(0)	1(1)	3(1)	1.1%(0.3%)
経済・生活問題	**0(0)**	**0(0)**	**0(4)**	**0(4)**	**0%(1.3%)**
就職失敗	0(0)	0(0)	0(2)	0(2)	0%(0.7%)
生活苦	0(0)	0(0)	0(2)	0(2)	0%(0.7%)
勤務問題	**0(0)**	**0(0)**	**3(0)**	**3(0)**	**1.1%(0%)**
職場の人間関係	0(0)	0(0)	2(0)	2(0)	0.7%(0%)
その他	0(0)	0(0)	1(0)	1(0)	0.4%(0%)
男女問題	**0(0)**	**3(3)**	**16(28)**	**19(31)**	**6.7%(10.1%)**
失恋	0(0)	1(3)	10(16)	11(19)	3.9%(6.2%)
その他交際をめぐる悩み	0(0)	2(0)	5(11)	7(11)	2.5%(3.6%)
その他	0(0)	0(0)	1(1)	1(1)	0.4%(0.3%)
学校問題	**4(1)**	**39(27)**	**72(97)**	**115(125)**	**40.8%(40.7%)**
入試に関する悩み	0(1)	7(1)	5(12)	12(14)	4.3%(4.6%)
その他進路に関する悩み	0(0)	4(1)	24(27)	28(28)	9.9%(9.1%)
学業不振	0(0)	9(10)	19(35)	28(45)	9.9%(14.7%)
教師との人間関係	0(0)	1(0)	0(2)	1(2)	0.4%(0.7%)
いじめ	1(0)	2(2)	2(1)	5(3)	1.8%(1.0%)
その他学友との不和	2(0)	12(3)	11(8)	25(11)	8.9%(3.6%)
その他	1(0)	4(10)	11(12)	16(22)	5.7%(7.2%)
その他	**0(0)**	**7(4)**	**31(22)**	**38(26)**	**13.5%(8.5%)**
犯罪発覚	0(0)	0(0)	0(3)	0(3)	0%(1.0%)
犯罪被害	0(0)	0(0)	1(0)	1(0)	0.4%(0%)
孤独感	0(0)	0(0)	10(5)	10(5)	3.5%(1.6%)
近隣関係	0(0)	0(0)	1(0)	1(0)	0.4%(0%)
その他	0(0)	7(4)	19(14)	26(18)	9.2%(5.9%)
累　計	7(4)	78(56)	197(247)	282(307)	100%(100%)

※（　）内の数値は平成24年の調査結果。

（出典）警察庁「自殺の概要資料」（平成22年まで）
内閣府・警察庁「平成25年中における自殺の状況」（平成25年）

らわれ，孤立感や無価値感を訴える場合は，危険を示す重要なサインと捉えるべきである。

加えて，「消えてなくなりたい」「生きている目標も意味も見いだせない」といった言動も，自殺の危険を示すサインの可能性がある。また，子供が「役割が果たせない」と感じる状況にも十分な配慮が必要である。例えば，部活動での役割が果たせないと感じ，責任に押しつぶされるような状況である。

【参考】

内閣府・警察庁「自殺統計」

○平成２５年：３２０人（小８人、中９８人、高２１４人）（前年比１６人減少）

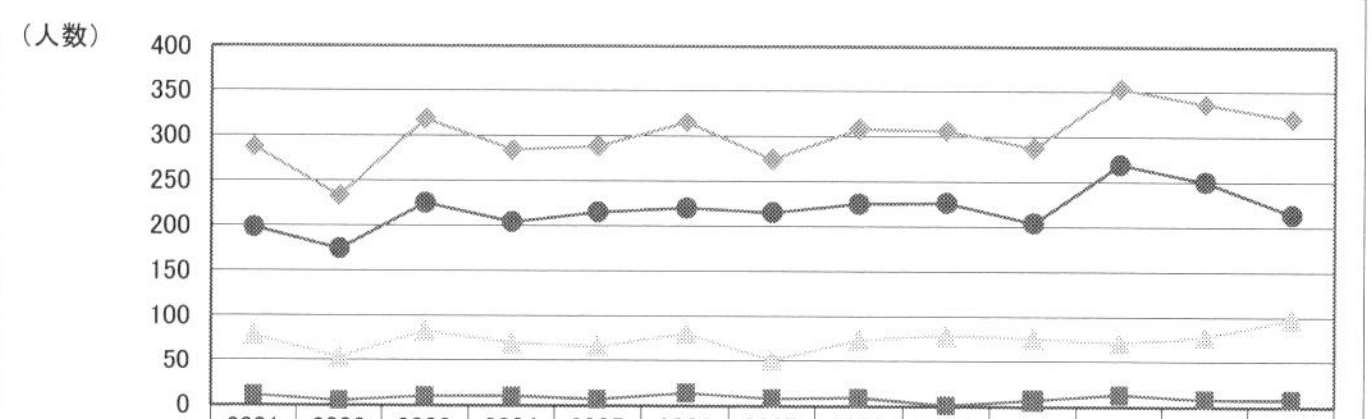

	2001年	2002年	2003年	2004年	2005年	2006年	2007年	2008年	2009年	2010年	2011年	2012年	2013年
総数	287	233	318	284	288	315	274	308	306	287	353	336	320
小学生	11	5	10	10	7	14	8	9	1	7	13	8	8
中学生	78	54	83	70	66	81	51	74	79	76	71	78	98
高校生	198	174	225	204	215	220	215	225	226	204	269	250	214

○原因・動機別（平成２５年）　※前頁の数のうち、遺書等の資料により明らかに推定できる原因・動機を複数回答。

原因・動機	小学生	中学生	高校生	計	割合
家庭問題	**3(3)**	**23(17)**	**26(31)**	**52(51)**	**18.4%(16.6%)**
親子関係の不和	0(1)	8(9)	11(17)	19(27)	6.7%(8.8%)
その他家族関係の不和	0(0)	2(1)	2(3)	4(4)	1.4%(1.3%)
家族の死亡	0(0)	0(1)	0(1)	0(2)	0%(0.7%)
家族の将来悲観	0(0)	1(0)	0(2)	1(2)	0.4%(0.7%)
家族からのしつけ・叱責	3(2)	9(6)	9(4)	21(12)	7.4%(3.9%)
その他	0(0)	3(0)	4(4)	7(4)	2.5%(1.3%)
健康問題	**0(0)**	**6(5)**	**49(65)**	**55(70)**	**19.5%(22.8%)**
病気の悩み(身体の病気)	0(0)	1(2)	6(4)	7(6)	2.5%(2.0%)
病気の悩み・影響(うつ病)	0(0)	2(3)	14(26)	16(29)	5.7%(9.4%)

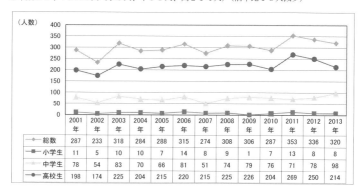

防につながったと思われる例は少なくない。具体的に挙げられていた精神科診断名等としては，統合失調症，摂食障害，うつ病などがあった（特に高校生の例では、大人と同じような形で精神疾患の存在が自殺と関連していると思われる例が散見された）。

- 統計的に「不明」とされている例の中にも，その記述から背景に精神疾患等が存在する恐れが疑われるものも少なくない。例えば，学校での不適応行動（欠席，不登校，成績不振，友人との不仲），あるいは「皆に笑われている」「周りの目が気になる」「自分の考えていることが他の人にわかってしまう」などといった猜疑（さいぎ）的，被害的な言動の背景に精神疾患等が存在していることも疑われる。

➢ なお，精神疾患等の可能性ばかりでなく，身体障害等のある子供も，例えば，継続的な症状への悩み，手術やそのための転校への不安など，病気や障害に関する不安や悩み，周囲の人の理解不足等による悩み，将来への不安等から，精神的に不安定な状態になることもあるので，学校での不適応行動が認められる場合などには，適切な対応が求められる。

➢ 子供の自殺の危険が極めて高いと認識されるサインがありながら，適切な対策が採られず，自殺を予防できなかった例もあった。

例１：リストカット，自殺念慮などがあり，スクールカウンセラーに相談するようにアドバイスをしていたものの，具体的な対策を採らなかった。

例２：自己の安全や健康を守れない状態（無免許運転による事故，医師の指示による治療の拒否など）を放置していた。

例３：直接的な自殺のサイン（子供による自殺願望の表明，自殺をほのめかすメールの送付，死後の世界の話題に言及など）を見逃す。

➢ 進路や対人関係の悩みといった，この年代に特有の問題も確かにあるのだが，それだけではない（自分の存在感や価値が見いだせないなど）。

➢ なお，以前からの性格としては，以下のような特徴が指摘されている。

- 未熟・依存的：大人しい，優しい，皆に従順，孤立しがち，幼少の頃から反応があまりない，コミュニケーション能力が低い。
- 衝動的：他の子供への暴力など，衝動性のコントロールが不能な状況を示している。
- 孤立・抑うつ的：単なる孤立ではなく，病的な点が目立ち，精神障害の発病前の状態を示している可能性があった。
- 強迫的・極端な完全癖：成績が良かった子供が，自殺願望を訴える。成績もスポーツの成績も優秀だった子供がささいな失敗を契機に自殺行動に及ぶ。
- 反社会的：窃盗，暴力，無免許運転などで問題行動に気づかれた子供がいた。

（全体的な傾向）

以上のような，学校要因，家庭要因，個人要因などが，自殺の契機となることが多いのだが，単一の要因だけではなく，複数の要因が関与すると，更に危険度を増す。

また，自尊感情の低下，自殺をほのめかす，死を話題にする，死後の世界や霊的な世界へのと

自殺に関する統計として他に，内閣府・警察庁の「自殺統計」などがあるが，本紙の調査結果は，内閣府・警察庁の「自殺統計」とおおむね同様の傾向を示している[4]。

３．「特記事項」欄（自由記載）からの分析

「特記事項」欄では，「死亡した児童生徒の状況又は可能性のある状況」で選択した項目について，判断の前提となった事柄や，その他特記すべきことがあれば，個人や個別事案が特定されることのないよう留意の上で記載することとしている。

「特記事項」欄の記載などから，全体的な傾向を分析すると，児童生徒の自殺が生じる背景として，学校要因，家庭要因，個人要因（性格，精神疾患等）などが複雑に関連しあっていることが一般的である。

（各背景別の傾向）

- **学校要因**
  - 学校は子供にとって生活時間の大半を過ごす場所であるため，友人関係のトラブルやいじめから孤立感を強めるといった状況が自殺の背景にみられる事例がある。学業不振，成績低下という学習面でのつまずきが，自尊感情の低下を招き，自殺の背景となっている事例も少なくない。
  - 思春期以降の子供，とりわけ高校生にとっては，進路の問題が悩みにつながることが多くみられる。大学受験の失敗や就職活動の不調が喪失体験につながる事例もみられる。また，自分の進路希望が親の意向と合わずに悩みを深めている事例もあり，家庭問題と絡む事例もある。
  - 数は少ないが，教員が生徒指導や学習指導等において，子供の立場に立った適切な指導を行うことができなかったために，学校での居場所をなくしたと感じた事例もみられる。
  - 自殺に及んだ子供の生活を見ると，それ以前に，しばしば欠席日数の増加，成績の低下などを認めるため，子供の行動の微妙な変化と捉えて，きめ細かな対応をすべきである。

- **家庭要因**
  - 家庭環境での問題もこの世代の子供にとって重要な危険因子である。要するに，学校でも家庭でもサポートが得られない状況に，自殺した子供が置かれていたという事例がある。

    例：貧困，親の病気，厳しすぎる躾（しつけ），過大な期待，DV，ネグレクト，親の精神疾患，親の別居，離婚，再婚，死別，進路を巡る親子間での意見の不一致。

- **個人要因**
  - 精神疾患等
    - 自殺に至った子供に関して，適切な精神科治療や必要な支援を受けていれば自殺予

[4] 内閣府ホームページ「自殺の統計」　http://www8.cao.go.jp/jisatsutaisaku/toukei/index.html

「異性問題」5.8%
（異性問題について悩んでいたなど）

※参考
「教職員からの指導・懲戒等の措置」2.8%　「いじめの問題」2.0%

（家庭的背景）
・約500の調査票のうち，**10%程度以上の調査票で該当**した項目は以下のとおり
「保護者との不和」9.9%
（父母等との関係が険悪で修復しがたい状況，父母等から激しく叱責をうけていた，父母等との関係がうまくいかず悩んでいたなど）
・約500の調査票のうち，**5%程度以上の調査票で該当**した項目は以下のとおり
「保護者の離婚」6.5%
（父母等が離婚した場合）
「経済的困難」4.6%
（家庭が経済的に困窮している，生活保護を受給している，父親が失業している，父親に多額の負債があるなど）

（個人的背景）
・約500の調査票のうち，**10%程度以上の調査票で該当**した項目は以下のとおり
「精神科治療歴有」13.5%
（精神科医等の治療経験がある場合）
「独特の性格傾向」10.5%
（周りの人に甘え頼るなどの未熟・依存的性格傾向，俗に言うキレやすいタイプの衝動的性格傾向，二者択一的な考えにとらわれるなど極端な完全癖など）
「自殺をほのめかしていた」10.1%
（「死にたい」と友人や周囲にもらしていた，「遠くへ行きたい」などという遠回しな言い方も含むなど）
・約500の調査票のうち，**5%程度以上の調査票で該当**した項目は以下のとおり
「自傷行為」8.3%
（手首を刃物で切る，額を壁に打ちつける，薬を多量に服用することがあったなど）
「孤立感」7.5%
（引きこもりがち，周囲の人々とのつながりが希薄，周囲に人々から見てあまり目立たない性格など）
「厭世（えんせい）」6.0%
（すぐに悲観したり，世をはかなんだりする，物事を悪い方にばかり考えるなど）

・**調査票の提出時期**

自殺者等の発見の時点から，原則，おおむね１か月後までに記入された調査票を，速やかに，郵送にて提出する。ただし，背景調査のうち，詳しい調査が行われる場合は，その結果が判明した後に記入された調査票を速やかに提出する。

２．死亡した児童生徒の状況又は可能性のある状況（全体的な傾向）

この調査項目は，死亡した児童生徒の個人の状況や，置かれていた状況・環境について，死亡の理由に関係なく，該当するものを「学校的背景」「家庭的背景」「個人的背景」それぞれで選択する調査項目である（複数選択可としている）。

この際，学校が把握している事実若しくは可能性のあると思われるもの，又は学校が事実として把握しているもの以外でも保護者や他の児童生徒からの情報として知り得たものがあった場合について，該当するものを全て選択することとし，対象の期間として，死亡事案発生時又は発見時から，おおむね１年程度以前までの期間としている。

それぞれの背景に関して必ず該当するものをチェックすることとしており，その背景に関してあまり把握していない場合は「不明」とすることとしている。

これらはあくまで学校が把握している事実等を基に回答したものであり，必ずしも，医師等の専門家により得られた客観的なデータではないが，本紙においては，得られた情報の範囲内で子供の自殺等の実態を分析している。

以下で，該当した調査票の全体に占める割合について、パーセンテージの小数点第一位で四捨五入した結果が「10%」又は「５%」以上となるものを掲載する。

（学校的背景）

・約500の調査票のうち，**10%程度以上の調査票で該当**した項目は以下のとおり

「進路問題」11.9%

（卒業後の進路について悩んでいた，受験や就職試験に失敗した，面接等で志望校への受験が困難である旨を告げられたなど[3]）

・約500の調査票のうち，**5%程度以上の調査票で該当**した項目は以下のとおり

「不登校又は不登校傾向」9.9%

（「不登校」を理由に長期欠席（連続又は断続して３０日以上欠席）であった，長期欠席には至らなかったが学校を休みがちの状況であったなど）

「学業不振」6.9%

（成績が以前と比べて大幅に落ち込んでいた，授業についていけず悩んでいたなど）

「友人関係での悩み（いじめを除く）」7.9%

（友人とけんかをし，その後，関係がうまくいかずに悩んでいた，クラスになじむことができずに悩んでいたなど）

---

[3] 各項目の下の（）内は，調査票の記入要領に掲載している例示である（個々の調査票で記載されていたものではない）。

⑪子供の自殺等の実態分析（文科省）

子供の自殺等の実態分析

小中高校生の自殺者数は，内閣府・警察庁の統計[1]によれば例年，３００件前後にも上る。子供が自ら命を絶つということは，あってはならない事態であり，子供の自殺を防ぐための方策を検討し，実施していく必要がある。このためには，子供の自殺の実態を的確に把握し，それに対応した方策の検討が必要である。

現在，文部科学省においては，平成２３年６月１日より，児童生徒の自殺の背景となった可能性のある事実関係に関するできる限り正確なデータをより多く収集・分析し，子供の自殺対策に資するため，「児童生徒の自殺等に関する実態調査」を継続的に実施している。

この調査開始より数か年が経過し，学校の協力により，平成２５年末までに約５００の調査票を収集できた。

この調査票は児童生徒の自殺等があった学校で記載したものであり，亡くなった児童生徒に関連する情報を網羅的に収集することには限界があるため，自殺等の背景が不明とされたものも多かったが，子供の自殺の実態分析を少しでも進めるため，現時点で収集できた情報をもとに，この調査の目的である「児童生徒の自殺について全体的な傾向」をここで分析する。

１．児童生徒の自殺等に関する実態調査の概要

・調査の目的

本調査は，児童生徒の自殺の背景となった可能性のある事実関係に関するできる限り正確なデータをより多く収集し，分析することを通じて，児童生徒の自殺について全体的な傾向を把握することにより，自殺予防対策を充実させることを目的とするもの。

・調査対象

国公私立の小学校，中学校，高等学校，中等教育学校（特区制度により株式会社等が設置する小学校，中学校，高等学校を含む）及び特別支援学校における児童生徒のうち，学校が把握することができた情報をもとに[2]，学校の管理職が，自殺であると判断したもの及び自殺である可能性が否定できないと判断したもの。ただし，平成２３年６月１日以降に死亡又は発見された児童生徒を対象とする。

・調査票の記入

調査票の記入は，学校の管理職が行う。ただし，「児童生徒の自殺が起きたときの背景調査の在り方について」（平成２３年６月１日付け文科初第３２９号初等中等教育局長通知）に基づく背景調査のうち，詳しい調査を教育委員会又は教育委員会が設置する調査委員会が実施した場合は，教育委員会において記入することとしても差し支えない。

---

1 内閣府とりまとめ「警察庁の自殺統計原票を集計した結果（自殺統計）」
2 内閣府・警察庁の統計は、警察の捜査等により自殺であると判明した情報を基に集計している。

詳細調査

基本調査等を踏まえ必要な場合に，心理の専門家など外部専門家を加えた調査組織において行われる，より詳細な調査。事実関係の確認のみならず，自殺に至る過程を丁寧に探り，自殺に追い込まれた心理を解明し，それによって再発防止策を打ち立てることを目指す。

調査の主体は，学校又は学校の設置者が考えられる。公立学校における調査の主体は，特別の事情がない限り，学校ではなく，学校の設置者とする。

自殺に至る過程や心理の検証には高い専門性が求められることから，中立的な立場の外部専門家が参画した調査組織で「詳細調査」を実施すべき。この調査組織の構成は，職能団体からの推薦によるなど，公平性・中立性を確保することが必要。

(1)調査組織の設置

- 中立的な立場の外部専門家が参画した調査組織とすることが必要であり，この外部専門家の人選について，職能団体等からの推薦によるなど，公平性・中立性の確保が必要。調査組織の構成員について，守秘義務を課すこと，氏名は特別な事情がない限り公表することを想定
- いじめ防止対策推進法に基づく機関などが設置されている場合，その活用を図ることが有効

(2)詳細調査の計画

(3)詳細調査の実施

① 基本調査の確認　② 学校以外の関係機関への聴き取り
③ 状況に応じ，子供に自殺の事実を伝えて行う調査　④ 遺族からの聴き取り

(4)状況に応じ，子供に自殺の事実を伝えて行う調査(子供に対する調査)

全校児童生徒や同学年の児童生徒などに広く情報提供を求める必要性がある場合に，事前に遺族の了解及び子供・保護者の理解・協力を得て，心のケア体制を整え，実施。実施する場合には，調査は可能な限り速やかに開始することが望ましい

○ アンケート調査

- アンケート調査結果の取扱い方針（どのような情報をいつ頃提供できるのか）について，調査組織において必ず実施前に，具体的な方針を立て，調査組織の意向を遺族に説明し，理解を求める
- 特に，アンケート調査結果は，遺族に提供する場合があることをあらかじめ念頭におき，調査に先立ち，調査の目的や方法，調査結果の取扱いなどを調査対象となる子供やその保護者に説明する等の措置が必要

○ 聴き取り調査

- 聴取・記録・心のケアへの配慮という各観点から，できるだけ複数の対応者で臨むことが望ましい

(5)遺族からの聴き取りにおける留意事項と遺書の取扱い

(6)情報の整理

- 「直接見聞きした情報」「亡くなる前の伝聞情報」「亡くなった後の伝聞情報」などで整理し，事実関係が確認できたこと，確認できなかったことを区別して，時系列でまとめていく

(7)自殺に至る過程や心理の検証(分析評価)と今後の自殺予防の改善策

- 子供の自殺を防げなかったことの考察などを踏まえて課題を見つけ出すとともに，子供を直接対象とする自殺予防教育の実施を含め，今後の改善策を可能な範囲でまとめる

(8)報告書のとりまとめと遺族等への説明

(9)調査結果の報告と今後の自殺予防・再発防止のための報告書の活用

詳細調査に移行しない場合

基本調査の内容，得られた調査情報等を保存し，自殺の実態調査を文部科学省へ提出するとともに，得られた情報の範囲内で検証や再発防止策を検討する必要がある。

いじめが背景に疑われる場合の措置

1 重大事態発生の報告(公立:設置者から地方公共団体の長　私立:都道府県知事)　2 調査組織設置
3 調査結果の報告(1と同じルート)　4 必要な場合の再調査実施と結果を踏まえた必要な措置

平常時の備え

【学校】「子供の自殺が起きたときの緊急対応の手引き」と本指針を参考に，事後対応と基本調査ができるように，平常時より備える
【設置者】研修や専門家の助言を得られる体制の整備(人材バンク)や調査組織の設置など，体制整備
【都道府県教育委員会】研修，人材確保，規模の小さな地域の支援

⑩子供の自殺が起きたときの背景調査の指針（文科省）

子供の自殺が起きたときの背景調査の指針（改訂版）［ 概要 ］

総論

・ 自殺に至る過程を丁寧に探ることではじめて，自殺に追い込まれる心理の解明や適切な再発防止策を打ち立てることが可能となる。学校及び学校の設置者が，たとえ自らに不都合なことがあったとしても，事実にしっかりと向き合おうとする姿勢が何よりも重要

・ 【心のケアの重視】調査と心のケアを一体的に行っていく視点を持つ・配慮の必要な子供をリストアップする・調査実施に当たっては心のケアの専門家等の援助が必要

・ 【地域の関係機関】精神保健部局や関係する職能団体などに援助を求め，地域で支援体制を整えておくことが必要

・ 【遺族との関わり】遺族の協力が背景調査の実施に不可欠。遺族が背景調査に切実な心情を持つことを理解し，その要望・意見を十分に聴き取るとともに，できる限りの配慮と説明を行う

基本調査

自殺又は自殺が疑われる死亡事案について，事案発生（認知）後速やかに着手する，全件を対象とする基本となる調査であり，当該事案の公表・非公表にかかわらず，学校がその時点で持っている情報及び基本調査の期間中に得られた情報を迅速に整理するもの。

1．調査対象と調査の主体

・ 調査対象は，自殺又は自殺が疑われる死亡事案
・ 設置者の指導・支援のもと，基本調査の主体は学校を想定

2．基本調査の実施（発生（認知）したその日から開始）

① 遺族との関わり・関係機関との協力等　② 指導記録等の確認
③ 全教職員からの聴き取り（調査開始から3日以内を目途に終了）
④ 亡くなった子供と関係の深い子供への聴き取り（状況に応じて）
（自殺の事実を伝えられていない場合は制約を伴う）

3．情報の整理・報告

・ 得られた情報の範囲内で，情報を時系列にまとめるなどして整理し，学校の設置者に報告
・ いじめが背景に疑われる場合は，いじめ防止対策推進法に基づく重大事態への対処として，地方公共団体の長等へ，発生の報告が必要

4．基本調査における遺族との関わり

・ 学校及び学校の設置者は，基本調査の経過及び整理した情報等について適切に遺族に説明する。この時点で得られている情報は断片的である可能性があり，「学校では悩みを抱えていなかった」のような断定的な説明はできないことに留意

詳細調査への移行の判断

・ 設置者は，基本調査の報告を受け，詳細調査に移行するかどうかを判断する。この際，第三者的な立場の機関に意見を求めたり，外部専門家等の意見を求めたりして，その意見を尊重する体制とすることが望ましい
・ 全ての事案について移行することが望ましいが，難しい場合は，少なくとも次の場合に詳細調査に移行する
　ア）学校生活に関係する要素（いじめ，体罰，学業，友人等）が背景に疑われる場合
　イ）遺族の要望がある場合
　ウ）その他必要な場合
・ 遺族がこれ以上の調査を望まない場合でも，詳細調査の必要性が高い場合には，改めて遺族に詳細調査の実施を提案することも考えられる
・ いじめが背景に疑われる場合，いじめ防止対策推進法に基づく対応（組織を設けての調査）が必要
・ 調査組織が平常時から設置されていないような場合には，組織立ち上げには相応の時間を要することが多く，アンケート調査や聴き取り調査の実施の時機を逸する可能性もある。このため，基本調査の報告後，詳細調査の組織の設置まで更に1週間以上を要するなど時間がかかる場合には，詳細調査移行を判断する際にあわせて，アンケート調査や聴き取り調査を，調査組織による詳細調査に先行して，緊急的に実施するかどうかを判断する
・ 詳細調査に移行するに当たっては，学校及び学校の設置者は，遺族に対して，調査の趣旨等や調査の手法，調査組織の構成（どのような分野の専門家が必要か，公平性・中立性をどのように確保するか等），調査にはおおむねどの程度の期間を要するか，入手した資料の取扱い，遺族に対する説明の在り方等について説明し，これらに対する遺族の要望を，詳細調査の中で，十分に配慮していく必要がある

害者とされている生徒の人権が侵害される事態が起きていることである。生徒とその家族の実名や顔写真の公表をはじめとして生徒とその家族に対するバッシングは日を追うごとに激しさを増し、少年の健全な成長はおろかその生活の基盤そのものをも奪いつつある。このような事態は少年の健全育成を目的とする少年法1条、そしてこの目的に基づき少年の更生・社会復帰を阻害することになる実名報道を禁止している少年法61条の精神に反するものである。また、罪を犯したとされる子どもに対する手続の全ての段階における子どものプライバシーの尊重を保障した子どもの権利条約40条2項や、少年のプライバシーの権利はあらゆる段階で尊重されなければならず、原則として少年の特定に結びつき得るいかなる情報も公表してはならないとしている少年司法運営に関する国連最低基準規則（いわゆる北京ルールズ）8条にも抵触する事態が発生している。

第四に、教育現場におけるいじめに対する社会全体の理解の問題がある。そもそも、文部科学省が指摘しているように、教育の現場におけるいじめは、子ども同志の葛藤、軋轢などを背景にして、いつでもどの子どもにも起き得る現象である。これに加えて、国連子どもの権利委員会が指摘する我が国の競争主義的教育環境によるストレスの増大等の要因が加わり、いじめが深刻化していくのである。いじめている子どもたちを加害者として責任追及するだけではなく、周囲の大人が子どもたちのＳＯＳを見逃さず、早期発見と早期対策をとり、それを克服する道筋を見出す努力をすることこそが求められている。

そのためには、我が国が批准している国連子どもの権利条約の精神に立ち返る必要がある。

以上のような問題点があることを踏まえ、当連合会は関係者及び関係機関に対し、早急に適切な対策を講ずるよう求める。

当連合会は、従前より子どもの権利委員会を設けて、子どもの人権の救済と援助活動を行ってきた者として、いじめ自殺が未だ発生してしまう現状を心から憂うとともに、子どもの相談窓口の全国設置、強化などのこれまでの取組に加えて、子どもの権利に関する包括的な法律（子どもの権利基本法）の制定、子どもの権利の救済機関の設置などの活動に全力を尽くすことを誓うものである。

2012年（平成24年）7月20日
日本弁護士連合会
会長　山岸　憲司

⑨滋賀県大津市の公立中学２年生の自殺事件に関する会長声明

2011年10月、滋賀県大津市の公立中学校２年生の男子生徒が自殺した事件及びそれを巡る社会の反応は、子どもの人権が守られない我が国社会の実情を露呈している。1986年に発生した東京中野富士見中学校のいじめ自殺事件以来、いじめによる深刻な人権侵害の克服が社会問題として焦眉の課題となってきたにもかかわらず、未だ有効な対策がとられていないことを示していると言わなければならない。

第一は、子どもたちのＳＯＳに対して教師を始めとする学校関係者が耳を傾けなかった問題である。報道によれば、男子生徒が継続的にいじめを受けていたことを多くの生徒が知り、教師に対応を求めていた生徒や、さらには、いじめに当たるような事実を認識していた教師がいたにもかかわらず、中学校は、いじめとは判断しなかったとされている。文部科学省は、2009年３月に『教師が知っておきたい子どもの自殺予防』と題する冊子を発表し、子どものＳＯＳを的確に捉えること、校内対策チームによる適切なアセスメントや医師等の専門家との連携をとることなどを求めてきていたが、今回の事態は、文部科学省の指針が徹底されていなかっただけではなく、これらの対策の前提ともなる学校関係者の子どもの声に耳を傾ける姿勢、さらにいじめを発見し止めさせる体制に大きな問題があったことを示している。

第二は、自殺が起きた後の中学校と教育委員会の調査の体制・方法に問題があったことである。文部科学省は、2011年３月に「平成22年度児童生徒の自殺予防に関する調査研究協力者会議審議のまとめ」を発表し、正確な自殺の実態把握のための報告書統一フォーマットを提案し、また、自殺が起きた場合に中立的な立場の専門家を交えた調査委員会を設置して調査を行う指針を示し、2011年６月１日、「児童生徒の自殺が起きたときの背景調査のあり方について（通知）」を都道府県教育委員会等に発している。ところが、報道によれば、中学校は、自殺の後、比較的短期間に２回にわたる全校生徒を対象とするアンケート調査を行い、いじめが存在しそれが男子生徒の自殺につながったことを示唆する複数の事実を把握していた。それを受けた大津市は、2011年11月、アンケート結果をもとに「複数の生徒のいじめがあった」と発表したものの、部内での検討のみで、自殺との因果関係については確認できないとしていた。専門家を交えた調査委員会は、本年７月になるまで設置されておらず、文部科学省の提案・指針が学校や教育委員会に徹底されていないことを示している。

第三は、学校や教育委員会の対応のまずさが加害者とされている生徒に対する社会の過剰なバッシングを引き起こし、加

当連合会は、子どもの人権をとりまく環境が悪化し、いじめによる自殺が増加している状況に対応するため、各単位弁護士会とともに、「子どもの人権110番」などの救済窓口の強化、各関係機関との連携・協議、提言などの可能な限りの努力を傾けることを誓うものである。

2006年（平成18年）12月8日

日本弁護士連合会

会長　平山 正剛

⑧いじめによる自殺に関する会長声明

いじめにより自殺に追いつめられた子どもたちの報道が相次いでいる。

いじめは、子どもの成長発達をさまたげ、ときには、いのちをも脅かす重大な人権侵害である。いじめによる自殺は、この人権侵害の最たるものであるといってよい。この人権侵害から子どもを守るものは教育に他ならない。

教育は、子どものいのちの尊重及び生存発達の権利を保障し、人権尊重の精神を育むことを目的のひとつとしている。子どもに人権尊重の精神を育むためには、子どもたちに自分が人間として尊重されていることが実感できる環境を整えることが必要である。

当連合会は、1994年12月、いじめによる自殺事件が社会問題化する中で、いじめの原因や構造を明らかにして子どもをいじめから救い出すことの必要性を指摘する会長声明を公表したのをはじめとして、今日まで様々な取り組みをしてきた。しかし、今日の一連のいじめによる自殺事件は、いじめを生み出す学校の状況が改善されないばかりか、むしろ悪化していることを疑わせるものである。

政府は、「リーダーを育てる」（内閣総理大臣の諮問機関である教育改革国民会議の2000年12月22日の報告）との視点で諸改革を行っているが、これにより、一方では、到達度の低い子どもたちには、学力を伸ばす機会を平等に保障するという本来の姿に反してむしろ学びの意欲を失わせ、他方では、リーダーをめざす子どもたちの間で他人をかえりみないという結果を招いている。今日の深刻な事態は、いずれにおいても、子どもたちのストレスがいっそう深まっていることを示している。他方、本年夏に文部科学省が実施した、公立小中学校の教員の勤務実態調査の結果によれば、教員の多忙さが明らかにされているが、このことは、ゆとりの持てない教員が子どもの個性や発達に応じたきめ細やかな教育を行うことが困難であることを示している。

国連子どもの権利委員会は、すでに1986年6月、政府報告に対する最終所見の中で、学校における過度に競争的な教育が子どもたちにストレスや発達障害を生じさせていることを指摘する一方、いじめについて懸念を表明し、これに対する対策を求めている。

政府は、子どもたちのストレスが深まっている教育環境を速やかに改善するとともに、教員が子どもたちの個性や発達に応じたきめ細やかな教育を行うことができる環境を整えるべきである。また、この最終所見が求めているように、子どもの権利オンブズマンなどのような政府から独立した人権保障を確保する機関を早急に設置すべきである。

会を設けて、子どもの人権の救済と援助活動を行ってきた。近畿弁護士会連合会をはじめ各単位会においても、いじめをなくすための具体的な提言をするなど積極的に取組むとともに、「子どもの人権110番」「こどもの悩みごと相談」等の子どもの人権救済のための窓口を設置して、救済と相談に応じてきた。

今後はこの窓口を拡大して、いじめの防止をはじめとする緊急の要請にも全力を挙げて応えることを誓うものである。

1994年（平成6年）12月20日

日本弁護士連合会

会長　土屋公献

⑦いじめによる自殺事件に関する声明

愛知県西尾市内の中学2年生がいじめによる苦しみを訴える遺書を残して自殺し、社会に大きな衝撃を与えている。この中学生を含めて今年に入り少なくとも7人の中学・高校生が、いじめを苦にして自らの生命を断つという事態が相次いで起っていることは、従前より子どもの人権の保障に取組んできた当連合会として、深く憂慮するところである。

子どもの健全な成長を確保することは大人の責任であり、大人はその責務の遂行を一日も疎かにすることは許されない。本年5月22日より日本でも発効した「児童（子ども）の権利条約」6条2項は「締約国は、児童（子ども）の生存及び発達を可能な最大限の範囲において確保する」と定めて、この理を明らかにしている。いじめは、暴力・恐喝的な形態はもとよりのこと、無視や心理的・物理的な「ふざけ」型のものも、いじめられる子どもに耐えがたい精神的・肉体的苦痛をもたらし、その生きる権利をも奪う重大な人権侵害であることはいうまでもなく、いじめる子どもや、更にはこれをはやしたてる観衆としての子ども、見て見ぬふりをする傍観者としての子どもをも含めて、その健全な成長を阻害し、子どもの人権を侵害するものである。とりわけ、共同生活と人間関係を学ぶ学校において、近年いじめが陰湿化し、深刻の度を増していることは看過することができない。

今日いじめをなくすることは焦眉の課題であり、一刻の猶予も許されない。何よりもまず、いじめられている子どもが発するＳＯＳを素早くキャッチすることを最優先の課題とし、いじめの苦しみの淵から救い出すために最大限の努力を傾注する必要がある。又、いじめている子どもたちについてもこれを加害者と見るだけでなく、その原因を究明し、苛立ちや不安定な心情を克服する道筋を共に見出す努力をすることが求められている。又、先般の中野富士見中学事件の東京高裁判決をはじめとする裁判例においても指摘されているように、学校には生徒の安全を保持すべき義務があり、生徒相互の人間関係の実態を認識して適切な対処をしていじめを防止すべき義務がある。

いじめは社会・学校・家庭が総合的に取組むべき問題であり、子どもの人権を生存を基軸にして、いじめをなくすための具体的措置を講ずることが子どもにかかわる関係者すべての課題である。しかるに、最近子どもたちの世界を襲っているこのいじめについて、その真の原因や構造を深く掘り下げ、これをなくすための抜本的対策を検討することを怠って、専ら関係した子どもやその親にのみ責任を求めようとする風潮が政府関係者や社会の一部に見られるのは遺憾である。

当連合会は、従前より子どもの権利委員

⑥日弁連意見書

「いじめ防止対策推進法案」に対する意見書

（「第1　意見の趣旨」のみ）

2013年（平成25年）6月20日
日本弁護士連合会

第1　意見の趣旨

1　いじめ防止対策推進法案（以下「法律案」という。）が、いじめ防止のための対策に関する施策の推進を図ろうとしている点は評価できるが、その方策として掲げる「道徳教育及び体験活動等の充実」については、道徳を教え込むようなものではなく、法律案自体も認める「いじめの防止に資する活動であって当該学校に在籍する児童等が自主的に行うもの」を中心とするものにすべきである。

2　法律案は、起きてしまったいじめへの対処について、いじめを受けた児童等への支援といじめを行った児童等への指導という二者間の対峙的な対処としているが、いじめの原因を探求してこれに対処すること、いじめを集団の構造的問題と捉えいじめの四層構造を踏まえて集団全体や観衆・傍観者に当たる児童等への対応も行うことが明記されるべきである。

3　法律案は、いじめを受けた児童等の支援や教育を受ける権利等への配慮のみを強調し、いじめを行った児童等に対しては指導・懲戒・警察への通報等を定めているが、いじめを行った児童等についても、支援や教育を受ける権利等への配慮が必要であることが明記されるべきである。

4　法律案は、保護者についても、いじめを受けた児童等の保護者に対しては支援、いじめを行った児童等の保護者に対しては助言、と対峙的な対処を定めているが、いじめを行った児童等の保護者についても、支援が必要なことが明記されるべきである。

5　法律案は、保護者に児童等がいじめを行うことのないよう規範意識を養うための指導その他の必要な指導を行うよう努める義務を課しているが、このような規定は設けるべきでない。

6　法律案は、重大ないじめ事案への対処として、学校・地方公共団体に調査を行う組織・機関を設置すると定めているが、いじめ防止の目的も含め常設の子どもの権利に関する第三者機関を設けることとすべきである。

トロールに関する調査研究協力者会議『学校ネットパトロールに関する取組事例・資料集』」参照

【注】

注1　教育振興基本計画（平成25年6月14日閣議決定）

注2　児童生徒の社会性の構築に向けた取組例としては、以下のようなものがある。

「ソーシャルスキル・トレーニング」：

「人間関係についての基本的な知識」「相手の表情などから隠された意図や感情を読み取る方法」「自分の意思を状況や雰囲気に合わせて相手に伝えること」などについて説明を行い、また、ロールプレイング（役割演技）を通じて、グループの間で練習を行う取組

「ピア（仲間）・サポート」：

異学年等の交流を通じ、「お世話される体験」と成長したあとに「お世話する体験の両方を経験し、自己有用感や自ら進んで他者とかかわろうとする意欲などを培う取組

注3　アンケートは、安心していじめを訴えられるよう無記名にするなど工夫し、学期ごとなどの節目で児童生徒の生活や人間関係の状況を把握できるよう、全ての学校において年度当初に適切に計画を立て実施するとともに、全児童生徒との面談等に役立てることが必要である。ただし、アンケートはあくまで手法の一つであり、教員と児童生徒の信頼関係の上で初めてアンケートを通じたいじめの訴えや発見がありうること、アンケートを実施した後に起きたいじめについては把握できないことなどに留意する。（平成22年9月14日文部科学省初等中等教育局児童生徒課長通知「『平成21年度児童生徒の問題行動等生徒指導上の諸問題に関する調査』結果について（通知）」及び国立教育政策研究所生徒指導・進路指導研究センター「生徒指導リーフ4いじめアンケート」等を参照）

注4　児童生徒に対して多忙さやイライラした態度を見せ続けることは避ける。児童生徒の相談に対し、「大したことではない」「それはいじめではない」などと悩みを過小評価したり、相談を受けたにもかかわらず真摯に対応しなかったりすることは、あってはならない。

注5　懲戒とは、学校教育法施行規則に定める退学（公立義務教育諸学校に在籍する学齢児童生徒を除く。）、停学（義務教育諸学校に在籍する学齢児童生徒を除く。）、訓告のほか、児童生徒に肉体的苦痛を与えるものでない限り、通常、懲戒権の範囲内と判断されると考えられる行為として、注意、叱責、居残り、別室指導、起立、宿題、清掃、学校当番の割当て、文書指導などがある

注6　プロバイダ責任制限法に基づく。削除依頼の手順等については、平成24年3月文部科学省「学校ネットパ

いじめの問題等に関する指導記録を保存し、児童生徒の進学・進級や転学に当たって、適切に引き継いだり情報提供したりできる体制をとる。

また、必要に応じて、心理や福祉の専門家、弁護士、医師、教員・警察官経験者など外部専門家等が参加しながら対応することにより、より実効的ないじめの問題の解決に資することが期待される。

加えて、学校基本方針に基づく取組の実施や具体的な年間計画の作成や実施に当たっては、保護者や児童生徒の代表、地域住民などの参加を図ることが考えられる。

②校内研修の充実

全ての教職員の共通認識を図るため、少なくとも年に一回以上、いじめを始めとする生徒指導上の諸問題等に関する校内研修を行う。教職員の異動等によって、教職員間の共通認識が形骸化してしまわないためにも、年間計画に位置づけた校内研修の実施が望まれる。

③校務の効率化

教職員が児童生徒と向き合い、いじめの防止等に適切に取り組んでいくことができるようにするため、学校の管理職は、一部の教職員に過重な負担がかからないように校務分掌を適正化し、組織的体制を整えるなど、校務の効率化を図る。

④学校評価と教員評価

学校評価において、いじめの問題を取り扱うに当たっては、学校評価の目的を踏まえて行うことが求められる。この際、いじめの有無やその多寡のみを評価するのではなく、問題を隠さず、いじめの実態把握や対応が促されるよう、児童生徒や地域の状況を十分踏まえた目標の設定や、目標に対する具体的な取組状況や達成状況を評価し、学校は評価結果を踏まえてその改善に取り組む。

教員評価において、いじめの問題を取り扱うに当たっては、いじめの問題に関する目標設定や目標への対応状況を評価する。この際、いじめの有無やその多寡のみを評価するのではなく、日頃からの児童生徒理解、未然防止や早期発見、いじめが発生した際の、問題を隠さず、迅速かつ適切な対応、組織的な取組等が評価されるよう、留意する。

⑤地域や家庭との連携について

学校基本方針等について地域や保護者の理解を得ることで、地域や家庭に対して、いじめの問題の重要性の認識を広めるとともに、家庭訪問や学校通信などを通じて家庭との緊密な連携協力を図る。例えば、学校、ＰＴＡ、地域の関係団体等がいじめの問題について協議する機会を設けたり、学校運営協議会を活用したりするなど、地域と連携した対策を推進する。

より多くの大人が子供の悩みや相談を受け止めることができるようにするため、学校と家庭、地域が組織的に連携・協働する体制を構築する。

⑤いじめが起きた集団への働きかけ

いじめを見ていた児童生徒に対しても、自分の問題として捉えさせる。たとえ、いじめを止めさせることはできなくても、誰かに知らせる勇気を持つよう伝える。また、はやしたてるなど同調していた児童生徒に対しては、それらの行為はいじめに加担する行為であることを理解させる。なお、学級全体で話し合うなどして、いじめは絶対に許されない行為であり、根絶しようという態度を行き渡らせるようにする。

いじめの解決とは、加害児童生徒による被害児童生徒に対する謝罪のみで終わるものではなく、被害児童生徒と加害児童生徒を始めとする他の児童生徒との関係の修復を経て、双方の当事者や周りの者全員を含む集団が、好ましい集団活動を取り戻し、新たな活動に踏み出すことをもって判断されるべきである。全ての児童生徒が、集団の一員として、互いを尊重し、認め合う人間関係を構築できるような集団づくりを進めていくことが望まれる。

⑥ネット上のいじめへの対応

ネット上の不適切な書き込み等については、被害の拡大を避けるため、直ちに削除する措置をとる。名誉毀損やプライバシー侵害等があった場合、プロバイダは違法な情報発信停止を求めたり、情報を削除したりできるようになっている[注6]ので、プロバイダに対して速やかに削除を求めるなど必要な措置を講じる。こうした措置をとるに当たり、必要に応じて法務局又は地方法務局の協力を求める。なお、児童生徒の生命、身体又は財産に重大な被害が生じるおそれがあるときは、直ちに所轄警察署に通報し、適切に援助を求める。

早期発見の観点から、学校の設置者等と連携し、学校ネットパトロールを実施することにより、ネット上のトラブルの早期発見に努める。また、児童生徒が悩みを抱え込まないよう、法務局・地方法務局におけるネット上の人権侵害情報に関する相談の受付など、関係機関の取組についても周知する。

パスワード付きサイトやＳＮＳ（ソーシャルネットワーキングサービス）、携帯電話のメールを利用したいじめなどについては、より大人の目に触れにくく、発見しにくいため、学校における情報モラル教育を進めるとともに、保護者においてもこれらについての理解を求めていくことが必要である。

(4) その他の留意事項

①組織的な指導体制

いじめへの対応は、校長を中心に全教職員が一致協力体制を確立することが重要である。

一部の教職員や特定の教職員が抱え込むのではなく、学校における「いじめの防止等の対策のための組織」で情報を共有し、組織的に対応することが必要であり、いじめがあった場合の組織的な対処を可能とするよう、平素からこれらの対応の在り方について、全ての教職員で共通理解を図る。

められた児童生徒や保護者に対し、徹底して守り通すことや秘密を守ることを伝え、できる限り不安を除去するとともに、事態の状況に応じて、複数の教職員の協力の下、当該児童生徒の見守りを行うなど、いじめられた児童生徒の安全を確保する。

あわせて、いじめられた児童生徒にとって信頼できる人（親しい友人や教職員、家族、地域の人等）と連携し、いじめられた児童生徒に寄り添い支える体制をつくる。いじめられた児童生徒が安心して学習その他の活動に取り組むことができるよう、必要に応じていじめた児童生徒を別室において指導することとしたり、状況に応じて出席停止制度を活用したりして、いじめられた児童生徒が落ち着いて教育を受けられる環境の確保を図る。状況に応じて、心理や福祉等の専門家、教員経験者・警察官経験者など外部専門家の協力を得る。

いじめが解決したと思われる場合でも、継続して十分な注意を払い、折りに触れ必要な支援を行うことが大切である。また、事実確認のための聴き取りやアンケート等により判明した情報を適切に提供する。

④いじめた児童生徒への指導又はその保護者への助言

いじめたとされる児童生徒からも事実関係の聴取を行い、いじめがあったことが確認された場合、学校は、複数の教職員が連携し、必要に応じて心理や福祉等の専門家、教員・警察官経験者など外部専門家の協力を得て、組織的に、いじめをやめさせ、その再発を防止する措置をとる。

また、事実関係を聴取したら、迅速に保護者に連絡し、事実に対する保護者の理解や納得を得た上、学校と保護者が連携して以後の対応を適切に行えるよう保護者の協力を求めるとともに、保護者に対する継続的な助言を行う。

いじめた児童生徒への指導に当たっては、いじめは人格を傷つけ、生命、身体又は財産を脅かす行為であることを理解させ、自らの行為の責任を自覚させる。なお、いじめた児童生徒が抱える問題など、いじめの背景にも目を向け、当該児童生徒の安心・安全、健全な人格の発達に配慮する。児童生徒の個人情報の取扱い等、プライバシーには十分に留意して以後の対応を行っていく。いじめの状況に応じて、心理的な孤立感・疎外感を与えないよう一定の教育的配慮の下、特別の指導計画による指導のほか、さらに出席停止や警察との連携による措置も含め、毅然とした対応をする。教育上必要があると認めるときは、学校教育法第11条の規定に基づき、適切に、児童生徒に対して懲戒を加えることも考えられる。[注5]

ただし、いじめには様々な要因があることに鑑み、懲戒を加える際には、主観的な感情に任せて一方的に行うのではなく、教育的配慮に十分に留意し、いじめた児童生徒が自ら行為の悪質性を理解し、健全な人間関係を育むことができるよう成長を促す目的で行う。

係や悩みを把握したり、個人面談や家庭訪問の機会を活用したりすることなどが考えられる。なお、これらにより集まったいじめに関する情報についても学校の教職員全体で共有することが必要である。

⑶　いじめに対する措置

①基本的な考え方

発見・通報を受けた場合には、特定の教職員で抱え込まず、速やかに組織的に対応する。被害児童生徒を守り通すとともに、教育的配慮の下、毅然とした態度で加害児童生徒を指導する。その際、謝罪や責任を形式的に問うことに主眼を置くのではなく、社会性の向上等、児童生徒の人格の成長に主眼を置いた指導を行うことが大切である。

教職員全員の共通理解の下、保護者の協力を得て、関係機関・専門機関と連携し、対応に当たる。

②いじめの発見・通報を受けたときの対応

遊びや悪ふざけなど、いじめと疑われる行為を発見した場合、その場でその行為を止める。児童生徒や保護者から「いじめではないか」との相談や訴えがあった場合には、真摯に傾聴する。ささいな兆候であっても、いじめの疑いがある行為には、早い段階から的確に関わりを持つことが必要である。その際、いじめられた児童生徒やいじめを知らせてきた児童生徒の安全を確保する。

発見・通報を受けた教職員は一人で抱え込まず、学校における「いじめの防止等の対策のための組織」に直ちに情報を共有する。その後は、当該組織が中心となり、速やかに関係児童生徒から事情を聴き取るなどして、いじめの事実の有無の確認を行う。事実確認の結果は、校長が責任を持って学校の設置者に報告するとともに被害・加害児童生徒の保護者に連絡する。

学校や学校の設置者が、いじめる児童生徒に対して必要な教育上の指導を行っているにもかかわらず、その指導により十分な効果を上げることが困難な場合において、いじめが犯罪行為として取り扱われるべきものと認めるときは、いじめられている児童生徒を徹底して守り通すという観点から、学校はためらうことなく所轄警察署と相談して対処する。

なお、児童生徒の生命、身体又は財産に重大な被害が生じるおそれがあるときは、直ちに所轄警察署に通報し、適切に援助を求める。

③いじめられた児童生徒又はその保護者への支援

いじめられた児童生徒から、事実関係の聴取を行う。その際、いじめられている児童生徒にも責任があるという考え方はあってはならず、「あなたが悪いのではない」ことをはっきりと伝えるなど、自尊感情を高めるよう留意する。また、児童生徒の個人情報の取扱い等、プライバシーには十分に留意して以後の対応を行っていく。

家庭訪問等により、その日のうちに迅速に保護者に事実関係を伝える。いじるいは、ささいな嫌がらせや意地悪であっても、しつこく繰り返したり、みんなで行ったりすることは、深刻な精神的危害になることなどを学ぶ。

なお、児童会・生徒会がいじめの防止に取り組む事は推奨されることであるが、熱心さのあまり教職員主導で児童生徒が「やらされている」だけの活動に陥ったり、一部の役員等だけが行う活動に陥ったりする例もある。教職員は、全ての児童生徒がその意義を理解し、主体的に参加できる活動になっているかどうかをチェックするとともに、教職員は陰で支える役割に徹するよう心がける。

⑵ 早期発見

①基本的考え方

いじめは大人の目に付きにくい時間や場所で行われたり、遊びやふざけあいを装って行われたりするなど、大人が気付きにくく判断しにくい形で行われることを認識する。たとえ、ささいな兆候であっても、いじめではないかとの疑いを持って、早い段階から複数の教職員で的確に関わり、いじめを隠したり軽視したりすることなく、いじめを積極的に認知する。

日頃からの児童生徒の見守りや信頼関係の構築等に努め、児童生徒が示す小さな変化や危険信号を見逃さないようアンテナを高く保つとともに、教職員相互が積極的に児童生徒の情報交換を行い、情報を共有することが大切である。

なお、指導に困難を抱える学級や学校では、暴力を伴わないいじめの発見や早期対応が一層難しくなる点に注意する。また、例えば暴力をふるう児童生徒のグループ内で行われるいじめ等、特定の児童生徒のグループ内で行われるいじめについては、被害者からの訴えがなかったり、周りの児童生徒も教職員も見逃しやすかったりするので注意深く対応する必要がある。

②いじめの早期発見のための措置

学校は、定期的なアンケート調査や定期的な教育相談の実施等により、いじめの実態把握に取り組むとともに[注3]、児童生徒が日頃からいじめを訴えやすい雰囲気をつくる[注4]。また、保護者用のいじめチェックシートなどを活用し、家庭と連携して児童生徒を見守り、健やかな成長を支援していくことも有効である。

児童生徒及びその保護者、教職員が、抵抗なくいじめに関して相談できる体制を整備するとともに、児童生徒や保護者の悩みを積極的に受け止められているか、適切に機能しているかなど、定期的に体制を点検すること、保健室や相談室の利用、電話相談窓口について広く周知することが必要である。なお、教育相談等で得た、児童生徒の個人情報については、対外的な取扱いの方針を明確にし、適切に扱う。

定期的なアンケートや教育相談以外にも、いじめの早期発見の手立ては、休み時間や放課後の雑談の中などで児童生徒の様子に目を配ったり、個人ノートや生活ノート等、教職員と児童生徒の間で日常行われている日記等を活用して交友関

ウ）いじめが生まれる背景と指導上の注意

いじめ加害の背景には、勉強や人間関係等のストレスが関わっていることを踏まえ、授業についていけない焦りや劣等感などが過度なストレスとならないよう、一人一人を大切にした分かりやすい授業づくりを進めていくこと、学級や学年、部活動等の人間関係を把握して一人一人が活躍できる集団づくりを進めていくことが求められる。また、ストレスを感じた場合でも、それを他人にぶつけるのではなく、運動・スポーツや読書などで発散したり、誰かに相談したりするなど、ストレスに適切に対処できる力を育むことも大切である。

なお、教職員の不適切な認識や言動が、児童生徒を傷つけたり、他の児童生徒によるいじめを助長したりすることのないよう、指導の在り方には細心の注意を払う。教職員による「いじめられる側にも問題がある」という認識や発言は、いじめている児童生徒や、周りで見ていたり、はやし立てたりしている児童生徒を容認するものにほかならず、いじめられている児童生徒を孤立させ、いじめを深刻化する。また、障害（発達障害を含む）について、適切に理解した上で、児童生徒に対する指導に当たる必要がある。

エ）自己有用感や自己肯定感を育む

ねたみや嫉妬などいじめにつながりやすい感情を減らすために、全ての児童生徒が、認められている、満たされているという思いを抱くことができるよう、学校の教育活動全体を通じ、児童生徒が活躍でき、他者の役に立っていると感じ取ることのできる機会を全ての児童生徒に提供し、児童生徒の自己有用感が高められるよう努める。その際、当該学校の教職員はもとより、家庭や地域の人々などにも協力を求めていくことで、幅広い大人から認められているという思いが得られるよう工夫することも有効である。また、自己肯定感を高められるよう、困難な状況を乗り越えるような体験の機会などを積極的に設けることも考えられる。

なお、社会性や自己有用感・自己肯定感などは、発達段階に応じて身に付いていくものであることを踏まえ、異学校種や同学校種間で適切に連携して取り組むことが考えられる。幅広く長く多様な眼差しで児童生徒を見守ることができるだけでなく、児童生徒自らも長い見通しの中で自己の成長発達を感じ取り、自らを高めることができる。

オ）児童生徒自らがいじめについて学び、取り組む

児童生徒自らがいじめの問題について学び、そうした問題を児童生徒自身が主体的に考え、児童生徒自身がいじめの防止を訴えるような取組を推進（児童会・生徒会によるいじめ撲滅の宣言や相談箱の設置など）する。例えば、「いじめられる側にも問題がある」「大人に言いつける（チクる）ことは卑怯である」「いじめを見ているだけなら問題はない」などの考え方は誤りであることを学ぶ。あ

○学校における「いじめの防止」「早期発見」「いじめに対する措置」のポイント

• 学校及び学校の設置者は、連携して、いじめの防止や早期発見、いじめが発生した際の対処等に当たる

(1) いじめの防止

①基本的考え方

いじめはどの子供にも起こりうる、どの子供も被害者にも加害者にもなりうるという事実を踏まえ、児童生徒の尊厳が守られ、児童生徒をいじめに向かわせないための未然防止に、全ての教職員が取り組むことから始めていく必要がある。

未然防止の基本となるのは、児童生徒が、周囲の友人や教職員と信頼できる関係の中、安心・安全に学校生活を送ることができ、規律正しい態度で授業や行事に主体的に参加・活躍できるような授業づくりや集団づくり、学校づくりを行っていくことである。児童生徒に集団の一員としての自覚や自信が育まれることにより、いたずらにストレスにとらわれることなく、互いを認め合える人間関係・学校風土を児童生徒自らが作り出していくものと期待される。

そうした未然防止の取組が着実に成果を上げているかどうかについては、日常的に児童生徒の行動の様子を把握したり、定期的なアンケート調査や児童生徒の欠席日数などで検証したりして、どのような改善を行うのか、どのような新たな取組を行うかを定期的に検討し、体系的・計画的にＰＤＣＡサイクルに基づく取組を継続することが大切である。

②いじめの防止のための措置

ア）いじめについての共通理解

いじめの態様や特質、原因・背景、具体的な指導上の留意点などについて、校内研修や職員会議で周知を図り、平素から教職員全員の共通理解を図っていくことが大切である。また、児童生徒に対しても、全校集会や学級活動（ホームルーム活動）などで校長や教職員が、日常的にいじめの問題について触れ、「いじめは人間として絶対に許されない」との雰囲気を学校全体に醸成していくことが大切である。常日頃から、児童生徒と教職員がいじめとは何かについて具体的な認識を共有する手段として、何がいじめなのかを具体的に列挙して目につく場所に掲示するなどが考えられる。

イ）いじめに向かわない態度・能力の育成

学校の教育活動全体を通じた道徳教育や人権教育の充実、読書活動・体験活動などの推進により、児童生徒の社会性を育むとともに、幅広い社会体験・生活体験の機会を設け、他人の気持ちを共感的に理解できる豊かな情操を培い、自分の存在と他人の存在を等しく認め、お互いの人格を尊重する態度を養う[注1]。また、自他の意見の相違があっても、互いを認め合いながら建設的に調整し、解決していける力や、自分の言動が相手や周りにどのような影響を与えるかを判断して行動できる力など、児童生徒が円滑に他者とコミュニケーションを図る能力を育てる[注2]。

保されるよう努めること。

［いじめ防止対策推進法案に対する附帯決議（平成25年6月20日参議院文教科学委員会）］

六、本法に基づき設けられるいじめの防止等のための対策を担う附属機関その他の組織においては、適切にいじめの問題に対処する観点から、専門的な知識及び経験を有する第三者等の参加を図り、公平性・中立性が確保されるよう努めること。

保されるよう努めること。

［いじめ防止対策推進法案に対する附帯決議（平成25年6月20日　参議院文教科学委員会）］

六、本法に基づき設けられるいじめの防止等のための対策を担う附属機関その他の組織においては、適切にいじめの問題に対処する観点から、専門的な知識及び経験を有する第三者等の参加を図り、公平性・中立性が確保されるよう努めること。

注23　なお、国は、児童生徒の自殺が起きたときの調査の指針策定後の、各自治体における運用状況や、いじめ防止対策推進法における重大事態への対処の規定等を踏まえ、背景調査の在り方について、必要な見直しを検討し、可能な限り速やかに、一定の結論を得る

注24　○いじめ防止対策推進法（平成25年法律第71号）

（いじめに対する措置）

第二十三条　学校の教職員、地方公共団体の職員その他の児童等からの相談に応じる者及び児童等の保護者は、児童等からいじめに係る相談を受けた場合において、いじめの事実があると思われるときは、いじめを受けたと思われる児童等が在籍する学校への通報その他の適切な措置をとるものとする。

2　学校は、前項の規定による通報を受けたときその他当該学校に在籍する児童等がいじめを受けていると思われるときは、速やかに、当該児童等に係るいじめの事実の有無の確認を行うための措置を講ずるとともに、その結果を当該学校の設置者に報告するものとする。

3～6　（略）

注25　［いじめ防止対策推進法案に対する附帯決議（平成25年6月19日　衆議院文部科学委員会）］

四　いじめを受けた児童等の保護者に対する支援を行うに当たっては、必要に応じていじめ事案に関する適切な情報提供が行われるよう努めること。

注26　［いじめ防止対策推進法案に対する附帯決議（平成25年6月20日　参議院文教科学委員会）］

七、いじめが起きた際の質問票を用いる等による調査の結果等について、いじめを受けた児童等の保護者と適切に共有されるよう、必要に応じて専門的な知識及び経験を有する者の意見を踏まえながら対応すること。

注27　［いじめ防止対策推進法案に対する附帯決議（平成25年6月19日　衆議院文部科学委員会）］

三　本法に基づき設けられるいじめの防止等のための対策を担う附属機関その他の組織においては、適切にいじめの問題に対処する観点から、専門的な知識及び経験を有する第三者等の参加を図り、公平性・中立性が確

童の出席停止を命ずることができる。

一　他の児童に傷害、心身の苦痛又は財産上の損失を与える行為

二　職員に傷害又は心身の苦痛を与える行為

三　施設又は設備を損壊する行為

四　授業その他の教育活動の実施を妨げる行為

2　市町村の教育委員会は、前項の規定により出席停止を命ずる場合には、あらかじめ保護者の意見を聴取するとともに、理由及び期間を記載した文書を交付しなければならない。

3　前項に規定するもののほか、出席停止の命令の手続に関し必要な事項は、教育委員会規則で定めるものとする。

4　市町村の教育委員会は、出席停止の命令に係る児童の出席停止の期間における学習に対する支援その他の教育上必要な措置を講ずるものとする。

注17　○いじめ防止対策推進法（平成25年法律第71号）

（学校評価における留意事項）

第三十四条　学校の評価を行う場合においていじめの防止等のための対策を取り扱うに当たっては、いじめの事実が隠蔽されず、並びにいじめの実態の把握及びいじめに対する措置が適切に行われるよう、いじめの早期発見、、いじめの再発を防止するための取組等について適正に評価が行われるようにしなければならない。

注18　別添2「学校における『いじめの防止』『早期発見』『いじめに対する措置』のポイント」参照。

注19　文部科学省「児童生徒の問題行動等生徒指導上の諸問題に関する調査」における定義

注20　［いじめ防止対策推進法案に対する附帯決議（平成25年6月19日衆議院文部科学委員会）］

五　重大事態への対処に当たっては、いじめを受けた児童等やその保護者からの申立てがあったときは、適切かつ真摯に対応すること。

注21　公立学校における「学校の設置者」は、学校を設置する地方公共団体である。また、公立学校について、法第28条の調査を行う「学校の設置者」とは、地方公共団体のいずれの部局がその事務を担当するかについては、地方教育行政の組織及び運営に関する法律（昭和31年法律第162号）により、学校の設置・管理を行う教育委員会である。

注22　［いじめ防止対策推進法案に対する附帯決議（平成25年6月19日衆議院文部科学委員会）］

三　本法に基づき設けられるいじめの防止等のための対策を担う附属機関その他の組織においては、適切にいじめの問題に対処する観点から、専門的な知識及び経験を有する第三者等の参加を図り、公平性・中立性が確

附属機関として自治紛争処理委員、審査会、審議会、調査会その他の調停、審査、諮問又は調査のための機関を置くことができる。ただし、政令で定める執行機関については、この限りでない。

注13 ［いじめ防止対策推進法案に対する附帯決議（平成25年6月19日 衆議院文部科学委員会）］

三 本法に基づき設けられるいじめの防止等のための対策を担う附属機関その他の組織においては、適切にいじめの問題に対処する観点から、専門的な知識及び経験を有する第三者等の参加を図り、公平性・中立性が確保されるよう努めること。

［いじめ防止対策推進法案に対する附帯決議（平成25年6月20日 参議院文教科学委員会）］

六、本法に基づき設けられるいじめの防止等のための対策を担う附属機関その他の組織においては、適切にいじめの問題に対処する観点から、専門的な知識及び経験を有する第三者等の参加を図り、公平性・中立性が確保されるよう努めること。

注14 ○いじめ防止対策推進法（平成25年法律第71号）

（学校の設置者による措置）

第24条 学校の設置者は、前条第二項の規定による報告を受けたときは、必要に応じ、その設置する学校に対し必要な支援を行い、若しくは必要な措置を講ずることを指示し、又は当該報告に係る事案について自ら必要な調査を行うものとする

注15 ○いじめ防止対策推進法（平成25年法律第71号）

（学校の設置者又はその設置する学校による対処）

第28条 学校の設置者又はその設置する学校は、次に掲げる場合には、その事態（以下「重大事態」という。）に対処し、及び当該重大事態と同種の事態の発生の防止に資するため、速やかに、当該学校の設置者又はその設置する学校の下に組織を設け、質問票の使用その他の適切な方法により当該重大事態に係る事実関係を明確にするための調査を行うものとする。

一 いじめにより当該学校に在籍する児童等の生命、心身又は財産に重大な被害が生じた疑いがあると認めるとき。

二 いじめにより当該学校に在籍する児童等が相当の期間学校を欠席することを余儀なくされている疑いがあると認めるとき。

注16 ○学校教育法（昭和22年法律第26号）

第35条 市町村の教育委員会は、次に掲げる行為の一又は二以上を繰り返し行う等性行不良であつて他の児童の教育に妨げがあると認める児童があるときは、その保護者に対して、児

注6　平成25年7月　国立教育政策研究所　生徒指導・進路指導研究センター「いじめ追跡調査2010 － 2012」

注7　○いじめ防止対策推進法（平成25年法律第71号）

（国の責務）

第五条　国は、第三条の基本理念（以下「基本理念」という。）にのっとり、いじめの防止等のための対策を総合的に策定し、及び実施する責務を有する。

注8［いじめ防止対策推進法案に対する附帯決議（平成25年6月20日　参議院文教科学委員会）］

三、本法の運用に当たっては、いじめの被害者に寄り添った対策が講ぜられるよう留意するとともに、いじめ防止等について児童等の主体的かつ積極的な参加が確保できるよう留意すること。

注9［いじめ防止対策推進法案に対する附帯決議（平成25年6月19日　衆議院文部科学委員会）］

二　教職員はいじめを受けた児童等を徹底して守り通す責務を有するものとして、いじめに係る研修の実施等により資質の向上を図ること。

注10［いじめ防止対策推進法案に対する附帯決議（平成25年6月19日　衆議院文部科学委員会）］

七　教職員による体罰は、児童等の心身の健全な成長及び人格の形成に重大な影響を与えるものであることに鑑み、体罰の禁止の徹底に向け、必要な対策を講ずること。

注11［いじめ防止対策推進法案に対する附帯決議（平成25年6月19日　衆議院文部科学委員会）］

三　本法に基づき設けられるいじめの防止等のための対策を担う附属機関その他の組織においては、適切にいじめの問題に対処する観点から、専門的な知識及び経験を有する第三者等の参加を図り、公平性・中立性が確保されるよう努めること。

［いじめ防止対策推進法案に対する附帯決議（平成25年6月20日　参議院文教科学委員会）］

六、本法に基づき設けられるいじめの防止等のための対策を担う附属機関その他の組織においては、適切にいじめの問題に対処する観点から、専門的な知識及び経験を有する第三者等の参加を図り、公平性・中立性が確保されるよう努めること

注12　○地方自治法（昭和22年法律第67号）

第138条の4　普通地方公共団体にその執行機関として普通地方公共団体の長の外、法律の定めるところにより、委員会又は委員を置く。

2　（略）

3　普通地方公共団体は、法律又は条例の定めるところにより、執行機関の

年法律第71号)

(いじめ防止基本方針)

第11条　文部科学大臣は、関係行政機関の長と連携協力して、いじめの防止等のための対策を総合的かつ効果的に推進するための基本的な方針(以下「いじめ防止基本方針」という。)を定めるものとする。

2　いじめ防止基本方針においては、次に掲げる事項を定めるものとする。

一　いじめの防止等のための対策の基本的な方向に関する事項

二　いじめの防止等のための対策の内容に関する事項

三　その他いじめの防止等のための対策に関する重要事項

(地方いじめ防止基本方針)

第12条　地方公共団体は、いじめ防止基本方針を参酌し、その地域の実情に応じ、当該地方公共団体におけるいじめの防止等のための対策を総合的かつ効果的に推進するための基本的な方針(以下「地方いじめ防止基本方針」という。)を定めるよう努めるものとする。

(学校いじめ防止基本方針)

第13条　学校は、いじめ防止基本方針又は地方いじめ防止基本方針を参酌し、その学校の実情に応じ、当該学校におけるいじめの防止等のための対策に関する基本的な方針を定めるものとする。

注4 [いじめ防止対策推進法案に対する附帯決議(平成25年6月20日　参議院文教科学委員会)]

四、国がいじめ防止基本方針を策定するに当たっては、いじめ防止等の対策を実効的に行うようにするため、専門家等の意見を反映するよう留意するとともに、本法の施行状況について評価を行い、その結果及びいじめの情勢の推移等を踏まえ、適時適切の見直しその他必要な措置を講じること。

注5 [いじめ防止対策推進法案に対する附帯決議(平成25年6月19日　衆議院文部科学委員会)]

一　いじめには多様な態様があることに鑑み、本法の対象となるいじめに該当するか否かを判断するに当たり、「心身の苦痛を感じているもの」との要件が限定して解釈されることのないよう努めること。

[いじめ防止対策推進法案に対する附帯決議(平成25年6月20日　参議院文教科学委員会)]

一、いじめには多様な態様があることに鑑み、本法の対象となるいじめに該当するか否かを判断するに当たり、「心身の苦痛を感じているもの」との要件が限定して解釈されることのないよう努めること。

三、本法の運用に当たっては、いじめの被害者に寄り添った対策が講ぜられるよう留意するとともに、いじめ防止等について児童等の主体的かつ積極的な参加が確保できるよう留意すること。

【注】

注1　○いじめ防止対策推進法（平成25年法律第71号）

（目的）

第1条　この法律は、いじめが、いじめを受けた児童等の教育を受ける権利を著しく侵害し、その心身の健全な成長及び人格の形成に重大な影響を与えるのみならず、その生命又は身体に重大な危険を生じさせるおそれがあるものであることに鑑み、児童等の尊厳を保持するため、いじめの防止等（いじめの防止、いじめの早期発見及びいじめへの対処をいう。以下同じ。）のための対策に関し、基本理念を定め、国及び地方公共団体等の責務を明らかにし、並びにいじめの防止等のための対策に関する基本的な方針の策定について定めるとともに、いじめの防止等のための対策の基本となる事項を定めることにより、いじめの防止等のための対策を総合的かつ効果的に推進することを目的とする。

（いじめ防止基本方針）

第11条　文部科学大臣は、関係行政機関の長と連携協力して、いじめの防止等のための対策を総合的かつ効果的に推進するための基本的な方針（以下「いじめ防止基本方針」という。）を定めるものとする。

2　いじめ防止基本方針においては、次に掲げる事項を定めるものとする。

一　いじめの防止等のための対策の基本的な方向に関する事項

二　いじめの防止等のための対策の内容に関する事項

三　その他いじめの防止等のための対策に関する重要事項

注2　○いじめ防止対策推進法（平成25年法律第71号）

（基本理念）

第3条　いじめの防止等のための対策は、いじめが全ての児童等に関係する問題であることに鑑み、児童等が安心して学習その他の活動に取り組むことができるよう、学校の内外を問わずいじめが行われなくなるようにすることを旨として行われなければならない。

2　いじめの防止等のための対策は、全ての児童等がいじめを行わず、及び他の児童等に対して行われるいじめを認識しながらこれを放置することがないようにするため、いじめが児童等の心身に及ぼす影響その他のいじめの問題に関する児童等の理解を深めることを旨として行われなければならない。

3　いじめの防止等のための対策は、いじめを受けた児童等の生命及び心身を保護することが特に重要であることを認識しつつ、国、地方公共団体、学校、地域住民、家庭その他の関係者の連携の下、いじめの問題を克服することを目指して行われなければならない。

注3　○いじめ防止対策推進法（平成25

トの収集などの初期的な調査を学校の設置者又は学校が中心となって行い、収集した資料に基づく分析及び追加調査を、並行して行われる調査で実施する等が考えられる)。【再掲】

再調査についても、学校の設置者又は学校等による調査同様、再調査の主体は、いじめを受けた児童生徒及びその保護者に対して、情報を適切に提供する責任があるものと認識し、適時・適切な方法で、調査の進捗状況等及び調査結果を説明する。

2) 再調査の結果を踏まえた措置等

公立学校の場合、地方公共団体の長及び教育委員会は、再調査の結果を踏まえ、自らの権限及び責任において、当該調査に係る重大事態への対処又は当該重大事態と同種の事態の発生の防止のために必要な措置を講ずるものとすることとされている。国立大学に附属して設置される学校・私立学校等についても、本法により特別に新たな権限が与えられるものではないが、国立大学法人法において準用する独立行政法人通則法の規定や私立学校法の規定等に定める権限に基づき、必要な措置を講ずることとされている。

「必要な措置」としては、教育委員会においては、例えば、指導主事や教育センターの専門家の派遣による重点的な支援、生徒指導に専任的に取り組む教職員の配置など人的体制の強化、心理や福祉の専門家、教員・警察官経験者など外部専門家の追加配置等、多様な方策が考えられる。首長部局においても、必要な教育予算の確保や児童福祉や青少年健全育成の観点からの措置が考えられる。

また、公立学校について再調査を行ったとき、地方公共団体の長はその結果を議会に報告しなければならないこととされている。議会へ報告する内容については、個々の事案の内容に応じ、各地方公共団体において適切に設定されることとなるが、個人のプライバシーに対しては必要な配慮を確保することが当然求められる。

第3　その他いじめの防止等のための対策に関する重要事項（35頁）

高等専門学校（学校教育法第1条に規定する高等専門学校をいう。）の設置者及びその設置する高等専門学校は、その実情に応じ、当該高等専門学校に在籍する学生に係るいじめに相当する行為の防止、早期発見及び当該行為への対処のための対策に関し必要な措置を講ずるよう努める。

また、国は、当該基本方針の策定から3年の経過を目途として、法の施行状況等を勘案して、国の基本方針の見直しを検討し、必要があると認められるときは、その結果に基づいて必要な措置を講じる。

加えて、国は都道府県・政令市における地域基本方針について、都道府県は市町村における地域基本方針について、地方公共団体は自ら設置する学校における学校基本方針について、それぞれ策定状況を確認し、公表する。

当該報告に係る重大事態への対処又は当該重大事態と同種の事態の発生の防止のため必要があると認めるときは、附属機関を設けて調査を行う等の方法により、第28条第1項の規定による調査の結果について調査を行うことができる。
（私立の学校に係る対処）
第31条第2項　前項の規定による報告を受けた都道府県知事は、当該報告に係る重大事態への対処又は当該重大事態と同種の事態の発生の防止のため必要があると認めるときは、附属機関を設けて調査を行う等の方法により、第28条第1項の規定による調査の結果について調査を行うことができる。

上記②の報告を受けた文部科学大臣、地方公共団体の長、都道府県知事は、当該報告に係る重大事態への対処又は当該重大事態と同種の事態の発生の防止のため必要があると認めるときは、第28条第1項の規定による調査の結果について調査（以下「再調査」という。）を行うことができる。

第30条第2項及び第31条第2項で規定する「附属機関を設けて調査を行う等の方法」とは、当該再調査を行うに当たって、専門的な知識又は経験を有する第三者等による附属機関を設けて行うことを主な方法として念頭に置いたものであるが、「等」としては、地方公共団体が既に設置している附属機関や監査組織等を活用しながら調査を進めることなども考えられる。

これらの附属機関については、弁護士や精神科医、学識経験者、心理や福祉の専門家等の専門的な知識及び経験を有する者であって、当該いじめ事案の関係者と直接の人間関係又は特別の利害関係を有する者ではない者（第三者）について、職能団体や大学、学会からの推薦等により参加を図り、当該調査の公平性・中立性を図るよう努めることが求められる。[注27]

また、附属機関を置く場合、重大事態の発生の都度、条例により機関を設置することは、迅速性という観点から必ずしも十分な対応ができないおそれがあるため、あらかじめ法にいう重大事態に対応するための附属機関を設けておくことも考えられる。

国立大学に附属して設置される学校・私立学校について、法により、文部科学大臣・都道府県知事に新たな権限が付与されるものではないが、文部科学大臣・都道府県知事は、当該事案に係る資料の提供等を求め、資料の精査や分析を改めて行うこと等が考えられる。

なお、従前の経緯や事案の特性から必要な場合や、いじめられた児童生徒又は保護者が望む場合には、第28条第1項の調査に並行して、地方公共団体の長等による調査を実施することも想定しうる。この場合、調査対象となる児童生徒等への心理的な負担を考慮し、重複した調査とならないよう、第28条第1項の調査主体と、並行して行われる調査主体とが密接に連携し、適切に役割分担を図ることが求められる（例えば、アンケー大事態の事実関係等その他の必要な情報を適切に提供するものとする。

学校の設置者又は学校は、いじめを受けた児童生徒やその保護者に対して、事実関係等その他の必要な情報を提供する責任を有することを踏まえ、調査により明らかになった事実関係（いじめ行為がいつ、誰から行われ、どのような態様であったか、学校がどのように対応したか）について、いじめを受けた児童生徒やその保護者に対して説明する。この情報の提供に当たっては、適時・適切な方法で、経過報告があることが望ましい。[注25]

これらの情報の提供に当たっては、学校の設置者又は学校は、他の児童生徒のプライバシー保護に配慮するなど、関係者の個人情報に十分配慮し、適切に提供する。
ただし、いたずらに個人情報保護を楯に説明を怠るようなことがあってはならない。

質問紙調査の実施により得られたアンケートについては、いじめられた児童生徒又はその保護者に提供する場合があることをあらかじめ念頭におき、調査に先立ち、その旨を調査対象となる在校生やその保護者に説明する等の措置が必要であることに留意する。[注26]

また、学校が調査を行う場合においては、当該学校の設置者は、情報の提供の内容・方法・時期などについて必要な指導及び支援を行うこととされており、学校の設置者の適切な対応が求められる。

②調査結果の報告

調査結果については、国立大学に附属して設置される学校に係る調査結果は文部科学大臣に、公立学校に係る調査結果は当該地方公共団体の長に、私立学校に係る調査結果は、当該学校を所轄する都道府県知事に、学校設置会社が設置する学校に係る調査結果は当該学校設置会社の代表取締役等を通じて認定地方公共団体の長に、それぞれ報告する。

上記①の説明の結果を踏まえて、いじめを受けた児童生徒又はその保護者が希望する場合には、いじめを受けた児童生徒又はその保護者の所見をまとめた文書の提供を受け、調査結果の報告に添えて地方公共団体の長等に送付する。

(2) 調査結果の報告を受けた文部科学大臣、地方公共団体の長又は都道府県知事による再調査及び措置（33 ～ 35 頁）

i）再調査

（国立大学に附属して設置される学校に係る対処）
第 29 条第 2 項　前項の規定による報告を受けた文部科学大臣は、当該報告に係る重大事態への対処又は当該重大事態と同種の事態の発生の防止のため必要があると認めるときは、前条第 1 項の規定による調査の結果について調査を行うことができる。
（公立の学校に係る対処）
第 30 条第 2 項　前項の規定による報告を受けた地方公共団体の長は、

門的知識及び経験を有する者の援助を求めることが必要であることに留意する
○学校が調査を行う場合においては、当該学校の設置者は、情報の提供について必要な指導及び支援を行うこととされており、学校の設置者の適切な対応が求められる
○情報発信・報道対応については、プライバシーへの配慮のうえ、正確で一貫した情報提供が必要であり、初期の段階で情報がないからといって、トラブルや不適切な対応がなかったと決めつけたり、断片的な情報で誤解を与えたりすることのないよう留意する。なお、亡くなった児童生徒の尊厳の保持や、子供の自殺は連鎖（後追い）の可能性があることなどを踏まえ、報道の在り方に特別の注意が必要であり、ＷＨＯ（世界保健機関）による自殺報道への提言を参考にする必要がある

⑥その他留意事項

第23条第2項[注24]においても、いじめの事実の有無の確認を行うための措置を講ずるとされ、学校において、いじめの事実の有無の確認のための措置を講じた結果、重大事態であると判断した場合も想定されるが、それのみでは重大事態の全貌の事実関係が明確にされたとは限らず、未だその一部が解明されたにすぎない場合もあり得ることから、第28条第1項の「重大事態に係る事実関係を明確にするための調査」として、第23条第2項で行った調査資料の再分析や、必要に応じて新たな調査を行うこととする。ただし、第23条第2項による措置にて事実関係の全貌が十分に明確にされたと判断できる場合は、この限りでない。

また、事案の重大性を踏まえ、学校の設置者の積極的な支援が必要となる。例えば、特に市町村教育委員会においては、義務教育段階の児童生徒に関して、出席停止措置の活用や、いじめられた児童生徒又はその保護者が希望する場合には、就学校の指定の変更や区域外就学等の弾力的な対応を検討することも必要である。

また重大事態が発生した場合に、関係のあった児童生徒が深く傷つき、学校全体の児童生徒や保護者や地域にも不安や動揺が広がったり、時には事実に基づかない風評等が流れたりする場合もある。学校の設置者及び学校は、児童生徒や保護者への心のケアと落ち着いた学校生活を取り戻すための支援に努めるとともに、予断のない一貫した情報発信、個人のプライバシーへの配慮に留意する必要がある。

ii）調査結果の提供及び報告

①いじめを受けた児童生徒及びその保護者に対する情報を適切に提供する責任

（学校の設置者又はその設置する学校による対処）
第28条第2項　学校の設置者又はその設置する学校は、前項の規定による調査を行ったときは、当該調査に係るいじめを受けた児童等及びその保護者に対し、当該調査に係る重

イ）いじめられた児童生徒からの聴き取りが不可能な場合

児童生徒の入院や死亡など、いじめられた児童生徒からの聴き取りが不可能な場合は、当該児童生徒の保護者の要望・意見を十分に聴取し、迅速に当該保護者に今後の調査について協議し、調査に着手する必要がある。調査方法としては、在籍児童生徒や教職員に対する質問紙調査や聴き取り調査などが考えられる。

（自殺の背景調査における留意事項）

児童生徒の自殺という事態が起こった場合の調査の在り方については、その後の自殺防止に資する観点から、自殺の背景調査を実施することが必要である。この調査においては、亡くなった児童生徒の尊厳を保持しつつ、その死に至った経過を検証し再発防止策を構ずることを目指し、遺族の気持ちに十分配慮しながら行うことが必要である。いじめがその要因として疑われる場合の背景調査については、第28条第1項に定める調査に相当することとなり、その在り方については、以下の事項に留意のうえ、「児童生徒の自殺が起きたときの調査の指針」（平成23年3月児童生徒の自殺予防に関する調査研究協力者会議）を参考とするものとする。[注23]

○背景調査に当たり、遺族が、当該児童生徒を最も身近に知り、また、背景調査について切実な心情を持つことを認識し、その要望・意見を十分に聴取するとともに、できる限りの配慮と説明を行う

○在校生及びその保護者に対しても、できる限りの配慮と説明を行う

○死亡した児童生徒が置かれていた状況として、いじめの疑いがあることを踏まえ、学校の設置者又は学校は、遺族に対して主体的に、在校生へのアンケート調査や一斉聴き取り調査を含む詳しい調査の実施を提案

○詳しい調査を行うに当たり、学校の設置者又は学校は、遺族に対して、調査の目的・目標、調査を行う組織の構成等、調査の概ねの期間や方法、入手した資料の取り扱い、遺族に対する説明の在り方や調査結果の公表に関する方針などについて、できる限り、遺族と合意しておくことが必要

○調査を行う組織については、弁護士や精神科医、学識経験者、心理や福祉の専門家等の専門的知識及び経験を有する者であって、当該いじめ事案の関係者と直接の人間関係又は特別の利害関係を有する者ではない者（第三者）について、職能団体や大学、学会からの推薦等により参加を図ることにより、当該調査の公平性・中立性を確保するよう努める

○背景調査においては、自殺が起きた後の時間の経過等に伴う制約の下で、できる限り、偏りのない資料や情報を多く収集し、それらの信頼性の吟味を含めて、客観的に、特定の資料や情報にのみ依拠することなく総合的に分析評価を行うよう努める

○客観的な事実関係の調査を迅速に進めることが必要であり、それらの事実の影響についての分析評価については、専

努めることが求められる。

また、学校が調査の主体となる場合、調査を行うための組織を重大事態の発生の都度設けることも考えられるが、それでは迅速性に欠けるおそれがあるため、第22条に基づき学校に必ず置かれることとされている「いじめの防止等の対策のための組織」を母体として、当該重大事態の性質に応じて適切な専門家を加えるなどの方法によることも考えられる。

⑤事実関係を明確にするための調査の実施

「事実関係を明確にする」とは、重大事態に至る要因となったいじめ行為が、いつ（いつ頃から）、誰から行われ、どのような態様であったか、いじめを生んだ背景事情や児童生徒の人間関係にどのような問題があったか、学校・教職員がどのように対応したかなどの事実関係を、可能な限り網羅的に明確にすることである。この際、因果関係の特定を急ぐべきではなく、客観的な事実関係を速やかに調査すべきである。

この調査は、民事・刑事上の責任追及やその他の争訟等への対応を直接の目的とするものでないことは言うまでもなく、学校とその設置者が事実に向き合うことで、当該事態への対処や同種の事態の発生防止を図るものである。

第28条の調査を実りあるものにするためには、学校の設置者・学校自身が、たとえ不都合なことがあったとしても、事実にしっかりと向き合おうとする姿勢が重要である。学校の設置者又は学校は、附属機関等に対して積極的に資料を提供するとともに、調査結果を重んじ、主体的に再発防止に取り組まなければならない。

ア）いじめられた児童生徒からの聴き取りが可能な場合

いじめられた児童生徒からの聴き取りが可能な場合、いじめられた児童生徒から十分に聴き取るとともに、在籍児童生徒や教職員に対する質問紙調査や聴き取り調査を行うことなどが考えられる。この際、いじめられた児童生徒や情報を提供してくれた児童生徒を守ることを最優先とした調査実施が必要である（例えば、質問票の使用に当たり個別の事案が広く明らかになり、被害児童生徒の学校復帰が阻害されることのないよう配慮する等）。

調査による事実関係の確認とともに、いじめた児童生徒への指導を行い、いじめ行為を止める。

いじめられた児童生徒に対しては、事情や心情を聴取し、いじめられた児童生徒の状況にあわせた継続的なケアを行い、落ち着いた学校生活復帰の支援や学習支援等をすることが必要である。

これらの調査を行うに当たっては、別添2の「学校における『いじめの防止』『早期発見』『いじめに対する措置』のポイント」を参考にしつつ、事案の重大性を踏まえて、学校の設置者がより積極的に指導・支援したり、関係機関ともより適切に連携したりして、対応に当たることが必要である。

おそれがあるような場合には、学校の設置者において調査を実施する。

学校が調査主体となる場合であっても、第28条第3項に基づき、学校の設置者は調査を実施する学校に対して必要な指導、また、人的措置も含めた適切な支援を行わなければならない。

なお、第28条で、組織を設けて調査を行う主体としては「学校の設置者又は学校は」と規定されているが、このうち公立学校の場合の「学校の設置者」とは、学校を設置・管理する教育委員会である。[注21]

また、国立大学に附属して設置される学校の設置者は国立大学法人であり、私立学校の設置者は学校法人である。

なお、従前の経緯や事案の特性から必要な場合や、いじめられた児童生徒又は保護者が望む場合には、第28条第1項の調査に並行して、地方公共団体の長等による調査を実施することも想定しうる。この場合、調査対象となる児童生徒等への心理的な負担を考慮し、重複した調査とならないよう、第28条第1項の調査主体と、並行して行われる調査主体とが密接に連携し、適切に役割分担を図ることが求められる（例えば、アンケートの収集などの初期的な調査を学校の設置者又は学校が中心となって行い、収集した資料に基づく分析及び追加調査を、並行して行われる調査で実施する等が考えられる）。

④調査を行うための組織について

学校の設置者又は学校は、その事案が重大事態であると判断したときは、当該重大事態に係る調査を行うため、速やかに、その下に組織を設けることとされている。

この組織の構成については、弁護士や精神科医、学識経験者、心理や福祉の専門家等の専門的知識及び経験を有する者であって、当該いじめ事案の関係者と直接の人間関係又は特別の利害関係を有しない者（第三者）について、職能団体や大学、学会からの推薦等により参加を図ることにより、当該調査の公平性・中立性を確保するよう努めることが求められる。[注22]

公立学校における調査において、学校の設置者が調査主体となる場合、第14条第3項の教育委員会に設置される附属機関を、調査を行うための組織とすることが望ましい。この際、重大事態が起きてから急遽附属機関を立ち上げることは困難である点から、地域の実情に応じて、平時から「附属機関」を設置しておくことが望ましい。なお、小規模の自治体など、設置が困難な地域も想定されることを踏まえ、都道府県教育委員会においては、これらの地域を支援するため、職能団体や大学、学会等の協力を得られる体制を平素から整えておくことなどが望まれる。

なお、この場合、附属機関の構成員に、調査対象となるいじめ事案の関係者と直接の人間関係又は特別の利害関係を有する者がいる場合には、その者を除いた構成員で調査に当たる等、当該調査の公平性・中立性確保の観点からの配慮に対し、当該調査に係る重大事態の事実関係等その他の必要な情報を適切に提供するものとする。
3　第1項の規定により学校が調査を行う場合においては、当該学校の設置者は、同項の規定による調査及び前項の規定による情報の提供について必要な指導及び支援を行うものとする。

①重大事態の意味について

「いじめにより」とは、各号に規定する児童生徒の状況に至る要因が当該児童生徒に対して行われるいじめにあることを意味する。

また、第1号の「生命、心身又は財産に重大な被害」については、いじめを受ける児童生徒の状況に着目して判断する。例えば、

○児童生徒が自殺を企図した場合
○身体に重大な傷害を負った場合
○金品等に重大な被害を被った場合
○精神性の疾患を発症した場合

などのケースが想定される。

第2号の「相当の期間」については、不登校の定義[注19]を踏まえ、年間30日を目安とする。ただし、児童生徒が一定期間、連続して欠席しているような場合には、上記目安にかかわらず、学校の設置者又は学校の判断により、迅速に調査に着手することが必要である。

また、児童生徒や保護者からいじめられて重大事態に至ったという申立てがあったときは、その時点で学校が「いじめの結果ではない」あるいは「重大事態とはいえない」と考えたとしても、重大事態が発生したものとして報告・調査等に当たる[注20]。

②重大事態の報告

学校は、重大事態が発生した場合、国立大学に附属して設置される学校は国立大学法人の学長を通じて文部科学大臣へ、公立学校は当該学校を設置する地方公共団体の教育委員会を通じて同地方公共団体の長へ、私立学校は当該学校を所轄する都道府県知事へ、学校設置会社が設置する学校は当該学校設置会社の代表取締役又は代表執行役を通じて認定地方公共団体の長へ、事態発生について報告する。

③調査の趣旨及び調査主体について

第28条の調査は、重大事態に対処するとともに、同種の事態の発生の防止に資するために行うものである。

学校は、重大事態が発生した場合には、直ちに学校の設置者に報告し、学校の設置者は、その事案の調査を行う主体や、どのような調査組織とするかについて判断する。

調査の主体は、学校が主体となって行う場合と、学校の設置者が主体となって行う場合が考えられるが、従前の経緯や事案の特性、いじめられた児童生徒又は保護者の訴えなどを踏まえ、学校主体の調査では、重大事態への対処及び同種の事態の発生の防止に必ずしも十分な結果を得られないと学校の設置者が判断する場合や、学校の教育活動に支障が生じる

信を育むことにより、いたずらにストレスにとらわれることなく、互いを認め合える人間関係・学校風土をつくる。

さらに、教職員の言動が、児童生徒を傷つけたり、他の児童生徒によるいじめを助長したりすることのないよう、指導の在り方に細心の注意を払う。

2）早期発見

いじめは大人の目に付きにくい時間や場所で行われたり、遊びやふざけあいを装って行われたりするなど、大人が気付きにくく判断しにくい形で行われることが多いことを教職員は認識し、ささいな兆候であっても、いじめではないかとの疑いを持って、早い段階から的確に関わりを持ち、いじめを隠したり軽視したりすることなく、いじめを積極的に認知することが必要である。

このため、日頃から児童生徒の見守りや信頼関係の構築等に努め、児童生徒が示す変化や危険信号を見逃さないようアンテナを高く保つ。あわせて、学校は定期的なアンケート調査や教育相談の実施等により、児童生徒がいじめを訴えやすい体制を整え、いじめの実態把握に取り組む。

3）いじめに対する措置

いじめの発見・通報を受けた場合には、特定の教職員で抱え込まず、速やかに組織的に対応し、被害児童生徒を守り通すとともに、加害児童生徒に対しては、当該児童生徒の人格の成長を旨として、教育的配慮の下、毅然とした態度で指導する。これらの対応について、教職員全員の共通理解、保護者の協力、関係機関・専門機関との連携の下で取り組む。

4　重大事態への対処（25 ～ 35 頁）

（1）学校の設置者又は学校による調査（25 ～ 33 頁）

i）重大事態の発生と調査

（学校の設置者又はその設置する学校による対処）

第28条　学校の設置者又はその設置する学校は、次に掲げる場合には、その事態（以下「重大事態」という。）に対処し、及び当該重大事態と同種の事態の発生の防止に資するため、速やかに、当該学校の設置者又はその設置する学校の下に組織を設け、質問票の使用その他の適切な方法により当該重大事態に係る事実関係を明確にするための調査を行うものとする。

一　いじめにより当該学校に在籍する児童等の生命、心身又は財産に重大な被害が生じた疑いがあると認めるとき。

二　いじめにより当該学校に在籍する児童等が相当の期間学校を欠席することを余儀なくされている疑いがあると認めるとき。

2　学校の設置者又はその設置する学校は、前項の規定による調査を行ったときは、当該調査に係るいじめを受けた児童等及びその保護者に徒からの訴えを、抱え込まずに全て当該組織に報告・相談する。加えて、当該組織に集められた情報は、個別の児童生徒ごとなどに記録し、複数の教職員が個別に認知した情報の集約と共有化を図ることが必要である。

また、当該組織は、各学校の学校基本方針の策定や見直し、各学校で定めたいじめの取組が計画どおりに進んでいるかどうかのチェックや、いじめの対処がうまくいかなかったケースの検証、必要に応じた計画の見直しなど、各学校のいじめの防止等の取組についてＰＤＣＡサイクルで検証を担う役割が期待される。

当該組織を構成する第22条の「当該学校の複数の教職員」については、学校の管理職や主幹教諭、生徒指導担当教員、学年主任、養護教諭、学級担任や部活動指導に関わる教職員などから、組織的対応の中核として機能するような体制を、学校の実情に応じて決定する。これに加え、個々のいじめの防止・早期発見・対処に当たって関係の深い教職員を追加するようにするなど、柔軟な組織とすることが有効である。

各学校においては、日頃からいじめの問題等、生徒指導上の課題に関して組織的に対応するため、「学校管理部会」や「生徒指導部会」等の名称で組織を置いている例があるが、こうした既存の組織を活用して、法律に基づく組織としていじめの防止等の措置を実効的に行うべく機能させることも法の趣旨に合致するものであり、組織の名称としては「いじめ対策委員会」などが考えられるが、各学校の判断による。

また、当該組織を実際に機能させるに当たっては、適切に外部専門家の助言を得つつも機動的に運用できるよう、構成員全体の会議と日常的な関係者の会議に役割分担しておくなど、学校の実情に応じて工夫することも必要である。

なお、第28条第1項に規定する重大事態の調査のための組織について、学校がその調査を行う場合は、この組織を母体としつつ、当該事案の性質に応じて適切な専門家を加えるなどの方法によって対応することも考えられる。（重大事態への対処については「4　重大事態への対処」に詳述）

(4) 学校におけるいじめの防止等に関する措置[注18]（24～25頁）

学校の設置者及び学校は、連携して、いじめの防止や早期発見、いじめが発生した際の対処等に当たる（別添2【学校における「いじめの防止」「早期発見」「いじめに対する措置」のポイント】参照)）。

1）いじめの防止

いじめはどの子供にも起こりうるという事実を踏まえ、全ての児童生徒を対象に、いじめに向かわせないための未然防止に取り組む。

また、未然防止の基本は、児童生徒が、心の通じ合うコミュニケーション能力を育み、規律正しい態度で授業や行事に主体的に参加・活躍できるような授業づくりや集団づくりを行う。

加えて、集団の一員としての自覚や自

めの防止等に取り組む観点から、学校基本方針の策定に際し、児童生徒の意見を取り入れるなど、いじめの防止等について児童生徒の主体的かつ積極的な参加が確保できるよう留意する。

さらに、策定した学校基本方針については、学校のホームページなどで公開する。

(3) 学校におけるいじめの防止等の対策のための組織（22 〜 24 頁）

> （学校におけるいじめの防止等の対策のための組織）
> 第 22 条　学校は、当該学校におけるいじめの防止等に関する措置を実効的に行うため、当該学校の複数の教職員、心理、福祉等に関する専門的な知識を有する者その他の関係者により構成されるいじめの防止等の対策のための組織を置くものとする。

第 22 条は、学校におけるいじめの防止、いじめの早期発見及びいじめへの対処等に関する措置を実効的に行うため、組織的な対応を行うため中核となる常設の組織を置くことを明示的に規定したものであるが、これは、いじめに対しては、学校が組織的に対応することが必要であること、また、必要に応じて、心理や福祉の専門家、弁護士、医師、教員・警察官経験者など外部専門家等が参加しながら対応することにより、より実効的ないじめの問題の解決に資することが期待されることから、規定されたものである。

また、学校基本方針に基づく取組の実施や具体的な年間計画の作成や実施に当たっては、保護者や児童生徒の代表、地域住民などの参加を図ることが考えられる。

当該組織は、学校が組織的にいじめの問題に取り組むに当たって中核となる役割を担う。具体的には、

◇学校基本方針に基づく取組の実施や具体的な年間計画の作成・実行・検証・修正の中核としての役割
◇いじめの相談・通報の窓口としての役割
◇いじめの疑いに関する情報や児童生徒の問題行動などに係る情報の収集と記録、共有を行う役割
◇いじめの疑いに係る情報があった時には緊急会議を開いて、いじめの情報の迅速な共有、関係のある児童生徒への事実関係の聴取、指導や支援の体制・対応方針の決定と保護者との連携といった対応を組織的に実施するための中核としての役割

などが想定される。

当該組織は、いじめの防止等の中核となる組織として、的確にいじめの疑いに関する情報が共有でき、共有された情報を基に、組織的に対応できるような体制とすることが必要である。特に、いじめであるかどうかの判断は組織的に行うことが必要であり、当該組織が、情報の収集と記録、共有を行う役割を担うため、教職員は、ささいな兆候や懸念、児童生

防止等に関する措置を実効的に行うため、複数の教職員・心理、福祉等の専門的知識を有する者その他の関係者により構成される「組織」を置くものとする（第22条）

2）学校の設置者又はその設置する学校は、重大事態に対処し、及び当該重大事態と同種の事態の発生の防止に資するため、速やかに、当該学校の設置者又はその設置する学校の下に組織を設け、質問票の使用その他の適切な方法により当該重大事態に係る事実関係を明確にするための調査を行う（第28条）

(2) 学校いじめ防止基本方針の策定（21～22頁）

（学校いじめ防止基本方針）
第13条　学校は、いじめ防止基本方針又は地方いじめ防止基本方針を参酌し、その学校の実情に応じ、当該学校におけるいじめの防止等のための対策に関する基本的な方針を定めるものとする。

各学校は、国の基本方針、地域基本方針を参考にして、自らの学校として、どのようにいじめの防止等の取組を行うかについての基本的な方向や、取組の内容等を「学校いじめ防止基本方針」（以下「学校基本方針」という。）として定めることが必要である。

学校基本方針には、例えば、いじめの防止のための取組、早期発見・早期対応の在り方、教育相談体制、生徒指導体制、校内研修などを定めることが想定され、いじめの防止、いじめの早期発見、いじめへの対処などいじめの防止等全体に係る内容であることが必要である。

その具体的な内容として、例えばいじめの防止の観点から、学校教育活動全体を通じて、いじめの防止に資する多様な取組が体系的・計画的に行われるよう、包括的な取組の方針を定めたり、その具体的な指導内容のプログラム化を図ったりすることなどが考えられる。

また例えば、校内研修等、いじめへの対応に係る教職員の資質能力向上を図る取組や、いじめの早期発見・いじめへの対処に関する取組方法等をあらかじめ具体的に定め、これらを徹底するため、「チェックリストを作成・共有して全教職員で実施する」などといったような具体的な取組を盛り込んだり、これらに関する年間を通じた取組計画を定めたりすることなどが考えられる。

加えて、より実効性の高い取組を実施するため、学校基本方針が、当該学校の実情に即してきちんと機能しているかを第22条の組織を中心に点検し、必要に応じて見直す、というＰＤＣＡサイクルを、学校基本方針に盛り込んでおくことが望ましい。

学校基本方針を策定するに当たっては、方針を検討する段階から保護者等地域の方にも参画いただき、地域を巻き込んだ学校基本方針になるようにすることが、学校基本方針策定後、学校の取組を円滑に進めていく上でも有効である。また、児童生徒とともに、学校全体でいじ

生徒及びその保護者に対し、当該調査に係る重大事態の事実関係等その他の必要な情報について情報を適切に提供する責任がある

・学校が調査を行う場合においては、当該学校の設置者は、調査及び情報の提供について必要な指導及び支援を実施

○市町村教育委員会は、出席停止の手続きに関し必要な事項を教育委員会規則で定め、学校や保護者へ周知を図る

○学校評価の留意点、教員評価の留意点

・各教育委員会は、学校評価において、いじめの問題を取り扱うに当たっては、学校評価の目的を踏まえ、いじめの有無やその多寡のみを評価するのではなく、問題を隠さず、その実態把握や対応が促され、児童生徒や地域の状況を十分踏まえて目標を立て、目標に対する具体的な取組状況や達成状況を評価し、評価結果を踏まえてその改善に取り組むよう、必要な指導・助言を行う[注17]

・各教育委員会は、教員評価において、いじめの問題を取り扱うに当たっては、いじめの有無やその多寡のみを評価するのではなく、日頃からの児童生徒の理解、未然防止や早期発見、いじめが発生した際の問題を隠さず、迅速かつ適切な対応、組織的な取組等を評価するよう、実施要領の策定や評価記録書の作成、各学校における教員評価への必要な指導・助言を行う

○学校運営改善の支援

・教職員が子供と向き合い、いじめの防止等に適切に取り組んでいくことができるようにするため、事務機能の強化など学校マネジメントを担う体制の整備を図るなど、学校運営の改善を支援する

・保護者や地域住民が学校運営に参画する学校運営協議会の導入により、いじめの問題など、学校が抱える課題を共有し地域ぐるみで解決する仕組みづくりを推進する

3　いじめの防止等のために学校が実施すべき施策（21 ～ 25 頁）

学校は、いじめの防止等のため、学校いじめ防止基本方針に基づき、いじめの防止等の対策のための組織を中核として、校長の強力なリーダーシップの下、一致協力体制を確立し、学校の設置者とも適切に連携の上、学校の実情に応じた対策を推進することが必要である。

(1) いじめ防止基本方針の策定と組織等の設置（21 頁）

別添 1 【いじめ防止対策推進法が定める組織】参照

①いじめ防止基本方針の策定

1）学校は、国の基本方針又は地域基本方針を参酌し、その学校の実情に応じ、「学校いじめ防止基本方針」を定める（第 13 条）

②組織等の設置

1）学校は、当該学校におけるいじめの

○児童生徒の豊かな情操と道徳心を培い、心の通う人間関係を構築する能力の素地を養うことが、いじめの防止に資することを踏まえ、全ての教育活動を通じた道徳教育及び体験活動等の充実

○いじめの防止に資する活動であって当該学校に在籍する児童生徒が自主的に行うものに対する支援、当該学校に在籍する児童生徒及びその保護者並びに当該学校の教職員に対するいじめを防止することの重要性に関する理解を深めるための啓発その他必要な措置を講ずる

○いじめを早期に発見するため、当該学校に在籍する児童生徒に対する定期的な調査その他の必要な措置を講ずる

○当該学校に在籍する児童生徒及びその保護者並びに当該学校の教職員がいじめに係る相談を行うことができる体制を整備する

○当該学校の教職員に対し、いじめの防止等のための対策に関する研修の実施その他のいじめの防止等のための対策に関する資質能力の向上に必要な措置を講ずる

○当該学校に在籍する児童生徒及びその保護者が、発信された情報の高度の流通性、発信者の匿名性その他のインターネットを通じて送信される情報の特性を踏まえて、インターネットを通じて行われるいじめを防止し、及び効果的に対処することができるよう、これらの者に対する、必要な啓発活動を実施する

○いじめに対する措置

• 学校の設置者は、第23条第2項の規定による報告を受けたときは、必要に応じ、その設置する学校に対し必要な支援を行い、若しくは必要な措置を講ずることを指示し、又は当該報告に係る事案について自ら必要な調査を行う。公立学校におけるこの調査については、必要に応じ、第14条第3項の附属機関を活用することも想定される

• 市町村の教育委員会は、いじめを行った児童生徒の保護者に対して学校教育法（昭和22年法律第26号）第35条第1項（同法第49条において準用する場合を含む。）の規定に基づき当該児童生徒の出席停止を命ずる[注16]等、いじめを受けた児童生徒その他の児童生徒が安心して教育を受けられるようにするために必要な措置を速やかに講ずる

○重大事態への対処（学校の設置者又は学校）

• 学校の設置者又は学校は、第28条に定める「重大事態」に対処し、及び当該重大事態と同種の事態の発生の防止に資するため、速やかに、当該学校の設置者又はその設置する学校の下に組織を設け、質問票の使用その他の適切な方法により当該重大事態に係る事実関係を明確にするための調査を実施する

学校の設置者又はその設置する学校は、前項の規定による調査を行ったときは、当該調査に係るいじめを受けた児童

校相互間の連携協力体制を整備

○学校におけるいじめの防止等の取組の点検・充実
•いじめの実態把握の取組状況等、設置する学校における取組状況を点検するとともに、教師向けの指導用資料やチェックリストの作成・配布などを通じ、学校におけるいじめの防止等の取組の充実を促す

○学校と地域、家庭が組織的に連携・協働する体制構築
•より多くの大人が子供の悩みや相談を受け止めることができるようにするため、ＰＴＡや地域の関係団体との連携促進や、学校運営協議会や学校支援地域本部、放課後子供教室など、学校と地域、家庭が組織的に連携・協働する体制を構築

○重大事態への対処
•公立学校を設置する地方公共団体：
a）公立学校を設置する地方公共団体の長は、第28条に定める「重大事態」発生の報告を受け、当該報告に係る重大事態への対処又は当該重大事態と同種の事態の発生の防止のため必要があると認めるときは、附属機関を設けて調査を行う等の方法により、学校の設置者又は学校による調査の結果について調査を行うことができ、調査を行ったときは、その結果を議会に報告しなければならない
ｂ）地方公共団体の長及び教育委員会は、調査の結果を踏まえ、自らの権限及び責任において、当該調査に係る重大事態への対処又は当該重大事態と同種の事態の発生の防止のために必要な措置を講ずる
•私立学校の所轄庁である都道府県知事：

a）私立学校の所轄庁である都道府県知事は、重大事態発生の報告を受け、当該報告に係る重大事態への対処又は当該重大事態と同種の事態の発生の防止のため必要があると認めるときは、附属機関を設けて調査を行う等の方法により、学校の設置者又は学校による調査の結果について調査を行うことができる
b）都道府県知事は、調査の結果を踏まえ、当該調査に係る学校法人又はその設置する学校が当該調査に係る重大事態への対処又は当該重大事態と同種の事態の発生の防止のために必要な措置を講ずることができるよう、私立学校法第6条に規定する権限の適切な行使その他の必要な措置を講ずる

○都道府県私立学校主管部局の体制
私立学校主管部局において、重大事態があった場合等に適切に対応できるよう、体制を整備する

②学校の設置者として実施すべき施策
以下の事項それぞれの性質に応じ、学校の設置者として自ら実施したり、設置する学校において適切に実施されるようにしたりするなどの対応が求められる。

・民間団体としては、子供の相談を受け付けるための電話回線を開設する団体等が想定される

○保護者が、法に規定された保護者の責務等を踏まえて子供の規範意識を養うための指導等を適切に行うことができるよう、保護者を対象とした啓発活動や相談窓口の設置など、家庭への支援

○いじめの防止等のための対策が専門的知識に基づき適切に行われるよう、教職員の研修の充実を通じた教職員の資質能力の向上、生徒指導に係る体制等の充実のための教諭、養護教諭その他の教職員の配置、心理、福祉等に関する専門的知識を有する者であっていじめの防止を含む教育相談に応じる者の確保、いじめへの対処に関し助言を行うために学校の求めに応じて派遣される者の確保等必要な措置

・「心理、福祉等に関する専門的知識を有する者」や「いじめへの対処に関し助言を行うために学校の求めに応じて派遣される者」として、心理や福祉の専門家、教員経験者やスクールサポーター等の警察官経験者、弁護士等が想定される

○児童生徒がインターネットを通じて行われるいじめに巻き込まれていないかどうかを監視する関係機関又は関係団体の取組支援、インターネットを通じて行われるいじめに関する事案に対処する体制の整備

・具体的には学校ネットパトロールの実施などが想定される

・都道府県と市町村が円滑に連携

（例えば、都道府県がネットパトロールの実施体制を整備し、市町村は都道府県の実施するネットパトロールへの必要な協力をする等）

○いじめの防止及び早期発見のための方策等、いじめを受けた児童生徒又はその保護者に対する支援及びいじめを行った児童生徒に対する指導又はその保護者に対する助言の在り方、インターネットを通じて行われるいじめへの対応の在り方その他のいじめの防止等のために必要な事項やいじめの防止等のための対策の実施の状況についての調査研究及び検証、その成果の普及

・自ら調査研究をするのみならず、特に市町村においては、国や都道府県の調査研究結果をいじめの防止等の対策に活用することが想定される

○いじめが児童生徒の心身に及ぼす影響、いじめを防止することの重要性、いじめに係る相談制度又は救済制度等について必要な広報その他の啓発活動

○いじめを受けた児童生徒といじめを行った児童生徒が同じ学校に在籍していない場合であっても、学校がいじめを受けた児童生徒又はその保護者に対する支援及びいじめを行った児童生徒に対する指導又はその保護者に対する助言を適切に行うことができるようにするため、学

談を受け、第三者機関として当事者間の関係を調整するなどして問題の解決を図る

＊当該地方公共団体が設置する公立学校におけるいじめの事案について、設置者である地方公共団体の教育委員会が、設置する学校からいじめの報告を受け、第24条[注14]に基づき自ら調査を行う必要がある場合に当該組織を活用する

なお、各地方公共団体がそれぞれ定める地域基本方針における対策の内容に応じて、附属機関の機能も地方公共団体ごとに異なる。

また、第28条[注15]に規定する重大事態に係る調査を学校の設置者として教育委員会が行う場合、この附属機関を、調査を行う組織とすることが望ましい。この際、重大事態が起きてから急遽附属機関を立ち上げることは困難である点から、地域の実情に応じて、平時から「附属機関」を設置しておくことが望ましい。なお、小規模の自治体など、設置が困難な地域も想定されることを踏まえ、都道府県教育委員会においては、これらの地域を支援するため、職能団体や大学、学会等の協力を得られる体制を平素から整えておくことなどが望まれる。（重大事態への対処については「4　重大事態への対処」に詳述）

法は教育委員会の附属機関を規定しているが、例えば、地方公共団体の下に置く行政部局に、学校の設置者に関わらず、第三者的立場からの解決を図るなどのための附属機関を置くといったことも、妨げられるものではない。

⑸ 地方公共団体が実施すべき施策（16～21頁）

上記のほか、地方公共団体（学校の設置者としての地方公共団体を含む）が実施すべき施策については、各地域の実情に応じた検討が求められる。

なお、法の求める施策を「地方公共団体」「学校の設置者」の主体の別で整理すると以下のとおりである。

①地方公共団体として実施すべき施策

○いじめの防止等のための対策を推進するために必要な財政上の措置その他の人的体制の整備等の必要な措置を講ずるよう努める

○いじめに関する通報及び相談を受け付けるための体制の整備

• 電話やメール等、いじめの通報・相談を受け付ける体制整備・周知

• 都道府県と市町村が円滑に連携

（例えば都道府県が、「24時間いじめ相談ダイヤル」や教育相談センターにおける教育相談の充実等、多様な相談窓口を確保し、市町村が、設置された窓口を域内の関係各者に周知徹底する等）

○いじめの防止等のための対策が関係者の連携の下に適切に行われるよう関係機関、学校、家庭、地域社会及び民間団体の間の連携の強化、民間団体の支援その他必要な体制の整備

けることは可能である。

都道府県が「いじめ問題対策連絡協議会」を置く場合、連絡協議会での連携が、区域内の市町村が設置する学校におけるいじめの防止等に活用されるよう、区域内の市町村の教育委員会等との連携が必要である（例えば、都道府県の連絡協議会に市町村教育委員会も参加させたり、域内の連携体制を検討したりする際に、市町村単位でも連携が進むよう各関係機関の連携先の窓口を明示するなど）。

なお、規模が小さいために関係機関の協力が得にくく連絡協議会の設置が難しい市町村においては、近隣の市町村と連携したり、第14条第2項に基づき、都道府県の連絡協議会と連携したりすることが考えられる。

(4) 第14条第3項に規定する教育委員会の附属機関の設置（14～16頁）

> 第14条第3項　前2項の規定を踏まえ、教育委員会といじめ問題対策連絡協議会との円滑な連携の下に、地方いじめ防止基本方針に基づく地域におけるいじめの防止等のための対策を実効的に行うようにするため必要があるときは、教育委員会に附属機関として必要な組織を置くことができるものとする。

地方公共団体においては、法の趣旨を踏まえ地域基本方針を定めることが望ましく、さらにはその地域基本方針に基づくいじめ防止等の対策を実効的に行うため、地域の実情に応じ、附属機関を設置することが望ましい。

なお、小規模の自治体など、設置が困難な地域も想定されることを踏まえ、都道府県教育委員会においては、これらの地域を支援するため、職能団体や大学、学会等の協力を得られる体制を平素から整えておくことなどが望まれる。

ただし、この附属機関は教育委員会の附属機関であるため、地方公共団体が自ら設置する公立学校におけるいじめの防止等のための対策の実効的実施が直接の設置目的となる。

「附属機関」とは、地方自治法上、法令又は条例の定めるところにより、普通地方公共団体の執行機関の行政執行のため、又は行政執行に必要な調停、審査、審議、諮問又は調査等のための機関である[注12]。本法に基づき附属機関を設置する場合においても、別に設置根拠となる条例が必要であり、当該条例で定めるべき附属機関の担当事項等とは、附属機関の目的・機能などである。

また、第14条第3項の附属機関には、専門的な知識及び経験を有する第三者等の参加を図り、公平性・中立性が確保されるよう努めることが必要である[注13]。

附属機関の機能について、例えば、以下が想定される。

＊教育委員会の諮問に応じ、地域基本方針に基づくいじめの防止等のための調査研究等、有効な対策を検討するため専門的知見からの審議を行う
＊当該地方公共団体が設置する公立学校におけるいじめに関する通報や相

地域において体系的かつ計画的に行われるよう、講じるべき対策の内容を具体的に記載することが想定される。

例えば、いじめの防止等に係る日常的な取組の検証・見直しを図る仕組みを定めたり、当該地域におけるいじめの防止に資する啓発活動や教育的取組を具体的に定めたりするなど、より実効的な地域基本方針とするため、地域の実情に応じた工夫がなされることが望ましい。

また、より実効性の高い取組を実施するため、地域基本方針が、当該地域の実情に即してきちんと機能しているかを点検し、必要に応じて見直す、というＰＤＣＡサイクルを、地域基本方針に盛り込んでおくことが望ましい。

なお、地域基本方針は、当該地方公共団体におけるいじめの防止等のための対策を総合的かつ効果的に推進するためのものであることから、都道府県の場合は私立学校も対象に含めて作成することが求められる。また、国立大学に附属して設置される学校や、市町村が私立学校をどう扱うかについては、それぞれの地方公共団体において、地域の実情に応じ判断する。

(3) いじめ問題対策連絡協議会の設置（13～14頁）

（いじめ問題対策連絡協議会）
第14条　地方公共団体は、いじめの防止等に関係する機関及び団体の連携を図るため、条例の定めるところにより、学校、教育委員会、児童相談所、法務局又は地方法務局、都道府県警察その他の関係者により構成されるいじめ問題対策連絡協議会を置くことができる。
2　都道府県は、前項のいじめ問題対策連絡協議会を置いた場合には、当該いじめ問題対策連絡協議会におけるいじめの防止等に関係する機関及び団体の連携が当該都道府県の区域内の市町村が設置する学校におけるいじめの防止等に活用されるよう、当該いじめ問題対策連絡協議会と当該市町村の教育委員会との連携を図るために必要な措置を講ずるものとする。

地方公共団体においては、法に基づき、「いじめ問題対策連絡協議会」を設置することが望ましく、その構成員は、地域の実情に応じて決定する。

例えば都道府県に置く場合、学校（国私立を含む）、教育委員会、私立学校主管部局、児童相談所、法務局又は地方法務局、都道府県警察などが想定される。この他に弁護士、医師、心理や福祉の専門家等に係る職能団体や民間団体などが考えられる[注11]。

なお、この会議の名称は、必ずしも「いじめ問題対策連絡協議会」とする必要はない。

また、法に定める「いじめ問題対策連絡協議会」は条例で設置されるものであるが、機動的な運営に必要な場合などは、条例を設置根拠としない会議体であっても、法の趣旨を踏まえた会議を設

○インターネットや携帯電話を利用したいじめ（ネットいじめ）への対応

児童生徒に情報モラルを身に付けさせる指導の充実を図る。また、ネット上の不適切なサイトや書き込み等を発見するためのネットパトロールなど、インターネットを通じて行われるいじめに対処する体制を整備する。

④教職員が子供と向き合うことのできる体制の整備

教職員が子供たちにきちんと向き合い、いじめの防止等に学校として一丸となって組織的に取り組んでいくことができるような体制の整備が重要であり、教職員定数の改善措置や外部人材の活用促進、校務の改善に資する取組の促進などを行う。

2　いじめの防止等のために地方公共団体が実施すべき施策（12～21頁）

(1) いじめ防止基本方針の策定と組織等の設置等（12頁）

別添1【いじめ防止対策推進法が定める組織】（略）参照

①いじめ防止基本方針の策定

1) 地方公共団体は、「地方いじめ防止基本方針」を策定するよう努める（第12条）

②組織等の設置

1) 地方公共団体は、「いじめ問題対策連絡協議会」を設置することができる（第14条第1項）

2) 育委員会は、「附属機関」を設置することができる（第14条第3項）

3) 学校の設置者又はその設置する学校は、その下に組織を設け、重大事態に係る事実関係を明確にするための調査を行う（第28条）

4) 地方公共団体の長等は、附属機関を設けて調査を行う等の方法により、上記3）の結果について調査を行うことができる（第29条～第32条第2項）

(2) 地方いじめ防止基本方針の策定（13頁）

（地方いじめ防止基本方針）
第12条　地方公共団体は、いじめ防止基本方針を参酌し、その地域の実情に応じ、当該地方公共団体におけるいじめの防止等のための対策を総合的かつ効果的に推進するための基本的な方針（以下「地方いじめ防止基本方針」という。）を定めるよう努めるものとする。

地方公共団体は、法の趣旨を踏まえ、国の基本方針を参考にして、当該地方公共団体におけるいじめ防止等のための対策を総合的かつ効果的に推進するため、条例などの形で、地方いじめ防止基本方針（以下「地域基本方針」という。）を定めることが望ましい。

地域基本方針は、当該地方公共団体の実情に応じ、いじめの防止等の対策の基本的な方向を示すとともに、いじめの防止や早期発見、いじめへの対処が、当該

○いじめの防止等のための対策に従事する人材の資質能力向上[注9]

教職員がいじめの問題に対して、その態様に応じた適切な対処ができるよう、独立行政法人教員研修センターや教育委員会と連携し、教職員研修の充実を図る。また、心理や福祉の専門家等を活用し、教職員のカウンセリング能力等の向上のための校内研修を推進する。

また、大学の教員養成課程における、いじめを始めとする生徒指導上の課題等に適切に対応できる能力を高めるような実践的な内容の充実を促す。

なお、教職員の不適切な認識や言動がいじめの発生を許しいじめの深刻化を招きうることに注意する。また、特に体罰については、暴力を容認するものであり、児童生徒の健全な成長と人格の形成を阻害し、いじめの遠因となりうるものであることから、教職員研修等により体罰禁止の徹底を図る[注10]。

○いじめに関する調査研究等の実施

いじめの認知件数や学校におけるいじめの問題に対する日常の取組等、いじめの問題の全国的な状況を調査する。

また、いじめの防止及び早期発見のための方策や、いじめ加害の背景などいじめの起こる要因、いじめがもたらす被害、いじめのない学級づくり等について、国立教育政策研究所や各地域、大学等の研究機関、関係学会等と連携して、調査研究を実施し、その成果を普及する。

○いじめの問題に関する正しい理解の普及啓発

国の基本方針やいじめの問題に関係する通知等を周知徹底するため、各地域の学校関係者の集まる普及啓発協議会を定期的に開催する。

また、保護者など国民に広く、いじめの問題やこの問題への取組についての理解を促すよう、広報啓発を充実する。

②早期発見

○教育相談体制の充実

心理や福祉の専門家等を活用し、教育相談体制を整備するとともに、「24時間いじめ相談ダイヤル」など、電話相談体制を整備する。

○地域や家庭との連携促進

より多くの大人が子供の悩みや相談を受け止めることができるようにするため、ＰＴＡや地域の関係団体との連携促進や、学校運営協議会や学校支援地域本部、放課後子供教室など、学校と地域、家庭が組織的に連携・協働する体制を構築する。

③いじめへの対処

○多様な外部人材の活用等による問題解決支援

解決困難な問題への対応を支援するため、弁護士や教員・警察官経験者など、多様な人材を活用できる体制を構築する。また、各地域におけるいじめの問題等を第三者的立場から調整・解決する取組を促進する。

関係機関との適切な連携を促進する。

○各地域における組織等の設置に対する支援

地方公共団体・学校の設置者・学校が組織等を設ける場合、特に各地域における重大事態の調査において、公平・中立な調査組織を立ち上げる場合には、弁護士、医師、心理・福祉の専門家、学校教育に係る学識経験者などの専門的知識を有する第三者の参画が有効であることから、この人選が適切かつ迅速に行われるに資するよう、文部科学省は、それら専門家の職能団体や大学、学会等の団体との連絡体制を構築する。

(3) いじめの防止等のために国が実施すべき施策（10～12頁）

①いじめの防止

○学校の教育活動全体を通じた豊かな心の育成

社会性や規範意識、思いやりなどの豊かな心を育むため、学校の教育活動全体を通じた道徳教育を推進する。このため、道徳教育用教材の活用や道徳教育に関する教職員の指導力向上のための施策を推進するとともに、各地域の実態に応じた道徳教育を推進するため、地域教材の作成や外部講師の活用をはじめとする自治体等の取組を支援する。

また、学校において、児童生徒の発達段階に応じ、自分の大切さとともに他の人の大切さを認めることができるようになり、それが様々な場面で具体的な態度や行動に現れるようにするために行われる取組を推進する。

加えて、児童生徒の豊かな情操や他人とのコミュニケーション能力、読解力、思考力、判断力、表現力等を育むため、読書活動や対話・創作・表現活動等を取り入れた教育活動を推進する。また、生命や自然を大切にする心や他人を思いやる優しさ、社会性、規範意識などを育てるため、学校における自然体験活動や集団宿泊体験等の様々な体験活動を推進する。

さらに、これらの取組が、学校の教育活動全体を通じて実践され、子供一人一人の健全な成長が促されるようにすることが重要である。

○児童生徒の主体的な活動の推進[注8]

児童会・生徒会において、校内でいじめ撲滅や命の大切さを呼びかける活動や、相談箱を置くなどして子供同士で悩みを聞き合う活動等、子供自身の主体的な活動を推進する。

○いじめの防止等のための対策に従事する人材の確保

生徒指導に専任的に取り組む教職員の配置や養護教諭を含めた教職員の配置など、教職員の目が行き届き、児童生徒一人一人に対してきめ細かく対応できる環境を整備する。

また、心理や福祉の専門家、教員・警察官経験者など、外部専門家等の活用を推進する。

携協力し「いじめ防止基本方針」を定め、これに基づく対策を総合的かつ効果的に推進（第11条）
②いじめ防止等のための対策を推進するために必要な財政上の措置（第10条）
③いじめに関する通報及び相談を受け付けるための体制の整備に必要な施策（第16条）
④関係省庁相互間その他関係機関、学校、家庭、地域社会及び民間団体の間の連携の強化、民間団体の支援その他必要な体制の整備（第17条）
⑤教員の養成及び研修を通じた資質の向上、生徒指導体制の充実のための教員や養護教諭等の配置、心理、福祉等の専門的知識を有する者でいじめの防止を含む教育相談等に応じるものの確保、多様な外部人材の確保（第18条）
⑥インターネットを通じて行われるいじめに児童生徒が巻き込まれていないかパトロールする機関・団体の取組支援や、このようないじめに対処する体制の整備（第19条）
⑦いじめの防止等のために必要な事項と対策の実施状況に関する調査研究及び検証とその成果の普及（第20条）
⑧いじめが児童生徒の心身に及ぼす影響、いじめを防止することの重要性、相談制度や救済制度等について、普及啓発（第21条）

⑵ いじめ防止基本方針の策定と組織等の設置等（9頁）

○いじめ防止基本方針の策定

地方公共団体は、国の基本方針を参酌して、地方いじめ防止基本方針を策定するよう努め（第12条）、学校は、国の基本方針又は地方いじめ防止基本方針を参酌して、学校いじめ防止基本方針を策定する（第13条）。このような意味で、国の基本方針は、国と地方公共団体・学校との連携の骨幹となるものである。

また、文部科学省は、法や国の基本方針の内容をより具体的かつ詳細に示すため、協議会を設けるなどして、具体的な運用等の在り方に関する指針を策定する。

○いじめ防止対策推進法に基づく取組状況の把握と検証

国においては、毎年度、いじめ防止基本方針の策定状況等、いじめの問題への取組状況を調査するとともに、「いじめ防止対策協議会（仮称）」を設置し、いじめの問題への効果的な対策が講じられているかどうかを検証する。また、各地域の学校関係者の集まる普及啓発協議会を定期的に開催し、検証の結果を周知する。

○関係機関との連携促進

いじめが犯罪行為として取り扱われるべきものであると認めるときや、児童生徒の生命、身体又は財産に重大な被害が生じるおそれがあるときの警察との適切な連携を促進する。

また、文部科学省は、法務省、厚生労働省、警察庁などと適切に連携し、「いじめ問題対策連絡協議会」設置による連携が円滑に行われるよう支援するとともに、各地域における、学校や学校の設置者等と、警察や法務局、児童相談所などいじめの早期発見のため、学校や学校の設置者は、定期的なアンケート調査や教育相談の実施、電話相談窓口の周知等により、児童生徒がいじめを訴えやすい体制を整えるとともに、地域、家庭と連携して児童生徒を見守ることが必要である。

(3) いじめへの対処

いじめがあることが確認された場合、学校は直ちに、いじめを受けた児童生徒やいじめを知らせてきた児童生徒の安全を確保し、いじめたとされる児童生徒に対して事情を確認した上で適切に指導する等、組織的な対応を行うことが必要である。また、家庭や教育委員会への連絡・相談や、事案に応じ、関係機関との連携が必要である。

このため、教職員は平素より、いじめを把握した場合の対処の在り方について、理解を深めておくことが必要であり、また、学校における組織的な対応を可能とするような体制整備が必要である。

(4) 地域や家庭との連携について

社会全体で児童生徒を見守り、健やかな成長を促すため、学校関係者と地域、家庭との連携が必要である。例えばＰＴＡや地域の関係団体等と学校関係者が、いじめの問題について協議する機会を設けたり、学校運営協議会（コミュニティ・スクール）を活用したりするなど、いじめの問題について地域、家庭と連携した対策を推進することが必要である。

また、より多くの大人が子供の悩みや相談を受け止めることができるようにするため、学校と地域、家庭が組織的に連携・協働する体制を構築する。

(5) 関係機関との連携について

いじめの問題への対応においては、例えば、学校や教育委員会においていじめる児童生徒に対して必要な教育上の指導を行っているにもかかわらず、その指導により十分な効果を上げることが困難な場合などには、関係機関（警察、児童相談所、医療機関、法務局、都道府県私立学校主管部局等を想定）との適切な連携が必要であり、警察や児童相談所等との適切な連携を図るため、平素から、学校や学校の設置者と関係機関の担当者の窓口交換や連絡会議の開催など、情報共有体制を構築しておくことが必要である。

例えば、教育相談の実施に当たり必要に応じて、医療機関などの専門機関との連携を図ったり、法務局など、学校以外の相談窓口についても児童生徒へ適切に周知したりするなど、学校や学校の設置者が、関係機関による取組と連携することも重要である。

第２　いじめ防止等のための対策の内容に関する事項

１　いじめの防止等のために国が実施する施策（8 ～ 12 頁）

国は、いじめの防止等のための対策を総合的に策定し推進する。また、これに必要な財政上の措置その他の必要な措置を講ずる。[注7]

(1) 国が実施すべき基本的事項（8 頁）

①文部科学大臣が関係行政機関の長と連

も、何度も繰り返されたり多くの者から集中的に行われたりすることで、「暴力を伴ういじめ」とともに、生命又は身体に重大な危険を生じさせうる。

国立教育政策研究所によるいじめ追跡調査[注6]の結果によれば、暴力を伴わないいじめ（仲間はずれ・無視・陰口）について、小学校４年生から中学校３年生までの６年間で、被害経験を全く持たなかった児童生徒は１割程度、加害経験を全く持たなかった児童生徒も１割程度であり、多くの児童生徒が入れ替わり被害や加害を経験している。

加えて、いじめの加害・被害という二者関係だけでなく、学級や部活動等の所属集団の構造上の問題（例えば無秩序性や閉塞性）、「観衆」としてはやし立てたり面白がったりする存在や、周辺で暗黙の了解を与えている「傍観者」の存在にも注意を払い、集団全体にいじめを許容しない雰囲気が形成されるようにすることが必要である。

7　いじめの防止等に関する基本的考え方（6～8頁）

(1)　いじめの防止

いじめは、どの子供にも、どの学校でも起こりうることを踏まえ、より根本的ないじめの問題克服のためには、全ての児童生徒を対象としたいじめの未然防止の観点が重要であり、全ての児童生徒を、いじめに向かわせることなく、心の通う対人関係を構築できる社会性のある大人へと育み、いじめを生まない土壌をつくるために、関係者が一体となった継続的な取組が必要である。

このため、学校の教育活動全体を通じ、全ての児童生徒に「いじめは決して許されない」ことの理解を促し、児童生徒の豊かな情操や道徳心、自分の存在と他人の存在を等しく認め、お互いの人格を尊重し合える態度など、心の通う人間関係を構築する能力の素地を養うことが必要である。また、いじめの背景にあるストレス等の要因に着目し、その改善を図り、ストレスに適切に対処できる力を育む観点が必要である。加えて、全ての児童生徒が安心でき、自己有用感や充実感を感じられる学校生活づくりも未然防止の観点から重要である。

また、これらに加え、あわせて、いじめの問題への取組の重要性について国民全体に認識を広め、地域、家庭と一体となって取組を推進するための普及啓発が必要である。

(2)　いじめの早期発見

いじめの早期発見は、いじめへの迅速な対処の前提であり、全ての大人が連携し、児童生徒のささいな変化に気付く力を高めることが必要である。このため、いじめは大人の目に付きにくい時間や場所で行われたり、遊びやふざけあいを装って行われたりするなど、大人が気付きにくく判断しにくい形で行われることを認識し、ささいな兆候であっても、いじめではないかとの疑いを持って、早い段階から的確に関わりを持ち、いじめを隠したり軽視したりすることなく積極的にいじめを認知することが必要である。

のみによることなく、第22条の「学校におけるいじめの防止等の対策のための組織」を活用して行う。

「一定の人的関係」とは、学校の内外を問わず、同じ学校・学級や部活動の児童生徒や、塾やスポーツクラブ等当該児童生徒が関わっている仲間や集団（グループ）など、当該児童生徒と何らかの人的関係を指す。

また、「物理的な影響」とは、身体的な影響のほか、金品をたかられたり、隠されたり、嫌なことを無理矢理させられたりすることなどを意味する。けんかは除くが、外見的にはけんかのように見えることでも、いじめられた児童生徒の感じる被害性に着目した見極めが必要である。

なお、例えばインターネット上で悪口を書かれた児童生徒がいたが、当該児童生徒がそのことを知らずにいるような場合など、行為の対象となる児童生徒本人が心身の苦痛を感じるに至っていないケースについても、加害行為を行った児童生徒に対する指導等については法の趣旨を踏まえた適切な対応が必要である。

加えて、いじめられた児童生徒の立場に立って、いじめに当たると判断した場合にも、その全てが厳しい指導を要する場合であるとは限らない。具体的には、好意から行った行為が意図せずに相手側の児童生徒に心身の苦痛を感じさせてしまったような場合については、学校は、行為を行った児童生徒に悪意はなかったことを十分加味したうえで対応する必要がある。

具体的ないじめの態様は、以下のようなものがある。

＊冷やかしやからかい、悪口や脅し文句、嫌なことを言われる
＊仲間はずれ、集団による無視をされる
＊軽くぶつかられたり、遊ぶふりをして叩かれたり、蹴られたりする
＊ひどくぶつかられたり、叩かれたり、蹴られたりする
＊金品をたかられる
＊金品を隠されたり、盗まれたり、壊されたり、捨てられたりする
＊嫌なことや恥ずかしいこと、危険なことをされたり、させられたりする
＊パソコンや携帯電話等で、誹謗中傷や嫌なことをされる　等

これらの「いじめ」の中には、犯罪行為として取り扱われるべきと認められ、早期に警察に相談することが重要なものや、児童生徒の生命、身体又は財産に重大な被害が生じるような、直ちに警察に通報することが必要なものが含まれる。これらについては、教育的な配慮や被害者の意向への配慮のうえで、早期に警察に相談・通報の上、警察と連携した対応を取ることが必要である。

6　いじめの理解（6頁）

いじめは、どの子供にも、どの学校でも、起こりうるものである。とりわけ、嫌がらせやいじわる等の「暴力を伴わないいじめ」は、多くの児童生徒が入れ替わりながら被害も加害も経験する。また、「暴力を伴わないいじめ」であって

関、組織をあわせて「組織等」という）

4　国の基本方針の内容（4頁）

国の基本方針は、いじめの問題への対策を社会総がかりで進め、いじめの防止、早期発見、いじめへの対処、地域や家庭・関係機関間の連携等をより実効的なものにするため、法により新たに規定された、地方公共団体や学校における基本方針の策定や組織体制、いじめへの組織的な対応、重大事態への対処等に関する具体的な内容や運用を明らかにするとともに、これまでのいじめ対策の蓄積を生かしたいじめ防止等のための取組を定めるものである。

国の基本方針の実現には、学校・地方公共団体・社会に法の意義を普及啓発し、いじめに対する意識改革を喚起し、いじめの問題への正しい理解の普及啓発や、児童生徒をきめ細かく見守る体制の整備、教職員の資質能力向上などを図り、これまで以上の意識改革の取組とその点検、その実現状況の継続的な検証の実施が必要である[注4]。

5　いじめの定義（5～6頁）

（定義）
第2条　この法律において「いじめ」とは、児童等に対して、当該児童等が在籍する学校に在籍している等当該児童等と一定の人的関係にある他の児童等が行う心理的又は物理的な影響を与える行為（インターネットを通じて行われるものを含む。）であって、当該行為の対象となった児童等が心身の苦痛を感じているものをいう。
2　この法律において「学校」とは、学校教育法（昭和22年法律第26号）第1条に規定する小学校、中学校、高等学校、中等教育学校及び特別支援学校（幼稚部を除く。）をいう。
3　この法律において「児童等」とは、学校に在籍する児童又は生徒をいう。
4　この法律において「保護者」とは、親権を行う者（親権を行う者のないときは、未成年後見人）をいう。

個々の行為が「いじめ」に当たるか否かの判断は、表面的・形式的にすることなく、いじめられた児童生徒の立場に立つことが必要である。

この際、いじめには、多様な態様があることに鑑み、法の対象となるいじめに該当するか否かを判断するに当たり、「心身の苦痛を感じているもの」との要件が限定して解釈されることのないよう努めることが必要である[注5]。例えばいじめられていても、本人がそれを否定する場合が多々あることを踏まえ、当該児童生徒の表情や様子をきめ細かく観察するなどして確認する必要がある。

ただし、このことは、いじめられた児童生徒の主観を確認する際に、行為の起こったときのいじめられた児童生徒本人や周辺の状況等を客観的に確認することを排除するものではない。

なお、いじめの認知は、特定の教職員

2　いじめの防止等の対策に関する基本理念[注2]（2頁）

いじめは、全ての児童生徒に関係する問題である。いじめの防止等の対策は、全ての児童生徒が安心して学校生活を送り、様々な活動に取り組むことができるよう、学校の内外を問わず、いじめが行われなくなるようにすることを旨として行われなければならない。

また、全ての児童生徒がいじめを行わず、いじめを認識しながら放置することがないよう、いじめの防止等の対策は、いじめが、いじめられた児童生徒の心身に深刻な影響を及ぼす許されない行為であることについて、児童生徒が十分に理解できるようにすることを旨としなければならない。

加えて、いじめの防止等の対策は、いじめを受けた児童生徒の生命・心身を保護することが特に重要であることを認識しつつ、国、地方公共団体、学校、地域住民、家庭その他の関係者の連携の下、いじめの問題を克服することを目指して行われなければならない。

3　法が規定するいじめの防止等への組織的対策（3頁）

⑴　基本方針の策定

国、地方公共団体、学校は、それぞれ「国の基本方針」「地方いじめ防止基本方針」「学校いじめ防止基本方針」を策定する（第11条～13条）[注3]。

※国、学校は策定の義務、地方公共団体は策定の努力義務

⑵　いじめの防止等のための組織等

（別添1【いじめ防止対策推進法に定める組織】参照）

①地方公共団体は、学校・教育委員会・児童相談所・法務局又は地方法務局・都道府県警察その他の関係者により構成される「いじめ問題対策連絡協議会」を置くことができる（第14条第1項）

②教育委員会は、「いじめ問題対策連絡協議会」との連携の下に「地方いじめ防止基本方針」に基づく対策を実効的に行うため、「附属機関」を置くことができる（第14条第3項）

③学校は、当該学校におけるいじめの防止等に関する措置を実効的に行うため、複数の教職員・心理や福祉等の専門的知識を有する者その他の関係者により構成される「いじめの防止等の対策のための組織」を置くものとする（第22条）

④学校の設置者又はその設置する学校は、重大事態に対処し、及び当該重大事態と同種の事態の発生の防止に資するため、速やかに、当該学校の設置者又はその設置する学校の下に組織を設け、質問票の使用その他の適切な方法により当該重大事態に係る事実関係を明確にするための調査を行う（第28条）

⑤地方公共団体の長等は、重大事態への対処又は当該重大事態と同種の事態の発生の防止のため必要があると認めるときは、「附属機関」を設けて調査を行う等の方法により、学校の設置者又は学校の調査の結果について調査を行うことができる（第29条～第32条第2項）

（以下、上記①～⑤の連絡協議会、附属機

⑤国のいじめ防止基本方針

○いじめの防止等のための基本的な方針
　はじめに

いじめは、いじめを受けた児童生徒の教育を受ける権利を著しく侵害し、その心身の健全な成長及び人格の形成に重大な影響を与えるのみならず、その生命又は身体に重大な危険を生じさせるおそれがあるものである。

本基本的な方針（以下「国の基本方針」という。）は、児童生徒の尊厳を保持する目的の下、国・地方公共団体・学校・地域住民・家庭その他の関係者の連携の下、いじめの問題の克服に向けて取り組むよう、いじめ防止対策推進法（平成25年法律第71号。以下「法」という。）第11条第1項の規定に基づき、文部科学大臣は、いじめの防止等（いじめの防止、いじめの早期発見及びいじめへの対処をいう。以下同じ。）のための対策を総合的かつ効果的に推進するために策定するものである。[注1]

第1　いじめ防止等のための対策の基本的な方向に関する事項

1　いじめ防止対策推進法制定の意義（1～2頁）

いじめの問題への対応は学校における最重要課題の一つであり、一人の教職員が抱え込むのではなく、学校が一丸となって組織的に対応することが必要である。また、関係機関や地域の力も積極的に取り込むことが必要であり、これまでも、国や各地域、学校において、様々な取組が行われてきた。

しかしながら、未だ、いじめを背景として、児童生徒の生命や心身に重大な危険が生じる事案が発生している。

大人社会のパワーハラスメントやセクシュアルハラスメントなどといった社会問題も、いじめと同じ地平で起こる。いじめの問題への対応力は、我が国の教育力と国民の成熟度の指標であり、子供が接するメディアやインターネットを含め、他人の弱みを笑いものにしたり、暴力を肯定していると受け取られるような行為を許容したり、異質な他者を差別したりといった大人の振る舞いが、子供に影響を与えるという指摘もある。

いじめから一人でも多くの子供を救うためには、子供を取り囲む大人一人一人が、「いじめは絶対に許されない」、「いじめは卑怯な行為である」、「いじめはどの子供にも、どの学校でも、起こりうる」との意識を持ち、それぞれの役割と責任を自覚しなければならず、いじめの問題は、心豊かで安全・安心な社会をいかにしてつくるかという、学校を含めた社会全体に関する国民的な課題である。このように、社会総がかりでいじめの問題に対峙するため、基本的な理念や体制を整備することが必要であり、平成25年6月、「いじめ防止対策推進法」が成立した。

の結果及びいじめの情勢の推移等を踏まえ、適時適切の見直しその他必要な措置を講じること。
五、いじめの実態把握を行うに当たっては、必要に応じて質問票の使用や聴取り調査を行うこと等により、早期かつ効果的に発見できるよう留意すること。
六、本法に基づき設けられるいじめの防止等のための対策を担う附属機関その他の組織においては、適切にいじめの問題に対処する観点から、専門的な知識及び経験を有する第三者等の参加を図り、公平性・中立性が確保されるよう努めること。
七、いじめが起きた際の質問票を用いる等による調査の結果等について、いじめを受けた児童等の保護者と適切に共有されるよう、必要に応じて専門的な知識及び経験を有する者の意見を踏まえながら対応すること。
八、いじめには様々な要因があることに鑑み、第二十五条の運用に当たっては、懲戒を加える際にはこれまでどおり教育的配慮に十分に留意すること。
右決議する。

衆・参各院附帯決議

いじめ防止対策推進法案に対する附帯決議
（平成25年6月19日衆議院文部科学委員会）

政府及び関係者は、いじめ問題の克服の重要性に鑑み、本法の施行に当たり、次の事項について特段の配慮をすべきである。

一　いじめには多様な態様があることに鑑み、本法の対象となるいじめに該当するか否かを判断するに当たり、「心身の苦痛を感じているもの」との要件が限定して解釈されることのないよう努めること。

二　教職員はいじめを受けた児童等を徹底して守り通す責務を有するものとして、いじめに係る研修の実施等により資質の向上を図ること。

三　本法に基づき設けられるいじめの防止等のための対策を担う附属機関その他の組織においては、適切にいじめの問題に対処する観点から、専門的な知識及び経験を有する第三者等の参加を図り、公平性・中立性が確保されるよう努めること。

四　いじめを受けた児童等の保護者に対する支援を行うに当たっては、必要に応じていじめ事案に関する適切な情報提供が行われるよう努めること。

五　重大事態への対処に当たっては、いじめを受けた児童等やその保護者からの申立てがあったときは、適切かつ真摯に対応すること。

六　いじめ事案への適切な対応を図るため、教育委員会制度の課題について検討を行うこと。

七　教職員による体罰は、児童等の心身の健全な成長及び人格の形成に重大な影響を与えるものであることに鑑み、体罰の禁止の徹底に向け、必要な対策を講ずること。

いじめ防止対策推進法案に対する附帯決議
（平成25年6月20日参議院文教科学委員会）

政府及び関係者は、いじめ問題の克服の重要性に鑑み、本法の施行に当たり、次の事項について特段の配慮をすべきである。

一、いじめには多様な態様があることに鑑み、本法の対象となるいじめに該当するか否かを判断するに当たり、「心身の苦痛を感じているもの」との要件が限定して解釈されることのないよう努めること。

二、いじめは学校種を問わず発生することから、専修学校など本法の対象とはならない学校種においても、それぞれの実情に応じて、いじめに対して適切な対策が講ぜられるよう努めること。

三、本法の運用に当たっては、いじめの被害者に寄り添った対策が講ぜられるよう留意するとともに、いじめ防止等について児童等の主体的かつ積極的な参加が確保できるよう留意すること。

四、国がいじめ防止基本方針を策定するに当たっては、いじめ防止等の対策を実効的に行うようにするため、専門家等の意見を反映するよう留意するとともに、本法の施行状況について評価を行い、そるよう、当該児童等の学習に対する支援の在り方についての検討を行うものとする。

理　由

　いじめが、いじめを受けた児童等の教育を受ける権利を著しく侵害し、その心身の健全な成長及び人格の形成に重大な影響を与えるのみならず、その生命又は身体に重大な危険を生じさせるおそれがあるものであることに鑑み、いじめの防止等のための対策を総合的かつ効果的に推進するため、いじめの防止等のための対策に関し、基本理念を定め、国及び地方公共団体等の責務を明らかにし、並びにいじめの防止等のための対策に関する基本的な方針の策定について定めるとともに、いじめの防止等のための対策の基本となる事項を定める必要がある。これが、この法律案を提出する理由である。

い。
5　第一項から前項までの規定は、学校設置非営利法人（構造改革特別区域法第十三条第二項に規定する学校設置非営利法人をいう。）が設置する学校について準用する。この場合において、第一項中「学校設置会社の代表取締役又は代表執行役」とあるのは「学校設置非営利法人の代表権を有する理事」と、「第十二条第一項」とあるのは「第十三条第一項」と、第二項中「前項」とあるのは「第五項において準用する前項」と、第三項中「前項」とあるのは「第五項において準用する前項」と、「学校設置会社」とあるのは「学校設置非営利法人」と、「第十二条第十項」とあるのは「第十三条第三項において準用する同法第十二条第十項」と、前項中「前二項」とあるのは「次項において準用する前二項」と読み替えるものとする。

（文部科学大臣又は都道府県の教育委員会の指導、助言及び援助）

第三十三条　地方自治法（昭和二十二年法律第六十七号）第二百四十五条の四第一項の規定によるほか、文部科学大臣は都道府県又は市町村に対し、都道府県の教育委員会は市町村に対し、重大事態への対処に関する都道府県又は市町村の事務の適正な処理を図るため、必要な指導、助言又は援助を行うことができる。

第六章　雑則

（学校評価における留意事項）

第三十四条　学校の評価を行う場合においていじめの防止等のための対策を取り扱うに当たっては、いじめの事実が隠蔽されず、並びにいじめの実態の把握及びいじめに対する措置が適切に行われるよう、いじめの早期発見、いじめの再発を防止するための取組等について適正に評価が行われるようにしなければならない。

（高等専門学校における措置）

第三十五条　高等専門学校（学校教育法第一条に規定する高等専門学校をいう。以下この条において同じ。）の設置者及びその設置する高等専門学校は、当該高等専門学校の実情に応じ、当該高等専門学校に在籍する学生に係るいじめに相当する行為の防止、当該行為の早期発見及び当該行為への対処のための対策に関し必要な措置を講ずるよう努めるものとする。

附　則

（施行期日）

第一条　この法律は、公布の日から起算して三月を経過した日から施行する。

（検討）

第二条　いじめの防止等のための対策については、この法律の施行後三年を目途として、この法律の施行状況等を勘案し、検討が加えられ、必要があると認められるときは、その結果に基づいて必要な措置が講ぜられるものとする。
2　政府は、いじめにより学校における集団の生活に不安又は緊張を覚えることとなったために相当の期間学校を欠席することを余儀なくされている児童等が適切な支援を受けつつ学習することができのと解釈してはならない。
5　地方公共団体の長及び教育委員会は、第二項の規定による調査の結果を踏まえ、自らの権限及び責任において、当該調査に係る重大事態への対処又は当該重大事態と同種の事態の発生の防止のために必要な措置を講ずるものとする。

（私立の学校に係る対処）

第三十一条　学校法人（私立学校法（昭和二十四年法律第二百七十号）第三条に規定する学校法人をいう。以下この条において同じ。）が設置する学校は、第二十八条第一項各号に掲げる場合には、重大事態が発生した旨を、当該学校を所轄する都道府県知事（以下この条において単に「都道府県知事」という。）に報告しなければならない。
2　前項の規定による報告を受けた都道府県知事は、当該報告に係る重大事態への対処又は当該重大事態と同種の事態の発生の防止のため必要があると認めるときは、附属機関を設けて調査を行う等の方法により、第二十八条第一項の規定による調査の結果について調査を行うことができる。
3　都道府県知事は、前項の規定による調査の結果を踏まえ、当該調査に係る学校法人又はその設置する学校が当該調査に係る重大事態への対処又は当該重大事態と同種の事態の発生の防止のために必要な措置を講ずることができるよう、私立学校法第六条に規定する権限の適切な行使その他の必要な措置を講ずるものとする。
4　前二項の規定は、都道府県知事に対し、学校法人が設置する学校に対して行使することができる権限を新たに与えるものと解釈してはならない。

第三十二条　学校設置会社（構造改革特別区域法（平成十四年法律第百八十九号）第十二条第二項に規定する学校設置会社をいう。以下この条において同じ。）が設置する学校は、第二十八条第一項各号に掲げる場合には、当該学校設置会社の代表取締役又は代表執行役を通じて、重大事態が発生した旨を、同法第十二条第一項の規定による認定を受けた地方公共団体の長（以下「認定地方公共団体の長」という。）に報告しなければならない。
2　前項の規定による報告を受けた認定地方公共団体の長は、当該報告に係る重大事態への対処又は当該重大事態と同種の事態の発生の防止のため必要があると認めるときは、附属機関を設けて調査を行う等の方法により、第二十八条第一項の規定による調査の結果について調査を行うことができる。
3　認定地方公共団体の長は、前項の規定による調査の結果を踏まえ、当該調査に係る学校設置会社又はその設置する学校が当該調査に係る重大事態への対処又は当該重大事態と同種の事態の発生の防止のために必要な措置を講ずることができるよう、構造改革特別区域法第十二条第十項に規定する権限の適切な行使その他の必要な措置を講ずるものとする。
4　前二項の規定は、認定地方公共団体の長に対し、学校設置会社が設置する学校に対して行使することができる権限を新たに与えるものと解釈してはならな

一　いじめにより当該学校に在籍する児童等の生命、心身又は財産に重大な被害が生じた疑いがあると認めるとき。
二　いじめにより当該学校に在籍する児童等が相当の期間学校を欠席することを余儀なくされている疑いがあると認めるとき。
2　学校の設置者又はその設置する学校は、前項の規定による調査を行ったときは、当該調査に係るいじめを受けた児童等及びその保護者に対し、当該調査に係る重大事態の事実関係等その他の必要な情報を適切に提供するものとする。
3　第一項の規定により学校が調査を行う場合においては、当該学校の設置者は、同項の規定による調査及び前項の規定による情報の提供について必要な指導及び支援を行うものとする。

(国立大学に附属して設置される学校に係る対処)

第二十九条　国立大学法人（国立大学法人法（平成十五年法律第百十二号）第二条第一項に規定する国立大学法人をいう。以下この条において同じ。）が設置する国立大学に附属して設置される学校は、前条第一項各号に掲げる場合には、当該国立大学法人の学長を通じて、重大事態が発生した旨を、文部科学大臣に報告しなければならない。
2　前項の規定による報告を受けた文部科学大臣は、当該報告に係る重大事態への対処又は当該重大事態と同種の事態の発生の防止のため必要があると認めるときは、前条第一項の規定による調査の結果について調査を行うことができる。
3　文部科学大臣は、前項の規定による調査の結果を踏まえ、当該調査に係る国立大学法人又はその設置する国立大学に附属して設置される学校が当該調査に係る重大事態への対処又は当該重大事態と同種の事態の発生の防止のために必要な措置を講ずることができるよう、国立大学法人法第三十五条において準用する独立行政法人通則法（平成十一年法律第百三号）第六十四条第一項に規定する権限の適切な行使その他の必要な措置を講ずるものとする。

(公立の学校に係る対処)

第三十条　地方公共団体が設置する学校は、第二十八条第一項各号に掲げる場合には、当該地方公共団体の教育委員会を通じて、重大事態が発生した旨を、当該地方公共団体の長に報告しなければならない。
2　前項の規定による報告を受けた地方公共団体の長は、当該報告に係る重大事態への対処又は当該重大事態と同種の事態の発生の防止のため必要があると認めるときは、附属機関を設けて調査を行う等の方法により、第二十八条第一項の規定による調査の結果について調査を行うことができる。
3　地方公共団体の長は、前項の規定による調査を行ったときは、その結果を議会に報告しなければならない。
4　第二項の規定は、地方公共団体の長に対し、地方教育行政の組織及び運営に関する法律（昭和三十一年法律第百六十二号）第二十三条に規定する事務を管理し、又は執行する権限を与えるも

用する教室以外の場所において学習を行わせる等いじめを受けた児童等その他の児童等が安心して教育を受けられるようにするために必要な措置を講ずるものとする。

5　学校は、当該学校の教職員が第三項の規定による支援又は指導若しくは助言を行うに当たっては、いじめを受けた児童等の保護者といじめを行った児童等の保護者との間で争いが起きることのないよう、いじめの事案に係る情報をこれらの保護者と共有するための措置その他の必要な措置を講ずるものとする。

6　学校は、いじめが犯罪行為として取り扱われるべきものであると認めるときは所轄警察署と連携してこれに対処するものとし、当該学校に在籍する児童等の生命、身体又は財産に重大な被害が生じるおそれがあるときは直ちに所轄警察署に通報し、適切に、援助を求めなければならない。

（学校の設置者による措置）

第二十四条　学校の設置者は、前条第二項の規定による報告を受けたときは、必要に応じ、その設置する学校に対し必要な支援を行い、若しくは必要な措置を講ずることを指示し、又は当該報告に係る事案について自ら必要な調査を行うものとする。

（校長及び教員による懲戒）

第二十五条　校長及び教員は、当該学校に在籍する児童等がいじめを行っている場合であって教育上必要があると認めるときは、学校教育法第十一条の規定に基づき、適切に、当該児童等に対して懲戒を加えるものとする。

（出席停止制度の適切な運用等）

第二十六条　市町村の教育委員会は、いじめを行った児童等の保護者に対して学校教育法第三十五条第一項（同法第四十九条において準用する場合を含む。）の規定に基づき当該児童等の出席停止を命ずる等、いじめを受けた児童等その他の児童等が安心して教育を受けられるようにするために必要な措置を速やかに講ずるものとする。

（学校相互間の連携協力体制の整備）

第二十七条　地方公共団体は、いじめを受けた児童等といじめを行った児童等が同じ学校に在籍していない場合であっても、学校がいじめを受けた児童等又はその保護者に対する支援及びいじめを行った児童等に対する指導又はその保護者に対する助言を適切に行うことができるようにするため、学校相互間の連携協力体制を整備するものとする。

第五章　重大事態への対処

（学校の設置者又はその設置する学校による対処）

第二十八条　学校の設置者又はその設置する学校は、次に掲げる場合には、その事態（以下「重大事態」という。）に対処し、及び当該重大事態と同種の事態の発生の防止に資するため、速やかに、当該学校の設置者又はその設置する学校の下に組織を設け、質問票の使用その他の適切な方法により当該重大事態に係る事実関係を明確にするための調査を行うものとする。

われた場合において、当該いじめを受けた児童等又はその保護者は、当該いじめに係る情報の削除を求め、又は発信者情報（特定電気通信役務提供者の損害賠償責任の制限及び発信者情報の開示に関する法律（平成十三年法律第百三十七号）第四条第一項に規定する発信者情報をいう。）の開示を請求しようとするときは、必要に応じ、法務局又は地方法務局の協力を求めることができる。

（いじめの防止等のための対策の調査研究の推進等）

第二十条　国及び地方公共団体は、いじめの防止及び早期発見のための方策等、いじめを受けた児童等又はその保護者に対する支援及びいじめを行った児童等に対する指導又はその保護者に対する助言の在り方、インターネットを通じて行われるいじめへの対応の在り方その他のいじめの防止等のために必要な事項やいじめの防止等のための対策の実施の状況についての調査研究及び検証を行うとともに、その成果を普及するものとする。

（啓発活動）

第二十一条　国及び地方公共団体は、いじめが児童等の心身に及ぼす影響、いじめを防止することの重、要性いじめに係る相談制度又は救済制度等について必要な広報その他の啓発活動を行うものとする。

第四章　いじめの防止等に関する措置

（学校におけるいじめの防止等の対策のための組織）

第二十二条　学校は、当該学校におけるいじめの防止等に関する措置を実効的に行うため、当該学校の複数の教職員、心理、福祉等に関する専門的な知識を有する者その他の関係者により構成されるいじめの防止等の対策のための組織を置くものとする。

（いじめに対する措置）

第二十三条　学校の教職員、地方公共団体の職員その他の児童等からの相談に応じる者及び児童等の保護者は、児童等からいじめに係る相談を受けた場合において、いじめの事実があると思われるときは、いじめを受けたと思われる児童等が在籍する学校への通報その他の適切な措置をとるものとする。

２　学校は、前項の規定による通報を受けたときその他当該学校に在籍する児童等がいじめを受けていると思われるときは、速やかに、当該児童等に係るいじめの事実の有無の確認を行うための措置を講ずるとともに、その結果を当該学校の設置者に報告するものとする。

３　学校は、前項の規定による事実の確認によりいじめがあったことが確認された場合には、いじめをやめさせ、及びその再発を防止するため、当該学校の複数の教職員によって、心理、福祉等に関する専門的な知識を有する者の協力を得つつ、いじめを受けた児童等又はその保護者に対する支援及びいじめを行った児童等に対する指導又はその保護者に対する助言を継続的に行うものとする。

４　学校は、前項の場合において必要があると認めるときは、いじめを行った児童等についていじめを受けた児童等が使

２　国及び地方公共団体は、いじめに関する通報及び相談を受け付けるための体制の整備に必要な施策を講ずるものとする。

３　学校の設置者及びその設置する学校は、当該学校に在籍する児童等及びその保護者並びに当該学校の教職員がいじめに係る相談を行うことができる体制（次項において「相談体制」という。）を整備するものとする。

４　学校の設置者及びその設置する学校は、相談体制を整備するに当たっては、家庭、地域社会等との連携の下、いじめを受けた児童等の教育を受ける権利その他の権利利益が擁護されるよう配慮するものとする。

（関係機関等との連携等）

第十七条　国及び地方公共団体は、いじめを受けた児童等又はその保護者に対する支援、いじめを行った児童等に対する指導又はその保護者に対する助言その他のいじめの防止等のための対策が関係者の連携の下に適切に行われるよう、関係省庁相互間その他関係機関、学校、家庭、地域社会及び民間団体の間の連携の強化、民間団体の支援その他必要な体制の整備に努めるものとする。

（いじめの防止等のための対策に従事する人材の確保及び資質の向上）

第十八条　国及び地方公共団体は、いじめを受けた児童等又はその保護者に対する支援、いじめを行った児童等に対する指導又はその保護者に対する助言その他のいじめの防止等のための対策が専門的知識に基づき適切に行われるよう、教員の養成及び研修の充実を通じた教員の資質の向上、生徒指導に係る体制等の充実のための教諭、養護教諭その他の教員の配置、心理、福祉等に関する専門的知識を有する者であっていじめの防止を含む教育相談に応じるものの確保、いじめへの対処に関し助言を行うために学校の求めに応じて派遣される者の確保等必要な措置を講ずるものとする。

２　学校の設置者及びその設置する学校は、当該学校の教職員に対し、いじめの防止等のための対策に関する研修の実施その他のいじめの防止等のための対策に関する資質の向上に必要な措置を計画的に行わなければならない。

（インターネットを通じて行われるいじめに対する対策の推進）

第十九条　学校の設置者及びその設置する学校は、当該学校に在籍する児童等及びその保護者が、発信された情報の高度の流通性、発信者の匿名性その他のインターネットを通じて送信される情報の特性を踏まえて、インターネットを通じて行われるいじめを防止し、及び効果的に対処することができるよう、これらの者に対し、必要な啓発活動を行うものとする。

２　国及び地方公共団体は、児童等がインターネットを通じて行われるいじめに巻き込まれていないかどうかを監視する関係機関又は関係団体の取組を支援するとともに、インターネットを通じて行われるいじめに関する事案に対処する体制の整備に努めるものとする。

３　インターネットを通じていじめが行

三　その他いじめの防止等のための対策に関する重要事項

（地方いじめ防止基本方針）

第十二条　地方公共団体は、いじめ防止基本方針を参酌し、その地域の実情に応じ、当該地方公共団体におけるいじめの防止等のための対策を総合的かつ効果的に推進するための基本的な方針（以下「地方いじめ防止基本方針」という。）を定めるよう努めるものとする。

（学校いじめ防止基本方針）

第十三条　学校は、いじめ防止基本方針又は地方いじめ防止基本方針を参酌し、その学校の実情に応じ、当該学校におけるいじめの防止等のための対策に関する基本的な方針を定めるものとする。

（いじめ問題対策連絡協議会）

第十四条　地方公共団体は、いじめの防止等に関係する機関及び団体の連携を図るため、条例の定めるところにより、学校、教育委員会、児童相談所、法務局又は地方法務局、都道府県警察その他の関係者により構成されるいじめ問題対策連絡協議会を置くことができる。

２　都道府県は、前項のいじめ問題対策連絡協議会を置いた場合には、当該いじめ問題対策連絡協議会におけるいじめの防止等に関係する機関及び団体の連携が当該都道府県の区域内の市町村が設置する学校におけるいじめの防止等に活用されるよう、当該いじめ問題対策連絡協議会と当該市町村の教育委員会との連携を図るために必要な措置を講ずるものとする。

３　前二項の規定を踏まえ、教育委員会といじめ問題対策連絡協議会との円滑な連携の下に、地方いじめ防止基本方針に基づく地域におけるいじめの防止等のための対策を実効的に行うようにするため必要があるときは、教育委員会に附属機関として必要な組織を置くことができるものとする。

第三章　基本的施策

（学校におけるいじめの防止）

第十五条　学校の設置者及びその設置する学校は、児童等の豊かな情操と道徳心を培い、心の通う対人交流の能力の素地を養うことがいじめの防止に資することを踏まえ、全ての教育活動を通じた道徳教育及び体験活動等の充実を図らなければならない。

２　学校の設置者及びその設置する学校は、当該学校におけるいじめを防止するため、当該学校に在籍する児童等の保護者、地域住民その他の関係者との連携を図りつつ、いじめの防止に資する活動であって当該学校に在籍する児童等が自主的に行うものに対する支援、当該学校に在籍する児童等及びその保護者並びに当該学校の教職員に対するいじめを防止することの重要性に関する理解を深めるための啓発その他必要な措置を講ずるものとする。

（いじめの早期発見のための措置）

第十六条　学校の設置者及びその設置する学校は、当該学校におけるいじめを早期に発見するため、当該学校に在籍する児童等に対する定期的な調査その他の必要な措置を講ずるものとする。

行われなければならない。

(いじめの禁止)

第四条　児童等は、いじめを行ってはならない。

(国の責務)

第五条　国は、第三条の基本理念(以下「基本理念」という。)にのっとり、いじめの防止等のための対策を総合的に策定し、及び実施する責務を有する。

(地方公共団体の責務)

第六条　地方公共団体は、基本理念にのっとり、いじめの防止等のための対策について、国と協力しつつ、当該地域の状況に応じた施策を策定し、及び実施する責務を有する。

(学校の設置者の責務)

第七条　学校の設置者は、基本理念にのっとり、その設置する学校におけるいじめの防止等のために必要な措置を講ずる責務を有する。

(学校及び学校の教職員の責務)

第八条　学校及び学校の教職員は、基本理念にのっとり、当該学校に在籍する児童等の保護者、地域住民、児童相談所その他の関係者との連携を図りつつ、学校全体でいじめの防止及び早期発見に取り組むとともに、当該学校に在籍する児童等がいじめを受けていると思われるときは、適切かつ迅速にこれに対処する責務を有する。

(保護者の責務等)

第九条　保護者は、子の教育について第一義的責任を有するものであって、その保護する児童等がいじめを行うことのないよう、当該児童等に対し、規範意識を養うための指導その他の必要な指導を行うよう努めるものとする。

2　保護者は、その保護する児童等がいじめを受けた場合には、適切に当該児童等をいじめから保護するものとする。

3　保護者は、国、地方公共団体、学校の設置者及びその設置する学校が講ずるいじめの防止等のための措置に協力するよう努めるものとする。

4　第一項の規定は、家庭教育の自主性が尊重されるべきことに変更を加えるものと解してはならず、また、前三項の規定は、いじめの防止等に関する学校の設置者及びその設置する学校の責任を軽減するものと解してはならない。

(財政上の措置等)

第十条　国及び地方公共団体は、いじめの防止等のための対策を推進するために必要な財政上の措置その他の必要な措置を講ずるよう努めるものとする。

第二章　いじめ防止基本方針等

(いじめ防止基本方針)

第十一条　文部科学大臣は、関係行政機関の長と連携協力して、いじめの防止等のための対策を総合的かつ効果的に推進するための基本的な方針(以下「いじめ防止基本方針」という。)を定めるものと。する。

2　いじめ防止基本方針においては、次に掲げる事項を定めるものとする。

一　いじめの防止等のための対策の基本的な方向に関する事項

二　いじめの防止等のための対策の内容に関する事項

④「いじめ防止対策推進法」「衆・参各院附帯決議」

（平成25年法律第71号）

いじめ防止対策推進法

第一章　総則

（目的）

第一条　この法律は、いじめが、いじめを受けた児童等の教育を受ける権利を著しく侵害し、その心身の健全な成長及び人格の形成に重大な影響を与えるのみならず、その生命又は身体に重大な危険を生じさせるおそれがあるものであることに鑑み、児童等の尊厳を保持するため、いじめの防止等（いじめの防止、いじめの早期発見及びいじめへの対処をいう。以下同じ。）のための対策に関し、基本理念を定め、国及び地方公共団体等の責務を明らかにし、並びにいじめの防止等のための対策に関する基本的な方針の策定について定めるとともに、いじめの防止等のための対策の基本となる事項を定めることにより、いじめの防止等のための対策を総合的かつ効果的に推進することを目的とする。

（定義）

第二条　この法律において「いじめ」とは、児童等に対して、当該児童等が在籍する学校に在籍している等当該児童等と一定の人的関係にある他の児童等が行う心理的又は物理的な影響を与える行為（インターネットを通じて行われるものを含む。）であって、当該行為の対象となった児童等が心身の苦痛を感じているものをいう。

2　この法律において「学校」とは、学校教育法（昭和二十二年法律第二十六号）第一条に規定する小学校、中学校、高等学校、中等教育学校及び特別支援学校（幼稚部を除く。）をいう。

3　この法律において「児童等」とは、学校に在籍する児童又は生徒をいう。

4　この法律において「保護者」とは、親権を行う者（親権を行う者のないときは、未成年後見人）をいう。

（基本理念）

第三条　いじめの防止等のための対策は、いじめが全ての児童等に関係する問題であることに鑑み、児童等が安心して学習その他の活動に取り組むことができるよう、学校の内外を問わずいじめが行われなくなるようにすることを旨として行われなければならない。

2　いじめの防止等のための対策は、全ての児童等がいじめを行わず、及び他の児童等に対して行われるいじめを認識しながらこれを放置することがないようにするため、いじめが児童等の心身に及ぼす影響その他のいじめの問題に関する児童等の理解を深めることを旨として行われなければならない。

3　いじめの防止等のための対策は、いじめを受けた児童等の生命及び心身を保護することが特に重要であることを認識しつつ、国、地方公共団体、学校、地域住民、家庭その他の関係者の連携の下、いじめの問題を克服することを目指して

(iii) 事案が権限のある、独立の、かつ、公平な当局又は司法機関により法律に基づく公正な審理において、弁護人その他適当な援助を行う者の立会い及び、特に当該児童の年齢又は境遇を考慮して児童の最善の利益にならないと認められる場合を除くほか、当該児童の父母又は法定保護者の立会いの下に遅滞なく決定されること。

(iv) 供述又は有罪の自白を強要されないこと。不利な証人を尋問し又はこれに対し尋問させること並びに対等の条件で自己のための証人の出席及びこれに対する尋問を求めること。

(v) 刑法を犯したと認められた場合には、その認定及びその結果科せられた措置について、法律に基づき、上級の、権限のある、独立の、かつ、公平な当局又は司法機関によって再審理されること。

(vi) 使用される言語を理解すること又は話すことができない場合には、無料で通訳の援助を受けること。

(vii) 手続のすべての段階において当該児童の私生活が十分に尊重されること。

3　締約国は、刑法を犯したと申し立てられ、訴追され又は認定された児童に特別に適用される法律及び手続の制定並びに当局及び施設の設置を促進するよう努めるものとし、特に、次のことを行う。

(a) その年齢未満の児童は刑法を犯す能力を有しないと推定される最低年齢を設定すること。

(b) 適当なかつ望ましい場合には、人権及び法的保護が十分に尊重されていることを条件として、司法上の手続に訴えることなく当該児童を取り扱う措置をとること。

4　児童がその福祉に適合し、かつ、その事情及び犯罪の双方に応じた方法で取り扱われることを確保するため、保護、指導及び監督命令、カウンセリング、保護観察、里親委託、教育及び職業訓練計画、施設における養護に代わる他の措置等の種々の処置が利用し得るものとする。

第41条

この条約のいかなる規定も、次のものに含まれる規定であって児童の権利の実現に一層貢献するものに影響を及ぼすものではない。

(a) 締約国の法律

(b) 締約国について効力を有する国際法

(第2部　第42条以降略)

第38条

1　締約国は、武力紛争において自国に適用される国際人道法の規定で児童に関係を有するものを尊重し及びこれらの規定の尊重を確保することを約束する。

2　締約国は、15歳未満の者が敵対行為に直接参加しないことを確保するためのすべての実行可能な措置をとる。

3　締約国は、15歳未満の者を自国の軍隊に採用することを差し控えるものとし、また、15歳以上18歳未満の者の中から採用するに当たっては、最年長者を優先させるよう努める。

4　締約国は、武力紛争において文民を保護するための国際人道法に基づく自国の義務に従い、武力紛争の影響を受ける児童の保護及び養護を確保するためのすべての実行可能な措置をとる。

第39条

締約国は、あらゆる形態の放置、搾取若しくは虐待、拷問若しくは他のあらゆる形態の残虐な、非人道的な若しくは品位を傷つける取扱い若しくは刑罰又は武力紛争による被害者である児童の身体的及び心理的な回復及び社会復帰を促進するためのすべての適当な措置をとる。このような回復及び復帰は、児童の健康、自尊心及び尊厳を育成する環境において行われる。

第40条

1　締約国は、刑法を犯したと申し立てられ、訴追され又は認定されたすべての児童が尊厳及び価値についての当該児童の意識を促進させるような方法であって、当該児童が他の者の人権及び基本的自由を尊重することを強化し、かつ、当該児童の年齢を考慮し、更に、当該児童が社会に復帰し及び社会において建設的な役割を担うことがなるべく促進されることを配慮した方法により取り扱われる権利を認める。

2　このため、締約国は、国際文書の関連する規定を考慮して、特に次のことを確保する。

(a) いかなる児童も、実行の時に国内法又は国際法により禁じられていなかった作為又は不作為を理由として刑法を犯したと申し立てられ、訴追され又は認定されないこと。

(b) 刑法を犯したと申し立てられ又は訴追されたすべての児童は、少なくとも次の保障を受けること。

(i) 法律に基づいて有罪とされるまでは無罪と推定されること。

(ii) 速やかにかつ直接に、また、適当な場合には当該児童の父母又は法定保護者を通じてその罪を告げられること並びに防御の準備及び申立てにおいて弁護人その他適当な援助を行う者を持つこと。

第 33 条

締約国は、関連する国際条約に定義された麻薬及び向精神薬の不正な使用から児童を保護し並びにこれらの物質の不正な生産及び取引における児童の使用を防止するための立法上、行政上、社会上及び教育上の措置を含むすべての適当な措置をとる。

第 34 条

締約国は、あらゆる形態の性的搾取及び性的虐待から児童を保護することを約束する。このため、締約国は、特に、次のことを防止するためのすべての適当な国内、二国間及び多数国間の措置をとる。

(a) 不法な性的な行為を行うことを児童に対して勧誘し又は強制すること。

(b) 売春又は他の不法な性的な業務において児童を搾取的に使用すること。

(c) わいせつな演技及び物において児童を搾取的に使用すること。

第 35 条

締約国は、あらゆる目的のための又はあらゆる形態の児童の誘拐、売買又は取引を防止するためのすべての適当な国内、二国間及び多数国間の措置をとる。

第 36 条

締約国は、いずれかの面において児童の福祉を害する他のすべての形態の搾取から児童を保護する。

第 37 条

締約国は、次のことを確保する。

(a) いかなる児童も、拷問又は他の残虐な、非人道的な若しくは品位を傷つける取扱い若しくは刑罰を受けないこと。死刑又は釈放の可能性がない終身刑は、十八歳未満の者が行った犯罪について科さないこと。

(b) いかなる児童も、不法に又は恣意的にその自由を奪われないこと。児童の逮捕、抑留又は拘禁は、法律に従って行うものとし、最後の解決手段として最も短い適当な期間のみ用いること。

(c) 自由を奪われたすべての児童は、人道的に、人間の固有の尊厳を尊重して、かつ、その年齢の者の必要を考慮した方法で取り扱われること。特に、自由を奪われたすべての児童は、成人とは分離されないことがその最善の利益であると認められない限り成人とは分離されるものとし、例外的な事情がある場合を除くほか、通信及び訪問を通じてその家族との接触を維持する権利を有すること。

(d) 自由を奪われたすべての児童は、弁護人その他適当な援助を行う者と速やかに接触する権利を有し、裁判所その他の権限のある、独立の、かつ、公平な当局においてその自由の剝奪の合法性を争い並びにこれについての決定を速やかに受ける権利を有すること。

(b) 人権及び基本的自由並びに国際連合憲章にうたう原則の尊重を育成すること。

(c) 児童の父母、児童の文化的同一性、言語及び価値観、児童の居住国及び出身国の国民的価値観並びに自己の文明と異なる文明に対する尊重を育成すること。

(d) すべての人民の間の、種族的、国民的及び宗教的集団の間の並びに原住民である者の理解、平和、寛容、両性の平等及び友好の精神に従い、自由な社会における責任ある生活のために児童に準備させること。

(e) 自然環境の尊重を育成すること。

2　この条又は前条のいかなる規定も、個人及び団体が教育機関を設置し及び管理する自由を妨げるものと解してはならない。ただし、常に、1に定める原則が遵守されること及び当該教育機関において行われる教育が国によって定められる最低限度の基準に適合することを条件とする。

第30条

　種族的、宗教的若しくは言語的少数民族又は先住民である者が存在する国において、当該少数民族に属し又は先住民である児童は、その集団の他の構成員とともに自己の文化を享有し、自己の宗教を信仰しかつ実践し又は自己の言語を使用する権利を否定されない。

第31条

1　締約国は、休息及び余暇についての児童の権利並びに児童がその年齢に適した遊び及びレクリエーションの活動を行い並びに文化的な生活及び芸術に自由に参加する権利を認める。

2　締約国は、児童が文化的及び芸術的な生活に十分に参加する権利を尊重しかつ促進するものとし、文化的及び芸術的な活動並びにレクリエーション及び余暇の活動のための適当かつ平等な機会の提供を奨励する。

第32条

1　締約国は、児童が経済的な搾取から保護され及び危険となり若しくは児童の教育の妨げとなり又は児童の健康若しくは身体的、精神的、道徳的若しくは社会的な発達に有害となるおそれのある労働への従事から保護される権利を認める。

2　締約国は、この条の規定の実施を確保するための立法上、行政上、社会上及び教育上の措置をとる。このため、締約国は、他の国際文書の関連規定を考慮して、特に、

(a) 雇用が認められるための1又は2以上の最低年齢を定める。
(b) 労働時間及び労働条件についての適当な規則を定める。
(c) この条の規定の効果的な実施を確保するための適当な罰則その他の制裁を定める。

することについての第一義的な責任を有する。

3　締約国は、国内事情に従い、かつ、その能力の範囲内で、1の権利の実現のため、父母及び児童について責任を有する他の者を援助するための適当な措置をとるものとし、また、必要な場合には、特に栄養、衣類及び住居に関して、物的援助及び支援計画を提供する。

4　締約国は、父母又は児童について金銭上の責任を有する他の者から、児童の扶養料を自国内で及び外国から、回収することを確保するためのすべての適当な措置をとる。特に、児童について金銭上の責任を有する者が児童と異なる国に居住している場合には、締約国は、国際協定への加入又は国際協定の締結及び他の適当な取決めの作成を促進する。

第28条
1　締約国は、教育についての児童の権利を認めるものとし、この権利を漸進的にかつ機会の平等を基礎として達成するため、特に、

(a) 初等教育を義務的なものとし、すべての者に対して無償のものとする。

(b) 種々の形態の中等教育（一般教育及び職業教育を含む。）の発展を奨励し、すべての児童に対し、これらの中等教育が利用可能であり、かつ、これらを利用する機会が与えられるものとし、例えば、無償教育の導入、必要な場合における財政的援助の提供のような適当な措置をとる。

(c) すべての適当な方法により、能力に応じ、すべての者に対して高等教育を利用する機会が与えられるものとする。

(d) すべての児童に対し、教育及び職業に関する情報及び指導が利用可能であり、かつ、これらを利用する機会が与えられるものとする。

(e) 定期的な登校及び中途退学率の減少を奨励するための措置をとる。

2　締約国は、学校の規律が児童の人間の尊厳に適合する方法で及びこの条約に従って運用されることを確保するためのすべての適当な措置をとる。

3　締約国は、特に全世界における無知及び非識字の廃絶に寄与し並びに科学上及び技術上の知識並びに最新の教育方法の利用を容易にするため、教育に関する事項についての国際協力を促進し、及び奨励する。これに関しては、特に、開発途上国の必要を考慮する。

第29条
1　締約国は、児童の教育が次のことを指向すべきことに同意する。
(a) 児童の人格、才能並びに精神的及び身体的な能力をその可能な最大限度まで発達させること。

めの適当な措置をとる。

(a) 幼児及び児童の死亡率を低下させること。

(b) 基礎的な保健の発展に重点を置いて必要な医療及び保健をすべての児童に提供することを確保すること。

(c) 環境汚染の危険を考慮に入れて、基礎的な保健の枠組みの範囲内で行われることを含めて、特に容易に利用可能な技術の適用により並びに十分に栄養のある食物及び清潔な飲料水の供給を通じて、疾病及び栄養不良と闘うこと。

(d) 母親のための産前産後の適当な保健を確保すること。
(e) 社会のすべての構成員特に父母及び児童が、児童の健康及び栄養、母乳による育児の利点、衛生（環境衛生を含む。）並びに事故の防止についての基礎的な知識に関して、情報を提供され、教育を受ける機会を有し及びその知識の使用について支援されることを確保すること。

(f) 予防的な保健、父母のための指導並びに家族計画に関する教育及びサービスを発展させること。

3　締約国は、児童の健康を害するような伝統的な慣行を廃止するため、効果的かつ適当なすべての措置をとる。
4　締約国は、この条において認められる権利の完全な実現を漸進的に達成するため、国際協力を促進し及び奨励することを約束する。これに関しては、特に、開発途上国の必要を考慮する。

第25条
締約国は、児童の身体又は精神の養護、保護又は治療を目的として権限のある当局によって収容された児童に対する処遇及びその収容に関連する他のすべての状況に関する定期的な審査が行われることについての児童の権利を認める。

第26条
1　締約国は、すべての児童が社会保険その他の社会保障からの給付を受ける権利を認めるものとし、自国の国内法に従い、この権利の完全な実現を達成するための必要な措置をとる。

2　1の給付は、適当な場合には、児童及びその扶養について責任を有する者の資力及び事情並びに児童によって又は児童に代わって行われる給付の申請に関する他のすべての事項を考慮して、与えられるものとする。

第27条
1　締約国は、児童の身体的、精神的、道徳的及び社会的な発達のための相当な生活水準についてのすべての児童の権利を認める。

2　父母又は児童について責任を有する他の者は、自己の能力及び資力の範囲内で、児童の発達に必要な生活条件を確保

めの適当な措置をとる。

2　このため、締約国は、適当と認める場合には、1の児童を保護し及び援助するため、並びに難民の児童の家族との再統合に必要な情報を得ることを目的としてその難民の児童の父母又は家族の他の構成員を捜すため、国際連合及びこれと協力する他の権限のある政府間機関又は関係非政府機関による努力に協力する。その難民の児童は、父母又は家族の他の構成員が発見されない場合には、何らかの理由により恒久的又は一時的にその家庭環境を奪われた他の児童と同様にこの条約に定める保護が与えられる。

第23条
1　締約国は、精神的又は身体的な障害を有する児童が、その尊厳を確保し、自立を促進し及び社会への積極的な参加を容易にする条件の下で十分かつ相応な生活を享受すべきであることを認める。

2　締約国は、障害を有する児童が特別の養護についての権利を有することを認めるものとし、利用可能な手段の下で、申込みに応じた、かつ、当該児童の状況及び父母又は当該児童を養護している他の者の事情に適した援助を、これを受ける資格を有する児童及びこのような児童の養護について責任を有する者に与えることを奨励し、かつ、確保する。

3　障害を有する児童の特別な必要を認めて、2の規定に従って与えられる援助は、父母又は当該児童を養護している他の者の資力を考慮して可能な限り無償で与えられるものとし、かつ、障害を有する児童が可能な限り社会への統合及び個人の発達（文化的及び精神的な発達を含む。）を達成することに資する方法で当該児童が教育、訓練、保健サービス、リハビリテーション・サービス、雇用のための準備及びレクリエーションの機会を実質的に利用し及び享受することができるように行われるものとする。

4　締約国は、国際協力の精神により、予防的な保健並びに障害を有する児童の医学的、心理学的及び機能的治療の分野における適当な情報の交換（リハビリテーション、教育及び職業サービスの方法に関する情報の普及及び利用を含む。）であってこれらの分野における自国の能力及び技術を向上させ並びに自国の経験を広げることができるようにすることを目的とするものを促進する。これに関しては、特に、開発途上国の必要を考慮する。

第24条
1　締約国は、到達可能な最高水準の健康を享受すること並びに病気の治療及び健康の回復のための便宜を与えられることについての児童の権利を認める。締約国は、いかなる児童もこのような保健サービスを利用する権利が奪われないことを確保するために努力する。

2　締約国は、1の権利の完全な実現を追求するものとし、特に、次のことのた

境を奪われた児童又は児童自身の最善の利益にかんがみその家庭環境にとどまることが認められない児童は、国が与える特別の保護及び援助を受ける権利を有する。

2　締約国は、自国の国内法に従い、1の児童のための代替的な監護を確保する。

3　2の監護には、特に、里親委託、イスラム法のカファーラ、養子縁組又は必要な場合には児童の監護のための適当な施設への収容を含むことができる。解決策の検討に当たっては、児童の養育において継続性が望ましいこと並びに児童の種族的、宗教的、文化的及び言語的な背景について、十分な考慮を払うものとする。

第21条

養子縁組の制度を認め又は許容している締約国は、児童の最善の利益について最大の考慮が払われることを確保するものとし、また、

(a) 児童の養子縁組が権限のある当局によってのみ認められることを確保する。この場合において、当該権限のある当局は、適用のある法律及び手続に従い、かつ、信頼し得るすべての関連情報に基づき、養子縁組が父母、親族及び法定保護者に関する児童の状況にかんがみ許容されること並びに必要な場合には、関係者が所要のカウンセリングに基づき養子縁組について事情を知らされた上での同意を与えていることを認定する。

(b) 児童がその出身国内において里親若しくは養家に託され又は適切な方法で監護を受けることができない場合には、これに代わる児童の監護の手段として国際的な養子縁組を考慮することができることを認める。

(c) 国際的な養子縁組が行われる児童が国内における養子縁組の場合における保護及び基準と同等のものを享受することを確保する。

(d) 国際的な養子縁組において当該養子縁組が関係者に不当な金銭上の利得をもたらすことがないことを確保するためのすべての適当な措置をとる。

(e) 適当な場合には、二国間又は多数国間の取極又は協定を締結することによりこの条の目的を促進し、及びこの枠組みの範囲内で他国における児童の養子縁組が権限のある当局又は機関によって行われることを確保するよう努める。

第22条

1　締約国は、難民の地位を求めている児童又は適用のある国際法及び国際的な手続若しくは国内法及び国内的な手続に基づき難民と認められている児童が、父母又は他の者に付き添われているかいないかを問わず、この条約及び自国が締約国となっている人権又は人道に関する他の国際文書に定める権利であって適用のあるものの享受に当たり、適当な保護及び人道的援助を受けることを確保するた

(a) 児童にとって社会面及び文化面において有益であり、かつ、第29条の精神に沿う情報及び資料を大衆媒体（マス・メディア）が普及させるよう奨励する。

(b) 国の内外の多様な情報源（文化的にも多様な情報源を含む。）からの情報及び資料の作成、交換及び普及における国際協力を奨励する。

(c) 児童用書籍の作成及び普及を奨励する。

(d) 少数集団に属し又は原住民である児童の言語上の必要性について大衆媒体（マス・メディア）が特に考慮するよう奨励する。

(e) 第13条及び次条の規定に留意して、児童の福祉に有害な情報及び資料から児童を保護するための適当な指針を発展させることを奨励する。

第18条
1　締約国は、児童の養育及び発達について父母が共同の責任を有するという原則についての認識を確保するために最善の努力を払う。父母又は場合により法定保護者は、児童の養育及び発達についての第一義的な責任を有する。児童の最善の利益は、これらの者の基本的な関心事項となるものとする。

2　締約国は、この条約に定める権利を保障し及び促進するため、父母及び法定保護者が児童の養育についての責任を遂行するに当たりこれらの者に対して適当な援助を与えるものとし、また、児童の養護のための施設、設備及び役務の提供の発展を確保する。

3　締約国は、父母が働いている児童が利用する資格を有する児童の養護のための役務の提供及び設備からその児童が便益を受ける権利を有することを確保するためのすべての適当な措置をとる。

第19条
1　締約国は、児童が父母、法定保護者又は児童を監護する他の者による監護を受けている間において、あらゆる形態の身体的若しくは精神的な暴力、傷害若しくは虐待、放置若しくは怠慢な取扱い、不当な取扱い又は搾取（性的虐待を含む。）からその児童を保護するためすべての適当な立法上、行政上、社会上及び教育上の措置をとる。

2　1の保護措置には、適当な場合には、児童及び児童を監護する者のために必要な援助を与える社会的計画の作成その他の形態による防止のための効果的な手続並びに1に定める児童の不当な取扱いの事件の発見、報告、付託、調査、処置及び事後措置並びに適当な場合には司法の関与に関する効果的な手続を含むものとする。

第20条
1　一時的若しくは恒久的にその家庭環

与えられる。

第13条

1　児童は、表現の自由についての権利を有する。この権利には、口頭、手書き若しくは印刷、芸術の形態又は自ら選択する他の方法により、国境とのかかわりなく、あらゆる種類の情報及び考えを求め、受け及び伝える自由を含む。

2　1の権利の行使については、一定の制限を課することができる。ただし、その制限は、法律によって定められ、かつ、次の目的のために必要とされるものに限る。

(a) 他の者の権利又は信用の尊重

(b) 国の安全、公の秩序又は公衆の健康若しくは道徳の保護

第14条

1　締約国は、思想、良心及び宗教の自由についての児童の権利を尊重する。

2　締約国は、児童が1の権利を行使するに当たり、父母及び場合により法定保護者が児童に対しその発達しつつある能力に適合する方法で指示を与える権利及び義務を尊重する。

3　宗教又は信念を表明する自由については、法律で定める制限であって公共の安全、公の秩序、公衆の健康若しくは道徳又は他の者の基本的な権利及び自由を保護するために必要なもののみを課することができる。

第15条

1　締約国は、結社の自由及び平和的な集会の自由についての児童の権利を認める。

2　1の権利の行使については、法律で定める制限であって国の安全若しくは公共の安全、公の秩序、公衆の健康若しくは道徳の保護又は他の者の権利及び自由の保護のため民主的社会において必要なもの以外のいかなる制限も課することができない。

第16条

1　いかなる児童も、その私生活、家族、住居若しくは通信に対して恣意的に若しくは不法に干渉され又は名誉及び信用を不法に攻撃されない。

2　児童は、1の干渉又は攻撃に対する法律の保護を受ける権利を有する。

第17条

締約国は、大衆媒体（マス・メディア）の果たす重要な機能を認め、児童が国の内外の多様な情報源からの情報及び資料、特に児童の社会面、精神面及び道徳面の福祉並びに心身の健康の促進を目的とした情報及び資料を利用することができることを確保する。このため、締約国は、

3　締約国は、児童の最善の利益に反する場合を除くほか、父母の一方又は双方から分離されている児童が定期的に父母のいずれとも人的な関係及び直接の接触を維持する権利を尊重する。

4　3の分離が、締約国がとった父母の一方若しくは双方又は児童の抑留、拘禁、追放、退去強制、死亡（その者が当該締約国により身体を拘束されている間に何らかの理由により生じた死亡を含む。）等のいずれかの措置に基づく場合には、当該締約国は、要請に応じ、父母、児童又は適当な場合には家族の他の構成員に対し、家族のうち不在となっている者の所在に関する重要な情報を提供する。ただし、その情報の提供が児童の福祉を害する場合は、この限りでない。締約国は、更に、その要請の提出自体が関係者に悪影響を及ぼさないことを確保する。

第10条

1　前条1の規定に基づく締約国の義務に従い、家族の再統合を目的とする児童又はその父母による締約国への入国又は締約国からの出国の申請については、締約国が積極的、人道的かつ迅速な方法で取り扱う。締約国は、更に、その申請の提出が申請者及びその家族の構成員に悪影響を及ぼさないことを確保する。

2　父母と異なる国に居住する児童は、例外的な事情がある場合を除くほか定期的に父母との人的な関係及び直接の接触を維持する権利を有する。このため、前条1の規定に基づく締約国の義務に従い、締約国は、児童及びその父母がいずれの国（自国を含む。）からも出国し、かつ、自国に入国する権利を尊重する。出国する権利は、法律で定められ、国の安全、公の秩序、公衆の健康若しくは道徳又は他の者の権利及び自由を保護するために必要であり、かつ、この条約において認められる他の権利と両立する制限にのみ従う。

第11条

1　締約国は、児童が不法に国外へ移送されることを防止し及び国外から帰還することができない事態を除去するための措置を講ずる。

2　このため、締約国は、二国間若しくは多数国間の協定の締結又は現行の協定への加入を促進する。

第12条

1　締約国は、自己の意見を形成する能力のある児童がその児童に影響を及ぼすすべての事項について自由に自己の意見を表明する権利を確保する。この場合において、児童の意見は、その児童の年齢及び成熟度に従って相応に考慮されるものとする。

2　このため、児童は、特に、自己に影響を及ぼすあらゆる司法上及び行政上の手続において、国内法の手続規則に合致する方法により直接に又は代理人若しくは適当な団体を通じて聴取される機会を

第４条
　締約国は、この条約において認められる権利の実現のため、すべての適当な立法措置、行政措置その他の措置を講ずる。締約国は、経済的、社会的及び文化的権利に関しては、自国における利用可能な手段の最大限の範囲内で、また、必要な場合には国際協力の枠内で、これらの措置を講ずる。

第５条
　締約国は、児童がこの条約において認められる権利を行使するに当たり、父母若しくは場合により地方の慣習により定められている大家族若しくは共同体の構成員、法定保護者又は児童について法的に責任を有する他の者がその児童の発達しつつある能力に適合する方法で適当な指示及び指導を与える責任、権利及び義務を尊重する。

第６条
１　締約国は、すべての児童が生命に対する固有の権利を有することを認める。

２　締約国は、児童の生存及び発達を可能な最大限の範囲において確保する。

第７条
１　児童は、出生の後直ちに登録される。児童は、出生の時から氏名を有する権利及び国籍を取得する権利を有するものとし、また、できる限りその父母を知りかつその父母によって養育される権利を有する。

２　締約国は、特に児童が無国籍となる場合を含めて、国内法及びこの分野における関連する国際文書に基づく自国の義務に従い、１の権利の実現を確保する。

第８条
１　締約国は、児童が法律によって認められた国籍、氏名及び家族関係を含むその身元関係事項について不法に干渉されることなく保持する権利を尊重することを約束する。

２　締約国は、児童がその身元関係事項の一部又は全部を不法に奪われた場合には、その身元関係事項を速やかに回復するため、適当な援助及び保護を与える。

第９条
１　締約国は、児童がその父母の意思に反してその父母から分離されないことを確保する。ただし、権限のある当局が司法の審査に従うことを条件として適用のある法律及び手続に従いその分離が児童の最善の利益のために必要であると決定する場合は、この限りでない。このような決定は、父母が児童を虐待し若しくは放置する場合又は父母が別居しており児童の居住地を決定しなければならない場合のような特定の場合において必要となることがある。

２　すべての関係当事者は、１の規定に基づくいかなる手続においても、その手続に参加しかつ自己の意見を述べる機会を有する。

児童の権利に関する宣言において示されているとおり「児童は、身体的及び精神的に未熟であるため、その出生の前後において、適当な法的保護を含む特別な保護及び世話を必要とする。」ことに留意し、

国内の又は国際的な里親委託及び養子縁組を特に考慮した児童の保護及び福祉についての社会的及び法的な原則に関する宣言、少年司法の運用のための国際連合最低基準規則（北京規則）及び緊急事態及び武力紛争における女子及び児童の保護に関する宣言の規定を想起し、

極めて困難な条件の下で生活している児童が世界のすべての国に存在すること、また、このような児童が特別の配慮を必要としていることを認め、

児童の保護及び調和のとれた発達のために各人民の伝統及び文化的価値が有する重要性を十分に考慮し、

あらゆる国特に開発途上国における児童の生活条件を改善するために国際協力が重要であることを認めて、

次のとおり協定した。

第１部

第１条

この条約の適用上、児童とは、18歳未満のすべての者をいう。ただし、当該児童で、その者に適用される法律によりより早く成年に達したものを除く。

第２条

1　締約国は、その管轄の下にある児童に対し、児童又はその父母若しくは法定保護者の人種、皮膚の色、性、言語、宗教、政治的意見その他の意見、国民的、種族的若しくは社会的出身、財産、心身障害、出生又は他の地位にかかわらず、いかなる差別もなしにこの条約に定める権利を尊重し、及び確保する。

2　締約国は、児童がその父母、法定保護者又は家族の構成員の地位、活動、表明した意見又は信念によるあらゆる形態の差別又は処罰から保護されることを確保するためのすべての適当な措置をとる。

第３条

1　児童に関するすべての措置をとるに当たっては、公的若しくは私的な社会福祉施設、裁判所、行政当局又は立法機関のいずれによって行われるものであっても、児童の最善の利益が主として考慮されるものとする。

2　締約国は、児童の父母、法定保護者又は児童について法的に責任を有する他の者の権利及び義務を考慮に入れて、児童の福祉に必要な保護及び養護を確保することを約束し、このため、すべての適当な立法上及び行政上の措置をとる。

3　締約国は、児童の養護又は保護のための施設、役務の提供及び設備が、特に安全及び健康の分野に関し並びにこれらの職員の数及び適格性並びに適正な監督に関し権限のある当局の設定した基準に適合することを確保する。

③子どもの権利条約（抄）

子どもの権利条約　条約本文

採択　1989 年 11 月 20 日
発効　1990 年 9 月 2 日
訳者　日本政府

日弁連では、「子どもの権利条約」と訳していますが、日本政府は、「児童の権利に関する条約」と訳しています。

前　文

この条約の締約国は、

国際連合憲章において宣明された原則によれば、人類社会のすべての構成員の固有の尊厳及び平等のかつ奪い得ない権利を認めることが世界における自由、正義及び平和の基礎を成すものであることを考慮し、

国際連合加盟国の国民が、国際連合憲章において、基本的人権並びに人間の尊厳及び価値に関する信念を改めて確認し、かつ、一層大きな自由の中で社会的進歩及び生活水準の向上を促進することを決意したことに留意し、

国際連合が、世界人権宣言及び人権に関する国際規約において、すべての人は人種、皮膚の色、性、言語、宗教、政治的意見その他の意見、国民的若しくは社会的出身、財産、出生又は他の地位等によるいかなる差別もなしに同宣言及び同規約に掲げるすべての権利及び自由を享有することができることを宣明し及び合意したことを認め、

国際連合が、世界人権宣言において、児童は特別な保護及び援助についての権利を享有することができることを宣明したことを想起し、

家族が、社会の基礎的な集団として、並びに家族のすべての構成員、特に、児童の成長及び福祉のための自然な環境として、社会においてその責任を十分に引き受けることができるよう必要な保護及び援助を与えられるべきであることを確信し、

児童が、その人格の完全なかつ調和のとれた発達のため、家庭環境の下で幸福、愛情及び理解のある雰囲気の中で成長すべきであることを認め、

児童が、社会において個人として生活するため十分な準備が整えられるべきであり、かつ、国際連合憲章において宣明された理想の精神並びに特に平和、尊厳、寛容、自由、平等及び連帯の精神に従って育てられるべきであることを考慮し、

児童に対して特別な保護を与えることの必要性が、1924 年の児童の権利に関するジュネーヴ宣言及び 1959 年 11 月 20 日に国際連合総会で採択された児童の権利に関する宣言において述べられており、また、世界人権宣言、市民的及び政治的権利に関する国際規約（特に第 23 条及び第 24 条)、経済的、社会的及び文化的権利に関する国際規約（特に第 10 条）並びに児童の福祉に関係する専門機関及び国際機関の規程及び関係文書において認められていることに留意し、

な指導監督を継続的・組織的に行うべき義務があるとして、安全配慮義務違反を認めた。なお、被害者の心因的要因や親が注意監督を怠った点などを考慮して、過失相殺により損害額の7割を減じた。

他方、加害生徒らについては、継続的ないじめ行為があったとして共同不法行為が認められたが、自殺の予見可能性はなかったとして、いじめにより被害者が被った精神的苦痛に対する慰謝料等の支払いを命じた。

• 出典　判例時報1773号3頁

した。

なお、加害生徒らについては、故意に暴行に及んだことは明らかであるとして不法行為責任を認めた。

- 出典　判例タイムズ893号69頁

【津久井町立中学校事件】

- 裁判所・判決日

東京高等裁判所

平成14年1月31日

- 事案の概略

被害者は、中学2年の4月から転校してきたが、保護者は被害者が転校前の学校で多少いじめられていたことを転入時に学校に報告していた。被害者は、転入当初から加害生徒らとの間でトラブルが生じ、被害者の机や椅子を廊下に持ち出される、被害者の教科書を投げ捨てられる、画鋲を椅子に置かれる、教科書にマーガリンを塗られる、「ベランダ遊び」「足かけ」と称する暴力を度々振るわれるなどしていた。担任教師もこうした行為を把握し、その都度、加害生徒らに注意・指導したにもかかわらず、その後もいじめが継続し、被害者は7月に自宅の自室で死亡した。担任教諭は、クラスで起きるもめ事などは、比較的被害者が関与することが多いと認識しながら、いずれも個別的・偶発的な出来事と捉えていた。

- 事件当事者

同級生（複数名）

- 訴訟当事者

原告・被控訴人：被害者の父母

被告・控訴人　：同級生、津久井町、神奈川県

- 判決結果（認容額）

約2155万円（逸失利益、慰謝料、葬儀費用、弁護士費用を含む）

- 判決要旨

教員には、学校における教育活動及びこれに密接に関連する生活関係における生徒の安全の確保に配慮すべき義務があり、特に生徒の生命、身体、精神、財産等に大きな悪影響ないし危害が及ぶおそれがあるようなときは、それらを未然に防止するため、その事態に応じた適切な措置を講じる一般的な義務があることを認めた。

被害生徒にトラブルやいじめが継続的に多発していたことを把握していた担任教諭は、トラブルやいじめが継続した場合に本件自殺のような重大な結果を招くおそれがあることの予見可能性があったとし、トラブルが起こる度に関係者から事情を聞き、注意するという指導教育方法のみではその後のトラブルの発生を防止できないことを認識した場合は、被害者及び加害生徒らに対する継続的な行動観察、指導をし、被害者及び加害生徒らの家庭との連絡を密にし、さらには、学校全体に対しても組織的対応を求める事を含めた指導監督措置をとるなどの、より強力

ことが多く、中学2年になるとグループで授業妨害や怠学をしたり、喫煙などの問題行動をおこすようになった。中学2年の3学期には、教師から注意されたことに反発し、グループの一員として対教師暴力事件に加わり、中学3年の1学期には、同グループの別の生徒の二度にわたる対教師暴力事件がおきたが、加害生徒もそれとは別に教師の机を蹴ったり、修学旅行中に教師に反発して電車内のドアを蹴るなどした。中学3年の2学期に入ると、加害生徒は、教師からの注意に反発し、同グループの一員として対教師暴力事件に加わったり、さらに10月には養護学級の生徒に、11月には2年生の生徒に対し、それぞれ暴力行為に及んだ。

加害生徒は、被害者に対してもひどい暴力に及び、その暴力は中学1年から3年1学期まで継続的になされ、中学3年2学期には外傷性脾臓破裂等の傷害を負わせる暴行を行った。被害者に対する継続的な暴力の多くは、他の生徒の前で行われていた。しかし、学校側では、加害生徒が中学2年以降におこした右暴力事件のうち、被害者に対する暴行以外の暴力や問題行動についてはほぼ把握していたが、被害者に対する暴行については把握できていなかった。被害者も、他の生徒も、同グループの存在をおそれ、学校や保護者に対し、被害者への暴行の事実を知らせることがなかった。

- 事件当事者

　同級生

- 訴訟当事者

　原告：被害者

　被告：同級生、大阪市

- 判決結果（認容額）

　約2419万円（逸失利益、慰謝料、入院費、弁護士費用を含む）

- 判決要旨

　学校側は、あらゆる機会をとらえて暴力行為（いじめ）等が行われているかどうかについて細心の注意を払い、暴力行為（いじめ）等の存在がうかがわれる場合には、関係生徒及び保護者らから事情聴取をするなどして、その実態を調査し、表面的な判定で一過性のものと決めつけずに、実態に応じた適切な防止措置（結果発生回避の措置）をとる義務が全ての教員にあることを認めた。

　暴力行為の態様からして、加害生徒の粗暴性は顕著かつ暴力行為は継続的で、度重なる教師暴力は悪質で重大なものであり、対生徒に対する暴行の動機も不明であることからすると、学校側は、遅くとも本件暴行事件直前頃には、予見し得たにもかかわらず、結果の発生を回避するための適切な措置を講じていないと認められ、少なくとも、校長、教頭、生活指導主事及び担任教師に過失があったと

【中野富士見中学校事件】

- 裁判所・判決日

東京高等裁判所

平成6年5月20日

- 事案の概略

中学2年の被害者は、同級生である加害生徒らのグループ内において使い走りや鞄持ち等の役をさせられ、昭和60年11月には教師らも加わって被害者を死亡したことにして追悼の真似事として色紙に寄書きを集めた「葬式ごっこ」が行われた。その後、加害生徒らは被害者の顔にフェルトペンで髭を書き込む、殴ったり蹴る、下級生への喧嘩をけしかける、上半身を裸にさせる、歌を歌わせる、木に登らせるなどのいじめ行為を繰り返した。これらの執拗ないじめ行為が続いた結果、翌61年2月に被害者は自殺するに至った。

- 事件当事者

同級生（複数名）

教師

- 訴訟当事者

原告・控訴人：被害者の父母

被告・被控訴人：同級生、中野区、東京都

- 判決結果（認容額）

1150万円（慰謝料及び弁護士費用を含む。）

- 判決要旨

昭和60年9月以降の同級生である加害生徒らの被害者に対する対応は、時を追うに従って悪質化の度を加えていったもので、悪ふざけ、いたずら、偶発的な喧嘩などではなく典型的な「いじめ」に当たり、特に被害者がグループから離れようとした際の被害者に対する仕打ちは極めて悪質ないじめであり、「葬式ごっこ」については、教師らが軽率な行為により集団的いじめに加担したもので、被害者にとって教師らが頼りにならないことを思い知らされた出来事であったと認めた。

そして、同級生らによるいじめが被害者の自殺の主たる原因であることは明らかであるとし、教師ら及び加害生徒の父母に、生徒間のいじめの防止のため適切な措置を講じなかった過失を認めたが、被害者の自殺についての予見可能性があったとは認められないとして、損害賠償責任をいじめによる肉体的、精神的苦痛等に限定して認めた。

- 出典　判例時報1495号42頁

判例タイムズ847号69頁

【十三中学校事件】

- 裁判所・判決日

大阪地方裁判所

平成7年3月24日

- 事案の概略

加害生徒には、中学1年の頃から粗暴な行為や問題視される行動があった。すなわち、加害生徒は中学1年当時から生徒と喧嘩する

②判例紹介

【いわき市小川中学校事件】

- 裁判所・判決日

福島地方裁判所いわき支部

平成2年12月26日

- 事案の概略

中学3年の被害者は、中学1年の頃から継続的に同級生らから暴力を振るわれたり、暴力を背景にした金銭の支払いを強要されるなどのいじめを受けていた。中学2年の4月頃、加害生徒からお金を借り期間内に返せないときは返済額が1週間に5倍ずつ増えるとの約束をさせられたことを発端として、被害者が金員の返済ができず、加害生徒から継続的に暴力を振るわれ、暴力を背景にして金銭の支払いを強要され続けるといういじめを受け、被害者が途中何度か担任教諭らに被害を訴えたが、担任教諭が加害生徒を指導したりしたにもかかわらず、加害生徒は反省することなくいじめを継続し、中学3年の9月に被害者がいじめを苦に自殺するに至った。

- 事件当事者

同級生（複数名）

- 訴訟当事者

原告：被害者の父母及び親族

被告：いわき市

- 判決結果（認容額）

約1110万円（逸失利益、慰謝料、弁護士費用を含む）

- 判決要旨

学校側の安全保持義務違反を判断するに際しては、悪質かつ重大ないじめはそれ自体が被害生徒の心身に重大な被害をもたらし続けるものであるから、本件いじめが被害生徒の心身に重大な危害を及ぼすような悪質重大ないじめであることの認識が可能であれば足り、必ずしも自殺することまでの予見可能性があったことを要しないとし、ある程度いじめの事実を把握しながら適切な対応を怠った学校に安全保持義務違反を認めた。そして、被害生徒の自殺は同級生のいじめによるものであり、学校側の過失と自殺との間には相当因果関係が認められるとした。

また、損害として、両親固有の慰謝料のほか、実質的な親代わりとして被害者の監護指導に当たっていた祖母にも固有の慰謝料請求権が認められた。

他方、原告である両親らの被害者に対する指導監護にも問題があったことや、損害の公平な分担の理念から自殺した被害者も一定の責任を負担すべきとして、過失相殺等により損害額の7割を減じた。

- 出典　判例時報1372号27頁

判例タイムズ746号116頁

訴訟の相手方	結果（判決）	認容額	学校設置者の責任	出典
村	一部勝訴	115万円	肯定	判例地方自治254号57頁
市、加害児、親	一部勝訴	378万円	肯定	判時1915号122頁
担任教諭、市	一部勝訴	100万円	肯定	判タ1216号123頁
加害児の親	一部勝訴	10万円		判タ1240号294頁
県、加害児	一部勝訴	330万円	肯定	判時1938号107頁
市、県	一部勝訴	860万円	肯定	判時1963号44頁
市	一部勝訴	約124万円	肯定	判時2185号70頁
市、道	和解	2500万円	肯定	
市、加害児、親	一部勝訴	55万円	否定	判時2101号99頁 判タ1330号17号
学校法人（私立）	一部勝訴	約619万円		判時2185号70頁

判 決 年月日	裁判所	通 称	損 害	被害者	加害者
2003 年 12 月 18 日	新潟地裁	朝日中事件	自殺	中学 2 年生	同校生徒ら数名
2005 年 2 月 22 日	京都地裁		傷害	小学 6 年生	同級生ら数名
2005 年 4 月 15 日	さいたま地裁		傷害	小学 5 年生	教師
2006 年 2 月 16 日	東京高裁		傷害	保育園児	保育園児
2006 年 3 月 28 日	横浜地裁		自殺	高校 1 年生	同校生徒ら数名
2007 年 3 月 28 日	東京高裁		自殺	中学 3 年生	同級生ら数名
2009 年 6 月 5 日	横浜地裁		傷害	中学 3 年生	同級生ら数名
2010 年 3 月 26 日	札幌地裁	滝川市立小事件	自殺	小学 6 年生	同級生ら数名
2010 年 6 月 2 日	京都地裁		傷害	中学 2 年生	同級生ら数名
2012 年 12 月 25 日	名古屋高裁		自殺	高校 2 年生	同級生ら数名

訴訟の相手方	結果（判決）	認容額	学校設置者の責任	出典
加害児、市	勝訴	約2419万円	肯定	判タ893号69頁
高等学校組合	敗訴			判タ941号147頁
加害児の親、町	一部勝訴	35万円	肯定	判時1629号113頁
加害児、市	一部勝訴	2846万円	否定	判時1630号84頁
市、県	一部勝訴	約200万円	肯定	判時1749号121頁
町、県	一部勝訴	1000万円	肯定	判時1800号88頁
町、加害児	勝訴	約4483万円	肯定	判時1800号88頁
町、県、加害児	一部勝訴	2155万円	肯定	判時1773号3頁
加害児の親	一部勝訴	400万円		判時1849号71頁

判決年月日	裁判所	通称	損害	被害者	加害者
1995年3月24日	大阪地裁	十三中事件	傷害	中学3年生	同学年の男子生徒ら数名
1996年11月22日	秋田地裁		自殺	高校1年生	寮の上級生、同学年の男子生徒ら
1996年10月25日	金沢地裁		傷害	小学5年生	同級生ら数名
1997年4月23日	大阪地裁		死亡（暴行）	中学3年生	同級生ら数名
2001年1月30日	旭川地裁		傷害	中学3年生	同校男子生徒ら数名
2001年12月18日	福岡地裁		自殺	中学3年生	同校生徒ら数名
2002年1月28日	鹿児島地裁	知覧町立中事件	自殺	中学3年生	同校男子生徒ら数名
2002年1月31日	東京高裁	津久井町立中事件	自殺	中学2年生	同校生徒ら数名
2003年6月27日	さいたま地裁	三郷市立中事件	傷害	中学3年生	同校生徒ら数名

訴訟の相手方	結果（判決）	認容額	学校設置者の責任	出典
市、加害児の親	一部勝訴	220 万円	肯定	判タ 554 号 262 頁
市、加害児の親	勝訴	312 万円	肯定	判タ 552 号 126 頁
市、加害児	実質敗訴	110 万円	否定	判時 1182 号 123 頁
区、都	全面敗訴		否定	判タ 753 号 105 号
市	一部勝訴	1110 万円	肯定	判時 1372 号 27 頁 判タ 746 号 116 頁
都、区、 加害児の親	実質敗訴	400 万円	肯定	判時 1378 号 38 頁
町	全面敗訴		否定	判時 1400 号 39 頁
同上	勝訴	1150 万円	肯定	判時 1495 号 42 頁 判タ 847 号 69 頁
加害児と親	一部勝訴	約 606 万円		判時 1556 号 118 頁
町	敗訴		否定	判時 1529 号 125 頁
	和解	金銭支払い無し		

①いじめに関する裁判例

判決 年月日	裁判所	通称	損害	被害者	加害者
1985年 2月25日	長野地裁	吉田小事件	傷害	小学6年生	友人2名
1985年 4月22日	浦和地裁	三室小事件	傷害	小学4年生	同級生数名
1985年 9月26日	神戸地裁		傷害	中学1年生	小学校同窓生
1990年 4月17日	東京地裁		傷害	小学1年生	同級生数名
1990年 12月26日	福島地裁 いわき支部	いわき市 小川中事件	自殺	中学3年生	同級生数名
1991年 3月27日	東京地裁	中野富士見中 事件	自殺	中学2年生	同級生数名、 教師
1991年 9月26日	東京地裁 八王子支部	羽村中事件	傷害	中学3年生	同級生数名
1994年 5月20日	東京高裁	同上	同上	同上	同上
1994年 7月22日	名古屋地裁 岡崎支部		傷害	中学3年生	同級生1名
1994年 11月29日	岡山地裁	岡山鴨方中 事件	自殺	中学3年生	同級生数名
1994年 12月8日	松江地裁	益田中事件	自殺	中学3年生	同級生ら数名

資 料

日本弁護士連合会

〒 100-0013
東京都千代田区霞が関 1 丁目 1 番 3 号　弁護士会館 15 階
ＴＥＬ　03-3580-9841（代表）
ＦＡＸ　03-3580-2866

【執筆者一覧】

一場 順子［第Ⅱ章 1～3］○
橋詰 穣［第Ⅴ章］◎
村山 裕［第Ⅵ章］
柳 優香
吉田 要介［第Ⅳ章］○
野村 武司［第Ⅰ章、第Ⅳ章］○
平尾 潔［第Ⅲ章］○
峯本 耕治［第Ⅱ章 4］
山田 由紀子

五十音順
◎ 編集委員長
○ 編集委員

子どものいじめ問題ハンドブック
―― 発見・対応から予防まで

2015年11月25日　初版第1刷発行
2016年 2 月15日　初版第2刷発行

編　者　日本弁護士連合会
子どもの権利委員会
発行者　石　井　昭　男
発行所　株式会社　明石書店
〒101-0021　東京都千代田区外神田6-9-5
電話　03（5818）1171
FAX　03（5818）1174
振替　00100-7-24505
http://www.akashi.co.jp
組版　明石書店デザイン室
装丁　藤本義人
印刷・製本　モリモト印刷株式会社

（定価はカバーに表示してあります）　ISBN978-4-7503-4275-7